rowohlt repertoire
macht Bücher wieder zugänglich,
die bislang vergriffen waren.

Freuen Sie sich auf besondere Entdeckungen
und das Wiedersehen mit Lieblingsbüchern.

Alle **rowohlt repertoire** Titel finden Sie auf
www.rowohlt.de/repertoire

Rechtschreibung und Redaktionsstand dieses Buches
entsprechen einer früher lieferbaren Ausgabe.

Veröffentlicht im Rowohlt Verlag, Reinbek bei Hamburg

Umschlaggestaltung Anzinger und Rasp, München
Druck und Bindung BoD - Books on Demand GmbH,
Bad Hersfeld
ISBN 978-3-688-10213-6

rowohlt repertoire

Über den Verfasser

Manfred Geier, Prof. Dr. phil., geboren 1943 in Troppau. Studium der Germanistik, Philosophie und Politikwissenschaft in Frankfurt, Berlin und Marburg; Promotion über Noam Chomskys Sprachtheorie und den amerikanischen Strukturalismus 1973; seit 1982 Lehrtätigkeit an der Universität Hannover.

Veröffentlichungen: Linguistischer Strukturalismus als Sprachkompetenztheorie, Marburg 1973; Sprache als Struktur, Tübingen 1976; Methoden der Sprach- und Literaturwissenschaft, München 1983; Dr. Ubu und ich, Rheinbach/Merzbach 1983; Die Schrift und die Tradition, München 1985; Linguistische Analyse und literarische Praxis, Tübingen 1986; Das Sprachspiel der Philosophen, Reinbek bei Hamburg 1989; Der Wiener Kreis, Reinbek bei Hamburg 1992; Karl Popper, Reinbek bei Hamburg 1994. – Zahlreiche Artikel zu linguistischen, literaturwissenschaftlichen und philosophischen Problemen in Fachzeitschriften und Sammelbänden.

Rowohlt Verlag GmbH, Kirchenallee 19, 20099 Hamburg

Kontaktadresse nach EU-Produktsicherheitsverordnung:
produktsicherheit@rowohlt.de

Manfred Geier

DAS GLÜCK DER GLEICHGÜLTIGEN

Von der stoischen Seelenruhe zur postmodernen Indifferenz

rororo

rowohlts enzyklopädie

rowohlts enzyklopädie
Herausgegeben von Burghard König

Originalausgabe
Veröffentlicht im Rowohlt Taschenbuch Verlag GmbH,
Reinbek bei Hamburg, Mai 1997

Umschlaggestaltung Jens Kreitmeyer
Satz Palatino (Linotronic 500)
Gesamtherstellung Clausen & Bosse, Leck
Printed in Germany
2490-ISBN 3 499 55586 7

INHALT

Für Monika

Am besten das Leben verbringen: Die Fähigkeit dazu liegt in der Seele, wenn sich jemand gegenüber den gleichgültigen Dingen gleichgültig verhält.

Marc Aurel

Was bleibt? Es sieht danach aus, als würden von der ganzen Bandbreite der Seelenregungen lediglich zwei übrigbleiben, die sich scheinbar widersprechen: Gleichgültigkeit und Ungeduld.

Jean Baudrillard

VORWORT

> **Gleichgültig,** adj. – Von unvollkommener Empfänglichkeit für die Unterschiede zwischen den Dingen. «Schrecklicher Mann!» rief Indolentios Frau. «Du bist dem ganzen Leben gegenüber gleichgültig geworden!» «Gleichgültig?» gähnte er mit trägem Lächeln. «Das wäre ich ja gern, aber es lohnt sich nicht.»
>
> Ambrose Bierce

In seinem *Wörterbuch des Teufels* hat Bierce den Vorwurf, gleichgültig zu sein, durch eine übersteigerte Trägheit ins Leere verpuffen lassen. Indolentio verteidigt sich nicht, sondern treibt seine Gleichgültigkeit müde lächelnd auf die Spitze.

Kein anderes Thema, über das ich bisher geschrieben habe, hat mich so sehr herausgefordert wie das Phänomen der Gleichgültigkeit. Persönliche Gründe haben dabei mitgespielt. Wiederholt mußte ich mir den Vorwurf gefallen lassen, nicht das Engagement zu zeigen, das man erwartete. Ich bildete mir ein, eher gelassen zu sein als gleichgültig, eher besonnen als träge oder teilnahmslos. Die folgenden Untersuchungen über den Wortgebrauch und die vielfältigen Erscheinungsweisen von Gleichgültigkeit sind auch ein Versuch der Selbstreflexion.

Je differenzierter man hinsieht, desto komplexer und unübersichtlicher werden die Phänomene. Die Klärungsversuche führten in ein verwirrendes Labyrinth. Es war nicht leicht, sich darin zurechtzufinden. Aber die Fülle der Entdeckungen entschädigte für die Mühe. Welche Rolle spielt die Gleichgültigkeit für die stoische Lebensform, die auf «Seelenruhe» intendiert? Was hat es mit der

«Gelassenheit» auf sich, diesem Ideal eines unendlichen Friedens, das die Mystiker anstreben? Wie steht es um den Nihilismus, den Gottfried Benn als ein Glücksgefühl artistisch gefeiert hat? Was hat es mit der postmodernen «Indifferenz» auf sich, die unsere gegenwärtige Situation beherrscht? Wovor erschrecken diejenigen, die auf das Phänomen der Gleichgültigkeit der Welt hinweisen?

Gleichgültigkeit gilt allgemein als Charakterschwäche. Während bis ins späte 18. Jahrhundert «Gleichgültigkeit» in einem positiven Sinn verwendet wurde, um Dinge und Sachverhalte gleichen Werts zu bezeichnen, erhielt der Begriff mit der Aufbruchstimmung des «Sturm und Drang» seine subjektive Wendung. Er dient zur abwehrenden Charakterisierung eines inneren Zustands, der sich durch Teilnahmslosigkeit, Unempfindlichkeit, Uninteressiertheit und Trägheit auszeichnet. Wer gleichgültig ist, entzieht sich dem, was allgemein gewollt werden soll.

Gleichgültigkeit ist das Gegenteil von Fanatismus und so gesehen keine schlechte Eigenschaft. Sie hat auch mit Ruhe, Gelassenheit und Gleichmut zu tun. Es kommt mir nicht darauf an, die Gleichgültigkeit zu verteidigen. Statt dessen habe ich einen Streifzug durch die Geschichte unternommen, um den Bedeutungsreichtum der Gleichgültigkeit zu erhellen, und eine begriffliche Zerstreuung angestrebt, die jedem Leser sein eigenes Urteil ermöglicht. Vom Glück der Gleichgültigen zu sprechen klingt paradox. Es soll darauf verweisen, daß verschiedene Formen der Gleichgültigkeit sich verstehen lassen als Ausdruck des elementaren Menschenrechts, in einer aufgewühlten Welt, die den Menschen überfordert, souverän bleiben zu können. Der Titel des Buches könnte auch lauten: Vom Nutzen und Nachteil der Gleichgültigkeit für das Leben.

Hamburg, im November 1996

ÜBER «ALLES»

Ingeborg Bachmanns Porträt eines Gleichgültigen

> Es war auch mir gewiß, daß wir in der Ordnung bleiben müssen, daß es den Austritt aus der Gesellschaft nicht gibt und wir uns aneinander prüfen müssen. Innerhalb der Grenzen aber haben wir den Blick gerichtet auf das Vollkommene, das Unmögliche, Unerreichbare, sei es der Liebe, der Freiheit oder jeder reinen Größe. Im Widerspiel des Unmöglichen mit dem Möglichen erweitern wir unsere Möglichkeiten.[1]
>
> Ingeborg Bachmann

«Alles beginnt mit einer scharfsichtigen Gleichgültigkeit.»[2] In seinem *Mythos von Sisyphos* hat Albert Camus immer wieder eine Gleichgültigkeit beschworen, deren Provokation sich niemand entziehen kann, dem es um die Wahrheit der menschlichen Existenz geht. Alles – das meint nicht die Welt als Gesamtheit aller Tatsachen, die es wissenschaftlich festzustellen und zu erklären gilt. Intendiert wird statt dessen auf die dringlichste aller Fragen, der gegenüber sich alle wissenschaftlichen Problemlösungen als nichtig erweisen: Ist das Leben lebenswert? Ob die Erde sich um die Sonne dreht oder die Sonne um die Erde, was alles wie im mikrophysikalischen Teilchenzoo herumgeistert, wie kognitive Prozesse durch Computerprogramme simulierbar sind, all das mögen schwerwiegende Fragen sein, die es wissenschaftlich zu beantworten gilt. Aber wir fühlen doch auch, daß, selbst wenn alle möglichen wissenschaftlichen Probleme gelöst sind, unsere Lebensrätsel noch gar nicht berührt sind, jene fundamentalen Fragen, welche die Entscheidung fordern, ob sich das Leben lohnt oder nicht. Alles, das zielt bei Camus auf das All des menschlichen Daseins, die verwirrenden Beunruhigungen der menschlichen Existenz, für die kein wissenschaftlicher Verstand eine Lösung anzubieten vermag.

Warum aber sollen wir, wenn es um die Grundfrage nach dem Sinn und Wert des Lebens geht, mit einer scharfsichtigen Gleichgültigkeit beginnen? Wir müssen es, weil wir nur so klar sehen können. Denn es handelt sich bei dieser geforderten Gleichgültigkeit um keine dumpfe Stimmung eines Mir-ist-alles-egal, um die Schwammigkeit eines blinden Gefühls, das der dringlichsten aller Fragen nur ausweicht, ohne sich ihr zu stellen. Scharfsichtigkeit (clairvoyance) ist eine Forderung moralischer Wahrhaftigkeit, die der Mensch zu wagen hat, auch wenn er daran zu zerbrechen droht. Sie will nicht beruhigend erklären, sondern enthüllen. Dazu aber ist es notwendig, mit einem ersten Schritt zu beginnen, der zunächst gleichgültig ist gegenüber allen Täuschungen und Unwahrhaftigkeiten, die dem Menschen nur scheinbare Sicherheiten und illusionäre Fiktionen vorspiegeln.

Wann und wo dieser anfängliche Schritt tatsächlich beginnt, ist dabei belanglos. Es kann ein verstörender Augenblick sein, in dem plötzlich die Kulissen des eingespielten Alltags einstürzen und sich Überdruß an einem mechanischen Leben breitmacht. Eines Tages steht das «Warum?» da, «und mit diesem Überdruß, in den sich Erstaunen mischt, fängt alles an. ‹Fängt an› – das ist wichtig. Der Überdruß ist das Ende eines mechanischen Lebens, gleichzeitig aber auch der Anfang einer Bewußtseinsregung.» (S. 16) Es kann ein grausamer Schockmoment sein, in dem sich dem Menschen die lächerliche Bedeutungslosigkeit und Vergänglichkeit aller weltlichen Dinge aufdrängt, oder das Ereignis einer heilsamen Enttäuschung, die sich durch keine propagierten Wahnideen und täuschenden Ideologien mehr bluffen lassen will und nicht mehr bereit ist, einem neuen Wahn zu folgen, nur weil ein alter verflogen ist. Und es kann ebenso die hochkultivierte Anstrengung eines geistigen Abenteuers sein, in dem ein radikaler Wahrhaftigkeitswille alle überkommenen höheren Werte in Frage stellt, von denen in Ethik, Metaphysik oder Theologie so oft nur geschwafelt worden ist. Immer kämpft die Moralität der Scharfsichtigen gegen die Blindheit derjenigen, die sich in den gewohnten Fassaden heimisch fühlen, seien sie gebaut aus alltäglicher Routine, gesellschaftlich konditionierten Werten oder transzendenter Gottgläubigkeit. Das Bedürfnis nach Klarheit fordert eine Haltung aktiver Indifferenz, die nicht notgedrungen zu der Einsicht führt, das Leben lohne sich nicht und der Selbstmord sei eine Lösung. Statt dessen erhalten alle Probleme ihre Schärfe wieder. Nichts ist entschieden. Aber alles ist jetzt verwandelt. Nicht ohne religiöses Pathos hat Camus diese Gleichgültigkeit beschworen mit dem Hinweis: «Der Mensch wird hier endlich den Wein des Absurden finden und das Brot der Gleichgültigkeit, mit der er seine Größe speist.» (S. 48)

Mag für diesen gleichgültigen Menschen das eingespielte profane Verhalten nur ein maßloses Possenspiel unter der Maske des Absurden sein, so braucht auch er seinen Ölberg, auf dem er nicht einschlafen darf. Denn die Gleichgültigkeit, die seine «Größe» speist, ist kein trübes Abstumpfen, sondern ein Erwachen. Sie weckt ein Bewußtsein, das schließlich alles affiziert. Wer von ihm ergriffen ist, will nichts als aufrichtig sein. Gefordert ist eine Haltung, welche die Mechanik des Alltags nicht akzeptieren will, sich auf wissenschaftliche Welterklärungen nicht verläßt und auch nicht mehr bereit ist, in die Transzendenz eines Glaubens zu springen. Doch wohin führt diese gleichgültige Klarsichtigkeit, die dem Sicherheitsbedürfnis des Menschen widerspricht, seinen Illusionen und Konstruktionen, in denen er sich zu Hause wähnt?

Halten wir zunächst fest, daß es hier nicht um Erklärungen geht, sondern um Lebenserfahrungen und -beschreibungen. Beschreiben ist der Ehrgeiz eines Menschen, der klar sehen möchte, was die menschliche Existenz betrifft. In jenen Situationen, in denen alles beginnt, haben vor allem Kunstwerke ihren Ursprung und ihre Legitimation. Es geschah nicht aus Nachlässigkeit, daß «Gleichgültigkeit» keine zentrale Kategorie des philosophischen Diskurses wurde. Denn so schwer es ist, diese Haltung dauernd auszuhalten, so sehr entzieht sie sich einer rein geistigen Reflexion, die ihre systematischen Gedankengebäude errichtet. Es sind vor allem literarische Werke, welche uns enthüllen, was es mit scharfsichtiger Gleichgültigkeit zu sehen gilt: wer wir selbst sind und wie wir uns zu anderen verhalten können. Das rechtfertigt die Stellung, die Romane und Erzählungen in dieser Untersuchung spielen. Dostojewski, Moravia, Sartre, Camus, Benn, Beckett, Pynchon, um nur einige von ihnen anzuführen, haben den philosophischen Drang zum Theoretisieren so gut verstanden, daß sie von ihm frei wurden und dort zu schreiben begannen, wo es eine neue Möglichkeit des Menschen zu entwerfen gilt. Immer ist es eine besondere Form von Gleichgültigkeit, die ihren Beschreibungen wie ein Sprengstoff den ersten Anstoß gab.

Alles ist eine Erzählung von Ingeborg Bachmann.[3] Auf engstem Raum sind hier alle Ambivalenzen verdichtet, die sich ergeben, wenn Gleichgültigkeit und Enthüllung die gewohnheitsmäßige Maskerade beenden wollen. Beschrieben wird die absurde Hoffnung eines Menschen, der klarsichtig die «reine Größe» einer Indifferenz zu erreichen versucht, die von allen gesellschaftlich und geschichtlich eingespielten Wertigkeiten befreit ist. Nichts bleibt dabei unberührt, alles wird infiziert durch den Impuls eines gleichgültigen Wollens, das in seinem Herzen rumort und sein ganzes Denken zunehmend beherrscht. Erzählt aber wird auch von seinem Scheitern, von einer Schuld und einem Tod, von einer inneren Kälte, die macht, daß das Nächste und Fernste gleich entrückt sind und alles nur noch im hellen Licht einer unerträglichen Indifferenz erscheint, die menschliches Zusammenleben der härtesten Probe aussetzt.

Wenn der Held dieser Geschichte wie ein Mann ohne Eigenschaften erscheint, so wird daran zugleich deutlich, daß es sich bei jener Gleichgültigkeit, die ihn immer stärker beherrscht, um keinen bloßen Affekt handelt, sind Affekte wie Liebe und Haß, Neid oder Mitleid doch stets noch auf bestimmte Personen oder Sachverhalte bezogen und motivieren eine bestimmte Handlungsweise. Affekte implizieren noch immer ein urteilsmäßiges, kognitives Moment, das eine Bewertung der Sachverhalte, auf die sie bezogen sind, hinsichtlich eines eigenen Wohls ausdrückt. Hier aber geht es um eine Stimmung, die zu keinen bestimmten Handlungen mehr motiviert, sondern nur eine unbestimmte Disposition ausdrückt, die sich auf «alles» bezieht. Woher diese Stimmung kommt, bleibt unbestimmt. Sie überfällt das Subjekt. Die Stimmung der Gleichgültigkeit kann einen beliebigen Menschen an einer beliebigen Straßenecke anspringen. Sie kommt weder von «Außen» noch von «Innen». Vor jeder Soziologie und Psychologie lenkt Ingeborg Bachmann die Aufmerksamkeit auf das fundamentale Phänomen einer existenzialen Grundbefindlichkeit, von der das Leben im ganzen betroffen ist, eingebunden zwischen Geburt und Tod, Zur-Welt-Kommen und Daseinsverlust.

Alles ist die Beschreibung eines Widerstreits, der vor allen Konflikten steht, die uns aus Romanen vertraut sind und uns in ihre dramatisierten Handlungsverläufe verstricken. Nicht zufällig scheinen dem Helden dieser Erzählung die Voraussetzungen zu fehlen, handeln zu können und einen geläufigen Romankonflikt auszutragen. Er haßt niemanden und liebt keinen. Entfesselt und freigesetzt von den Affekten und Werten, an denen sich die Gesellschaft orientiert, läßt er sich statt dessen auf ein geistiges und existenziales Abenteuer ein und gerät dabei auf das gefährliche Minenfeld einer geschärften Gleichgültigkeit, die unvorhersehbare Gedanken explodieren läßt und schließlich alles zu vernichten droht, was den Menschen in der Gesellschaft zu halten verspricht. *Alles* handelt von der Größe und der Schuld eines Mannes, der vom Brot der Gleichgültigkeit aß, ohne dadurch erlöst zu werden.

Die Erzählung beginnt mit einer nachträglichen Rekonstruktion. Sie ist das Postscriptum eines Namenlosen, dessen Kind gestorben ist und der nun neben seiner Frau dahinlebt, mit ihr, wie zwei Versteinte, verbunden allein durch einen Trauerbogen, «der von einem Ende der Welt zum anderen reicht, also von Hanna zu mir». (S. 49) Doch wie kam es zu dieser ungeheuerlichen Distanz und Fremdheit? *Alles* ist der mühsame Versuch einer nachträglichen Selbstreflexion, der die eigene Schuld zu begreifen versucht. Freigelegt wird das Schicksal eines Mannes, der mit seinem Kind experimentierte, gleichgültig gegen die herrschende Ordnung des gesellschaftlichen Lebens und seiner Sprache. Er wollte seinem Kind einen utopischen Raum freihalten, in dem eine kindliche Gleichgültigkeit sich zu ihrer reinen Größe entfalten sollte. – Im Schicksal dieses Ich-Erzählers sind bereits zahlreiche Motive versammelt, die es in den sechs Kapiteln dieser Untersuchung näher zu erhellen gilt.

1

Alles begann mit einer Heirat, weil Hanna ein Kind erwartete. Ein neues Leben war dabei, zur Welt zu kommen. «Ich war bewegt, weil sich etwas vorbereitete.» (S. 49) Doch es ist kein Gefühl der

Freude oder des Stolzes, das ihn bewegt, eher eine Art von Neugier angesichts eines Neuen, durch das die Welt zuzunehmen schien. Sie geht einher mit einem ersten Riß in den Kulissen des gewohnheitsmäßigen Dahinlebens.

Es gab Augenblicke der Abwesenheit, die ich vorher nicht gekannt hatte. Selbst im Büro – obwohl ich mehr als genug zu tun hatte – oder während einer Konferenz entrückte ich plötzlich in diesen Zustand, in dem ich mich nur dem Kind zuwandte. (S. 49)

Abwesenheit und Entrückung sind die ersten Anzeichen einer Stimmung, die das mechanische Berufsleben nicht mehr so ernst nimmt, wie es allgemein gefordert wird. Sie bereiten die nächsten Schritte vor. – «Wir gingen kaum noch aus und vernachlässigten unsere Freunde.» (S. 49) Ein sozialer Rückzug findet statt, zunächst noch gesichert durch ein Wir, das sich gemeinsam auf die Geburt des Kindes vorbereitet. Doch das bevorstehende Ereignis beginnt bereits alles zu verändern und weckt ein neues Bewußtsein, das sich zunehmend in sich selbst zurückzieht.

Ich kam auf Gedanken, unvermutet, wie man auf Minen kommt, von solcher Sprengkraft, daß ich hätte zurückschrecken müssen, aber ich ging weiter, ohne Sinn für die Gefahr.

Hanna mißverstand mich. Weil ich nicht zu entscheiden wußte, ob der Kinderwagen große oder kleine Räder haben solle, schien ich gleichgültig. (Ich weiß wirklich nicht. Ganz wie du willst. Doch, ich höre.) Wenn ich mit ihr in Geschäften herumstand, wo sie Hauben, Jäckchen und Windeln aussuchte, zwischen Rosa und Blau, Kunstwolle und echter Wolle schwankte, warf sie mir vor, daß ich nicht bei der Sache sei. Aber ich war es nur zu sehr. (S. 49f)

Daß der Mann sich nicht zu entscheiden weiß, daß es ihm egal ist, welche Dinge aus dem differenzierten Angebot gewählt werden, heißt aber nicht, daß er «gleichgültig» ist im Sinne eines abgestumpften Es-geht-mich-alles-nichts-an. Gleichgültig ist er nur gleichgültigen Dingen gegenüber, den alltäglichen Anforderungen einer routinierten elterlichen Vorsorge, die sich in den Angeboten der Warenwelt zu entscheiden hat. Aber um so intensiver will er klar sehen, was hinter den Fassaden geschieht als Herausforderung menschlicher Existenz überhaupt, auch wenn ihm noch der Ausdruck fehlt, es mitzuteilen.

Zu sehr ist der werdende Vater bei «der Sache», die ihn zunehmend zu verwirren scheint, um sagen zu können, was in ihm vorgeht. Das einverständige Band zwischen den Eheleuten beginnt zu zerreißen. Das Ich rückt aus dem Wir. Mißverständnisse und Vorwürfe machen sich breit. Es ist ein erstes Bewußtsein von Absurdität, das ihn ergriffen hat und als Konflikt zwischen Innen und Außen, als Zwiespalt zwischen Ich und Welt bedrängt: denn so sehr er sich, von innen gesehen, sorgt um das Kind, dem er all seine Gedanken zuwendet, so sehr prallt sein Denken auf das Phänomen, daß die Welt, in die das Kind entbunden wird, von außen gesehen nur ein nichtiger Klecks des riesenhaften Weltalls ist, das in seiner unvorstellbaren Tiefe absolut gleichgültig ist gegenüber den kleinlichen Sorgen des Menschen. Es ist das Bewußtsein der *objektiven Gleichgültigkeit der Welt*, das dem Mann das Wort verschlägt. Was bedeutet schon die Geburt eines einzelnen Kindes, wenn Zur-Welt-Kommen immer auch heißt, in eine kosmische Welt zu fallen, die unermeßlich ist, stumm und gleichgültig gegen unsere Hoffnungen und Ängste?

Wie soll ich bloß ausdrücken, was in mir vorging? Es erging mir wie einem Wilden, der plötzlich aufgeklärt wird, daß die Welt, in der er sich bewegt, zwischen Feuerstätte und Lager, zwischen Sonnenaufgang und Sonnenuntergang, zwischen Jagd und Mahlzeit, auch die Welt ist, die Jahrmillionen alt ist und vergehen wird, die einen nichtigen Platz unter vielen Sonnensystemen hat, die sich mit großer Geschwindigkeit um sich selbst und zugleich um die Sonne dreht. Ich sah mich mit einemmal in anderen Zusammenhängen, mich und das Kind. (S. 50)

Einen Schritt weiter – und das aufgeklärte Bewußtsein, dem die Erde nicht mehr als vertraute Stätte lebensweltlicher Geborgenheit erscheint, sondern als nichtiger Ort in einem gleichgültigen kosmischen Tiefenraum, stößt auf die Tiefenzeit, die unvorstellbar lange Kette der Wesen, in der das Kind nur einen bedeutungslosen Platz einnehmen wird, genauso wie alle vor und nach ihm.

Man muß es sich nur recht vorstellen. Diese ganze Abstammung! (...) Vielleicht ist es für manche beruhigend, diese Kette zu denken. (...) Ich probierte ein paarmal, diesen Prozeß durchzudenken, nicht nur nach vorn, sondern auch nach hinten, bis zu Adam und Eva, von denen wir wohl kaum abstammen, oder bis zu den Hominiden, von denen wir vielleicht herkommen, aber es gibt in jedem Fall ein Dunkel, in dem diese Kette sich verliert, und daher ist es auch belanglos, ob man sich an Adam und Eva oder an zwei andere Exemplare klammert. Nur wenn man sich nicht anklammern möchte und besser fragt, wozu jeder einmal an der Reihe war, weiß man mit der Kette nicht ein und aus und mit all dem Zeug nichts anzufangen, mit den ersten und letzten Leben nichts. Denn jeder kommt nur einmal an die Reihe für das Spiel, das er vorfindet und zu begreifen angehalten wird. (S. 50)

Die Stellung der Erde im Kosmos ist exzentrisch und bedeutungslos, an einem Ort, der in irgendeinem abgelegenen Winkel des mit ein wenig Materie angefüllten, leeren Kosmos dahintreibt; die Herkunft der menschlichen Existenz verliert sich in einem Dunkel, und der Zweck eines einzelnen Lebens wird ungewiß.

2

Was bleibt anderes, als sich mit diesem Spiel abzufinden, wenn man «mit all dem Zeug» nichts mehr anzufangen weiß? Auf das Phänomen der Gleichgültigkeit der Welt reagiert der Vater mit einem Akt fatalistischen Einverständnisses. «Da wir uns aber schon einmal so vertrauensvoll vermehren, muß man sich wohl abfinden. Das Spiel braucht die Spieler. (Oder brauchen die Spieler das Spiel?)» (S. 51)

Eine Art *stoischer* Gleichgültigkeit ergreift den Ich-Erzähler. Daß er hier von einem «Spiel» spricht, mit dem man sich «abfinden» muß, deutet zugleich jedoch an, daß ihm jenes Endziel verlorengegangen ist, auf das die stoische Lebensweisheit der Antike noch intendieren konnte in der Hoffnung, Ataraxia zu erringen: Unerschütterlichkeit, *Seelenruhe* und Unabhängigkeit vom Weltlauf. Denn die geistigen Übungen der Stoa, die immer wieder dazu aufforderten, sich den gleichgültigen Dingen gegenüber gleichgültig zu verhalten, vertrauten noch darauf, daß der Mensch seine Sichtweise mit derjenigen einer göttlichen Allnatur identifizieren konnte. Er war kein Fremder in einem sinnentleerten Universum und einer unbegreifbaren Gattungsgeschichte. Alles sollte nur darauf ankommen, den Dingen den falschen Wert zu entziehen, den die menschlichen Meinungen ihnen beimessen. Wer zu erkennen gelernt hat, daß Reichtum oder Armut, Gesundheit oder Krankheit, Mißerfolg oder Ruhm den Guten wie den Schlechten gleichermaßen zustoßen können, der weiß, daß auch die Allnatur zwischen diesen Phänomenen keinen Unterschied macht. Sie stoßen dem Menschen von außen zu, und es gilt, sie als gleichgültig anzuerkennen. Es qualifiziert den antiken Stoizismus, daß er dieses Wissen als innere Stärke und gleichmütige Gelassenheit begriffen hat. Die Weisheit des Stoikers beruht allein in ihm selbst, und die Welt kümmert ihn nicht. Nicht aus mangelndem Interesse an den Erscheinungen der Welt hält er gleichgültige Dinge für gleichgültig, sondern im Wissen darum, daß allein Tugend und Laster einen ethischen (guten bzw. schlechten) Wert besitzen. In dieser Hinsicht war stoische Vergleichgültigung, welche sich über alles erhebt, was in der Fachsprache der Stoa als «adiaphora» bezeichnet wurde (deren lateinische Übersetzung «indifferentia» war), von einem fundamentalen Ethos beherrscht, das alles als «gleichgültig» nivellierte, was sich nicht auf der Ebene des moralisch Guten oder Bösen befindet. Nur so war die unerschütterliche Größe einer befreiten Seele zu erringen und die gewünschte Fähigkeit, das Leben auf die beste Weise glücklich zu verbringen.

Von dieser stoischen Ethik finden sich in der scharfsichtigen Gleichgültigkeit des Ich-Erzählers nur noch verwischte Spuren. Durch Astronomie und Abstammungslehre aufgeklärt, daß der Mensch sich irgendwo in einem Weltall befindet, eingebunden in eine biologische Kette, mit der er nicht ein und aus weiß, findet er sich mit dem Spiel ab. Das ist weit entfernt von dem Einverständnis, das den Stoiker mit der Allnatur verband. Aber es hält, gegen alle gesellschaftlich konditionierten Wertigkeiten, noch am Ideal einer stoischen Ataraxia fest, die vor jeder formulierten Regelmoral eine neue Sittlichkeit zu entwickeln vermag. Deshalb opponiert der Vater zunehmend gegen die Meinungen einer Gesellschaft, in der er mitzumachen abgerichtet worden ist. Umstellt von den Mauern der allgemein favorisierten Wertigkeiten und Bedeutungen, fühlt er sich wie ein Kriegsgefangener der herrschenden Ordnung, der sprachlichen wie der materiellen.

Aber das Kind? Kann ihm nicht erspart bleiben, worin sich der Vater gefangen fühlt, ohne für sich einen begehbaren Ausweg zu finden? Kann es nicht wieder ein erster Stoiker sein, frei von den Einflüsterungen der gesellschaftlichen Außenwelt? Nachdem das Kind, dieses winzige nackte Geschöpf, das den Kosenamen Fipps erhielt, zur Welt gekommen war, steigerte sich die väterliche Beunruhigung. Es schien nicht mehr aufzuhalten, worauf es angekommen wäre: diesen sinnindifferenten Weltankömmling zu bewahren vor den sprachlichen Tätowierungen und gesellschaftlichen Wertschätzungen einer Welt, die nicht seine eigene war. Was tun? Der Vater weiß zwar keine Antwort. Aber in den Fragen, die nun auf ihn einstürzen, klingt eine Hoffnung an, in der ein Rest stoischer Adiaphorie nachklingt:

Hatte ich es, zum Beispiel, nicht in der Hand, ihm die Benennung der Dinge zu verschweigen, ihn den Gebrauch der Gegenstände nicht zu lehren? Er war der erste Mensch. Mit ihm fing alles an, und es war nicht gesagt, daß alles nicht auch ganz anders werden konnte durch ihn. Sollte ich ihm nicht die Welt überlassen, blank und ohne Sinn? Ich mußte ihn ja nicht einweihen in Zwecke und Ziele, nicht in Gut und Böse, in das, was wirklich ist und was nur so scheint. Warum sollte ich ihn zu mir herüberziehen, ihn wissen und glauben, freuen und leiden machen! (...) Wo er stand, war nichts entschieden. Noch nichts. Wie lange noch?

Und ich wußte plötzlich: alles ist eine Frage der Sprache. (...) Alles war eine Frage, ob ich das Kind bewahren konnte vor unserer Sprache, bis es eine neue begründet hatte und eine neue Zeit einleiten konnte.

Oft ging ich mit Fipps allein aus dem Haus, und wenn ich an ihm wiederfand, was Hanna an ihm begangen hatte, Zärtlichkeiten, Koketterien, Spielereien, entsetzte ich mich. Er geriet uns nach. Aber nicht nur Hanna und mir, nein, den Menschen überhaupt. Doch es gab Augenblicke, in denen er sich selbst verwaltete, und dann beobachtete ich ihn inständig. Alle Wege waren ihm gleich. Alle Wesen gleich. Hanna und ich standen ihm gewiß nur näher, weil wir uns andauernd in seiner Nähe zu schaffen machten. Es war ihm gleich. Wie lange noch? (S. 53)

3

Zur-Welt-Kommen heißt Zur-Sprache-Kommen. Das Kind, das sprechen lernt, wird sprachlichen Differenzen ausgesetzt, in denen ihm die gesellschaftliche Relevanz der Dinge und Erscheinungen für den Menschen begreifbar wird. Es lernt zu unterscheiden, entsprechend den Regeln symbolischer Ordnung und ihrer Werte. Nichts wird ihm mehr gleich sein. Das flüssige Weltplasma, in dem noch nicht geschieden und entschieden ist, in dem alles «gleich» ist, beginnt durch die benennende und feststellende Kraft der Sprache zu erstarren. Die Blankheit des Seienden wird durch Zeichen in Bedeutungsparzellen separiert; die Grammatik stellt Strukturraster möglicher Beziehungen zur Verfügung und läßt kognitive und affektive Urteile fällen; die Unmittelbarkeit des bloßen Daseins wird überführt in die Mitteilbarkeit intersubjektiver Abstraktionen; Diskurse ordnen die Felder des gesellschaftlich Bedeutsamen. Die Trennungen von Zweck und Zwecklosigkeit, Sinn und Unsinn, Wahrheit und Falschheit, Wirklichkeit und Schein, Erlaubtem und Verbotenem werden begründet in einer Sprache, die dem Ich die Welt als menschliche Welt aufschließt. Die ungeheure Ironie dieser Versprachlichung ist dem Vater nur zu bewußt: Seit die Sprache dominiert, seit die Dinge benannt sind und richtende Urteile gesprochen werden können, treten Ich und Welt auseinander. Das unschuldige Einverständnis eines sprachindifferenten Kindes mit allem, was ihm als gleich gilt, wird gebrochen durch sprachlich vermittelte Wertschätzungen. «Alles teilt sich in oben und unten, gut und böse, hell und dunkel, in Zahl und Güte, Freund und Feind.» (S. 56)

Auch wenn das Kind seinen Eltern nachgerät und ihre Sprache lernt, so gibt es doch noch Augenblicke, in denen ein paradiesischer Zustand vorscheint, ein Dasein vor dem Sündenfall, dieser Geburtsstunde der menschlichen Sprache und Erkenntnis. Kann nicht wenigstens sein Sohn wieder jener Adam sein, der «erste Mensch», der vor Zeichen, Urteil und Abstraktion in einer gottnahen Gleichgültigkeit lebte, die allem gleich nahe war, frei von Gut und Böse, Erkenntnis und Irrtum? Der Vater weiß zwar, daß er selbst aus dem Paradies vertrieben ist, und er glaubt auch die Schuldige zu kennen, von der bereits im alttestamentarischen Ersten Buch die Rede war. Verführt durch die teuflische Schlange, ist es das «Weib», das vom Baum der Erkenntnis zu essen verlockt, weil er klug machen soll. Auch Fipps wird sich der mütterlichen Verführung nicht entziehen können. Hanna war «eine wundervolle Versucherin. Sie stand unentwegt über den namenlosen Fluß gebeugt und wollte ihn herüberziehen.» (S. 54) Gegen ihre Macht kämpft der Vater mit dem utopischen Wunsch nach einer ganz anderen Sprache, einer reinen «adamitischen» Sprache, in der das sinnindifferente Sein aller Dinge unverstellt zum Ausdruck kommen kann. Er kennt zwar diese Sprache nicht. Aber er fühlt sich beseelt von der *mystischen* Intuition einer Paradiessprache vor jeder menschlichen Sprache.

Und wenn die Bäume Schatten warfen, meinte ich, eine Stimme zu hören: Lehr ihn die Schattensprache. Die Welt ist ein Versuch, und es ist genug, daß dieser Versuch immer in derselben Weise wiederholt worden ist mit demselben Ergebnis. Mach einen anderen Versuch! Laß ihn zu den Schatten gehn! Das Ergebnis war bisher: ein Leben in Schuld, Liebe und Verzweiflung. (Ich hatte begonnen, an alles im allgemeinen zu denken; mir fielen dann solche Worte ein.) Ich aber könnte ihm die Schuld ersparen, die Liebe und jedes Verhängnis und ihn für ein anderes Leben freimachen.

Ja, sonntags wanderte ich mit ihm durch den Wienerwald, und wenn wir an ein Wasser kamen, sagte es in mir: Lehr ihn die Wassersprache! Er ging über Steine. Über Wurzeln. Lehr ihn die Steinsprache! Wurzle ihn neu ein. Die Blätter fielen, denn es war wieder Herbst. Lehr ihn die Blättersprache!

Aber da ich kein Wort aus solchen Sprachen kannte oder fand, nur meine Sprache hatte und nicht über deren Grenze gelangen konnte, trug ich ihn stumm die Wege hinauf und hinunter und wieder heim, wo er lernte, Sätze zu bilden und in die Falle ging. (S. 54)

Als erzieherische Maßnahme mag das väterliche Sprachbegehren eine unmögliche Illusion sein. In der Welt, die der Fall ist und die Falle, ist es nicht zu verwirklichen. Der namenlose Fluß zwischen Paradies und versprachlichter Menschenwelt ist überschritten. Einen Weg zurück gibt es nicht. Doch die Erinnerung an einen glücklichen und freien Zustand bleibt bestehen: «Schattensprache», «Steinsprache», «Wassersprache» und «Blättersprache» sind Metaphern eines mystischen Ausdrucksraums, der die Dinge der Welt nicht benennt, der keine Urteile über Gut und Böse, Sein und Schein fällt und sich nicht durch die begrifflichen Abstraktionen der Menschensprache beherrschen läßt. In der großen Tradition der Mystik ist immer wieder zu dieser adamitischen Sprache zurückzukehren versucht worden, zu einer reinen Sprache vor jeder Sprache. Ihr Nicht-Ort ist die Utopie *mystischer Gelassenheit* vor jeder Differenzierung, sei sie kognitiver, sprachlicher oder ontologischer Art. *Alles ist eins* ist der fundamentale Glaubenssatz einer philosophischen Mystik, die in ihrer ungeheuren Verallgemeinerung einer Intuition entspringt, die indifferent ist gegenüber allen Geschiedenheiten, die unsere Erfahrungen dominieren und unser Bewußtsein in einem Raum gefangenhalten, der von den Gittern sprachlicher Differenzen umgeben ist.

Auch Fipps wird nicht entkommen können. Er kann weder Adam sein noch ein neuer Erlöser. «Ich hatte erwartet, daß dieses Kind, weil es ein Kind war – ja, ich hatte erwartet, daß es die Welt erlöse.» (S. 58) Statt dessen lernt es Wörter und Sätze zu bilden. Nichts wird ihm gleich bleiben, keine Wege, Wesen und Menschen.

> Er äußerte schon Wünsche, sprach Bitten aus, befahl oder redete um des Reden willens. Auf späteren Sonntagsgängen riß er Grashalme aus, hob Würmer auf, fing Käfer ein. Jetzt waren sie ihm schon nicht mehr gleich, er untersuchte sie, tötete sie, wenn ich sie ihm nicht noch rechtzeitig aus der Hand nahm. (S. 55)

Alles wird seinen gewohnten Gang nehmen. Seit sein Kind nicht mehr wehrlos und stumm wie in den ersten Wochen war, seit sein riesenhafter dumpfer Kopf nicht mehr «wie ein Blitzableiter die Botschaften der Welt entschärfte» (S. 55), konnte die Gesellschaft sich auf diesen kleinen Mann verlassen. Er lernte, Bescheid zu wissen und den Ort zu finden, von dem aus die Gesellschaft sich vorwärts zu bewegen glaubte, «immer in dieselbe Richtung. Ich hatte gehofft, mein Kind werde die Richtung nicht finden.» (S. 56)

4

Denken wir diese gleichgültige Richtungslosigkeit, von der das väterliche Ich nur träumen kann, in ihrer radikalsten Form: das Dasein, wie es sein sollte, ohne Zweck und Ziel; die Erde nur ein nichtiger Platz unter vielen Sonnensystemen; die Gattungsgeschichte nur eine lange Kette, mit der man nichts mehr anzufangen weiß; eine Welt «blank und ohne Sinn». Es ist der *Nihilismus*, der in den unerfüllbaren Hoffnungen des Vaters am Werke ist und sein Denken beherrscht.

Denn dieses namenlose Ich, das über «Alles» in den allgemeinsten Worten reflektiert, ist vom «Nichts» als dem unheimlichsten aller Gäste heimgesucht worden. Es ist kein Stoiker mehr. Es mangelt ihm der Impuls der antiken Weisen, glücklich sein zu wollen in Übereinstimmung mit einer göttlichen Allnatur, der alles Äußerliche adiaphora war. Die Wege zum Glück, freigemacht von Zenon aus Kition bis Marc Aurel, von Chrysippos aus Soloi bis Seneca und Epiktet, sind ihm nicht mehr begehbar. Dieses eigenschaftslose und handlungsunfähige Ich sucht keine Seelenruhe in gewollter stoischer Gleichgültigkeit.

Es kann aber auch in keiner mystischen Tradition sich heimisch fühlen. Die «unio mystica», dieses höchste Ziel einer göttlichen Gleichgültigkeit, der alles eins ist, ist ihm verwehrt. Die Stummheit, mit der es das Kind die Wege hinauf und hinunter und wieder heim trägt, ist kein mystisches Schweigen, in dem eine reine Sprache ihren paradoxen Ausdruck finden kann, sondern nur noch Zeichen einer Unfähigkeit.

Es ist ein modernes Ich, großgeworden in der *Epoche des europäischen Nihilismus,* das in *Alles* zu uns spricht. Es ist durch die Schule von Friedrich Nietzsche und Martin Heidegger gegangen und hat seine Lektion gelernt. Seine scharfsichtige Moralität kennt nur noch eine letzte Gewißheit: «Alles ist leer, alles ist gleich, alles war.»[4] Der Glaube an hohe und hehre Ideale trägt nicht mehr in einer Welt, in der alle Werte als hohle und leere Götzen entlarvt worden sind. Gott ist tot, und das Ich taumelt als «toller Mensch»[5] richtungslos durch ein unendliches Nichts, rückwärts, seitwärts, vorwärts. Es bleibt ihm allein die kraftlose Geste eines Enttäuschten, der von der Menschenwelt, wie sie ist, nur urteilt, sie sollte nicht sein, und von der Welt, wie sie sein sollte, nur weiß, sie existiert nicht.

In dieser Situation bieten auch stoische oder mystische Gleichgültigkeit keine Hoffnung mehr. Der Vater ist infiziert von einem nihilistischen Virus, der in seiner grausamen Gleichgültigkeit alles befällt, was noch Halt versprach. Alles umsonst. Jetzt läßt er auch seinen Sohn fallen, der kein Adam und kein Christus sein konnte, kein neuer Mensch, der eine neue Welt zu begründen vermochte. «Darum ließ ich das Kind fallen. Ich ließ es aus meiner Liebe fallen. Dieses Kind war ja zu allem fähig, nur dazu nicht, auszutreten, den Teufelskreis zu durchbrechen.» (S. 56) Hatte der Vater anfänglich all seine Gedanken und Wünsche auf sein Kind gerichtet, so kann er es jetzt nur noch mit einem kalten und distanzierten Blick beobachten, wie ein Forscher einen «Fall», diesen hoffnungslosen Fall Mensch. Der Faden ist gerissen. An die Stelle einer ersehnten Gleichgültigkeit, die aktiv den eingespielten Werten widerstreitet, treten wunschlose Indifferenz, Verantwortungslosigkeit und Apathie. Je älter das Kind wird, desto gleichgültiger wird es dem Vater.

Wenn Fipps mit einer schlechten Note aus der Schule heimkam, sagte ich kein Wort, aber ich tröstete ihn auch nicht. (...) Es war mir gleichgültig, ob Fipps später aufs Gymnasium kommen würde oder nicht, ob aus ihm was Rechtes würde oder nicht. Ein Arbeiter möchte seinen Sohn als Arzt sehen, ein Arzt den seinen zumindest als Arzt. Ich verstehe das nicht. Ich wollte Fipps weder gescheiter noch besser als uns wissen. Ich wollte auch nicht von ihm geliebt sein; er brauchte mir nicht zu gehorchen, mir nie zu Willen sein. (...) Ich wünschte für Fipps nichts, ganz und gar nichts. (S. 55)

5

Gegen dieses Nichts opponiert die mütterliche Sorge Hannas, dieser wunderbaren Verführerin. «Sie erklärte mir einmal, als wir uns stritten, was alles sie für Fipps tun und haben wolle.» (S. 58) Alles: ein lichteres Zimmer, gesunde Ernährung, hübsche Kleidung, eine gute Schulbildung, Fremdsprachenkenntnisse und, mehr als alles andere, «mehr Liebe, die ganze Liebe» (S. 58). Der Nihilist kann darüber nur noch lachen. Auch wenn er weiß, daß unser Dasein eigentlich nicht zum Lachen ist, so ist ihm doch nichts lächerlicher als das Leben mit all seinen Vorsorgungen und Absicherungen.

Der nächste Schritt ist nicht mehr aufzuhalten: der Austritt aus dem Geschlecht. Auch die widerstreitende Differenz zwischen Mann und Frau muß noch vergleichgültigt werden. Nur so kann die nihilistische Indifferenz ihre ganze unheimliche Macht durchsetzen und behaupten. Die sexuelle Differenz der Geschlechter, die jeder vergleichenden Anthropologie als fundamentales Muster diente, weil sie von der Natur selbst ins Spiel gebracht worden zu sein scheint, gerät in den Sog einer nichtenden Indifferenz, die vor nichts mehr haltmacht. Jetzt spielen auch Lust und Unlust, Anziehung und Distanzierung auf dem verführerischen Feld der Geschlechter-Binarität keine Rolle mehr. Entfremdet von seiner Frau, bleibt dem Mann zunächst noch der Rückzug auf sich selbst, um zumindest seine eigene sexuelle Identität noch zu retten. Aber auch das muß ihm schließlich noch zuviel sein, wirkt dabei doch immer noch ein Rest von Verlangen nach dem anderen Geschlecht. Am Ende steht die leere Wüste des einzelnen, der nur noch in der «Impotenz» seine Ruhe finden kann. Sie wird gewollt als Symptom einer sexuellen Gleichgültigkeit, die selbst noch gegen homoerotisches Begehren und übergreifende Geschlechterauflösung ihr Veto einlegen würde. Sexuelle Differenz und Identität fallen ihr gleichermaßen zum Opfer.

Ich war auf der Suche nach Selbstbefriedigung, nach der lichtscheuen, verpönten Befreiung von der Frau und dem Geschlecht. Um nicht eingefangen zu werden, um unabhängig zu sein. (...) Ich fühlte mich wie ausgelöscht als Mann, impotent. Ich wünschte mir, es zu bleiben. Wenn das eine Rechnung war, würde sie aufgehen zu meinen Gunsten. Austreten aus dem Geschlecht, zu Ende kommen, ein Ende, dahin sollte es nur kommen! (S. 59f)

Und nun noch ein allerletzter Schritt. Das Nichts macht selbst vor dem Wunsch nicht halt, der sich auf das Leben selbst bezieht. Wenn nichts mehr gewünscht wird, verliert auch der Tod seinen Stachel. Die Gleichgültigkeit, die auf den Vater mit ihrer ganzen nihilistischen Gewalt eingestürzt ist, übersteigt am Ende selbst noch die fundamentale Angst, die angesichts des Todes nahestehender Menschen hervorquillt. Als Fipps während eines Schulausflugs auf einem Felsen ausrutscht, auf den darunterliegenden stürzt und einen raschen Tod findet, geht zwar alles zu Ende, was seit der Geburt seines Sohns die Gedanken des Vaters beherrscht hat. Aber es berührt ihn kaum. Was den Direktor der Schule stammeln läßt, weil er die schmerzvollen Worte nicht finden kann, um einem Vater mitzuteilen, daß sein Kind tot ist, interessiert ihn nicht. «Es sei nicht Schuld des Lehrers, sagte er. Ich nickte. Es war mir recht.» (S. 63) So sehr wünschte er für Fipps nichts, «ganz und gar nichts», daß er selbst seinem Sterben gegenüber gleichgültig ist. Niemand muß sich für diesen Tod verantwortlich fühlen, auch er nicht. Es gibt nur noch das Übliche zu tun, eine Todesanzeige aufzusetzen und an der Beerdigung teilzunehmen. Kein stoischer Heroismus, der auch den Tod in die Adiaphorie gleichgültiger

Dinge einbezog, beseelt dieses erkaltete Ich, sondern eine gleichgültige Distanz, in der selbst der Tod noch seinen möglichen Sinn verliert als Quelle der intensiven Erfahrung lebendiger Gegenwärtigkeit des Menschen in seiner Welt.

> Es war ein schöner Tag, ein leichter Wind ging, die Kranzschleifen hoben sich für ein Fest. Der Direktor sprach immerzu. (...) Es gibt eine Kälte innen, die macht, daß das Nächste und Fernste uns gleich entrückt sind. Das Grab entrückte mit den Umstehenden und den Kränzen. Den ganzen Zentralfriedhof sah ich weit draußen am Horizont nach Osten abtreiben, und noch als man mir die Hand drückte, spürte ich nur Druck auf Druck und sah die Gesichter dort draußen, genau wie aus der Nähe gesehen, aber sehr fern, erheblich fern. (S. 63)

Alles begann mit einer scharfsichtigen Gleichgültigkeit. Schritt für Schritt wurde sie radikalisiert. Gab es am Anfang nur kurze Momente der Abwesenheit, die in das alltägliche Büroleben einbrachen, so stand am Ende die eisige Kälte einer reinen nihilistischen Gleichgültigkeit, das Austreten aus der Geschlechterdifferenz und die Unfähigkeit zu trauern über den Tod des eigenen Kindes. Der Wunsch nach Befreiung vom Joch der symbolischen Ordnung, die alles ins Netz ihrer Differenzen einzufangen droht, steigerte sich in einen Rausch der Vergleichgültigung, der alles in seinen Sog riß und die Welt haltlos und fremd werden ließ. Gleichgültigkeit ist ein Minenfeld. Man muß lernen, wohin man tritt. Wer der gesellschaftlichen Dressur zu entkommen versucht und frei sein will von den soufflierten Wertigkeiten der herrschenden Ordnung und ihrer schlechten Sprache – von den erzieherischen Abrichtungen und zerstörerischen Erkenntniszwängen, von politischer Propaganda und religiösen Transzendenzangeboten, von den Lockungen des Geldes und der gesellschaftlichen Macht, von «diesem ganzen verfilzten, ausgeklügelten Wust, der sich Ordnung nennt» (S. 56) –, kann leicht zu weit gehen. Die reine Größe einer vollkommenen Indifferenz erreichen zu wollen, ist ein unmögliches Begehren. An seinem Horizont steht der Tod, der endgültige Gleichmacher. Auch in Ingeborg Bachmanns Erzählung, die uns als Anregung diente, das Thema «Gleichgültigkeit» in seiner verwirrenden Ambivalenz zu exemplifizieren, hat er nicht das letzte Wort.

Aber jetzt, da alles vorbei ist und Hanna auch nicht mehr stundenlang in seinem Zimmer sitzt, sondern mir erlaubt hat, die Tür abzuschließen, durch die er so oft gelaufen ist, rede ich manchmal mit ihm in der Sprache, die ich nicht für gut halten kann.

Mein Wildling, mein Herz.

Ich bin bereit, ihn auf dem Rücken zu tragen, und verspreche ihm einen blauen Ballon, eine Bootsfahrt auf der alten Donau und Briefmarken. Ich blase auf seine Knie, wenn er sich angeschlagen hat, und helfe ihm bei einer Schlußrechnung.

Wenn ich ihn damit auch nicht lebendig machen kann, so ist es doch nicht zu spät zu denken: Ich habe ihn angenommen, diesen Sohn. Ich konnte zu ihm nicht freundlich sein, weil ich zu weit ging mit ihm.

Geh nicht zu weit. Lern erst das Weitergehen. Lern du selbst. (S. 64)

Nur im Widerspiel des Unmöglichen mit dem Möglichen erweitern wir unsere Möglichkeiten. Die folgenden Untersuchungen sind ein Versuch, dieser Einsicht gerecht zu werden. Keine guten Ratschläge, aber eine Erkundung des Weges, wie weit man mit scharfsichtiger Gleichgültigkeit gehen kann, um von falschen Götzen frei zu sein, ohne aus der Welt und aus der Sprache zu fallen, in stumpfe Teilnahmslosigkeit und dumpfes Verstummen.

1

ALLES, WAS DER FALL IST

Die objektive Gleichgültigkeit der Welt

In der Welt ist alles wie es ist und geschieht alles wie es geschieht; es gibt *in* ihr keinen Wert – und wenn es ihn gäbe, so hätte er keinen Wert.[1]

Ludwig Wittgenstein

Wenn er diese Botschaft in ihrer vollen Bedeutung aufnimmt, dann muß der Mensch endlich aus seinem tausendjährigen Traum erwachen und seine totale Verlassenheit, seine radikale Fremdheit erkennen. Er weiß nun, daß er seinen Platz wie ein Zigeuner am Rande des Universums hat, das für seine Musik taub ist und gleichgültig gegen seine Hoffnungen, Leiden oder Verbrechen.[2]

Jacques Monod

Gleichgültigkeit gilt allgemein als Charakterschwäche. Gleichgültig zu sein ist ein Vorwurf. Der gleichgültige Mensch gilt als affektgelähmt und geistig träge. Seine Ansprüche, Pläne und Ideale sind zurückgeschraubt, seine Erfahrungsmöglichkeiten verflacht, sein Leben ist ohne Abenteuer. Er verzichtet auf Proteste und hat der Welt seine leidenschaftliche Aufmerksamkeit entzogen. Teilnahmslos und indolent lebt er vor sich hin und verzichtet darauf, sich zu engagieren. Immer wieder läßt er sich von der Gewißheit beherrschen, daß sich keine Tat rechtfertigt, die das Ziel hat, etwas zu ändern. Das Leben erscheint ihm als ein absurdes Schauspiel, in dem passionierte Hoffnungen keinen Platz haben. Denn alles könnte genausogut auch nicht sein, oder anders, es ist aber, wie es ist. «In der Gleichgültigkeit ohne Hoffnung liegt das Eingeständnis unserer Abdankung: wir geben das Sein sich selbst preis, enttäuschte, wenn auch besonnene Karnevalsprinzen, die die Masken ablegen und sich in ein Exil der vollkommenen Tatenlosigkeit zurückziehen.»[3]

In Wortgeschichte und Sprachgebrauch hat sich eine dominierende Bedeutung von «Gleichgültigkeit» durchgesetzt, die auf eine subjektive Gefühlslage zielt und sie zugleich kritisiert. Seit dem 18. Jahrhundert wird das Prädikat «gleichgültig» mit subjektiver Intention und negativer Konnotation gebraucht. Ungewohnt und sprachgeschichtlich überholt ist es, von einer objektiven Gleichgültigkeit zu sprechen und diese von negativen Wertungen freizuhalten. Darüber kann uns ein Blick ins Wörterbuch belehren.

Das Adjektiv «gleichgültig», zusammengesetzt aus dem Maßbegriff «gleich» (von der Gestaltähnlichkeit bis zur sachlichen Identität reichend) und dem Wertbegriff «gültig» (von «gelten» abgeleitet: geltend, anerkannt), wurde vom frühen 17. bis ins späte 18. Jahrhundert zunächst als positive Bezeichnung benutzt, um Dinge oder Handlungen von gleichem Wert, gleicher Geltung und Bedeutung zu kennzeichnen. Man tauscht gleich-gültige Sachen oder ist bestrebt, einem anderen Menschen gleich-geltend zu entsprechen. «Gleichgültigkeit» bezog sich auf objektiv feststellbare Wertigkeiten.

Bereits im ersten Drittel des 18. Jahrhunderts deutete sich jedoch eine Bedeutungsverschiebung an. Der positive Gehalt wurde zurückgedrängt, und als «gleichgültig» wurden solche Dinge oder Handlungen verstanden, die «ohne Wert, ohne Bedeutung, ohne Belang»[4] sind. Bei ihnen ist es irrelevant, ob das eine oder das andere gewählt wird. Speziell im Gebrauch der Morallehre wurde, im Anschluß an das griechische «adiaphora» und lateinische «indifferentia», das Wort zur Bezeichnung solcher Handlungen gebraucht, die in der neutralen Mitte zwischen Gut und Böse liegen und in sittlicher Beziehung bedeutungs- und belanglos sind. Ob man arm ist oder im Geld schwimmt, hat für unser eigentliches Wohl nichts zu bedeuten.

Erst in der Mitte des 18. Jahrhunderts, im Kontext einer bürgerlichen Kultur, fand eine «seltsame Vertauschung»[5] statt, durch die «gleichgültig» seinen objektiven Sachbezog verlor, auf das betrachtende und empfindende Subjekt hinüberwechselte und zugleich einen negativen Bedeutungsgehalt annahm. Gleichgültig ist, wer sich gegenüber bestimmten Phänomenen unbeteiligt, teilnahmslos, schläfrig und uninteressiert gibt oder dessen allgemeiner Charakter träge, indolent, gefühllos und stumpf ist. Das Spektrum reichte vom nicht-religiösen Indifferentismus über politische Uninteressiertheit bis zur erotischen Unempfindlichkeit. Auch das Substantiv «Gleichgültigkeit» hat überwiegend diese negative Konnotation übernommen, mit der eine subjektive Haltung oder Stimmung qualifiziert wurde, die den allgemein geforderten Wertigkeiten entschlüpfte. Der auf Sachliches bezogene Gebrauch ging gänzlich zurück, und das Subjekt, das gleichgültig ist, wurde als abgestumpft, affektgelähmt und desinteressiert be- und verurteilt.

Diese Wende zum Subjekt, das seit dem Vordringen einer bürgerlichen Lebensform stets etwas wollen soll, hat nun zwar den objektiven Bedeutungsbezug von «Gleichgültigkeit» zurückgedrängt. Aber sie hat zugleich eine erstaunliche Rückprojektion ermöglicht. Die subjektive Wendung konnte zurückgebogen werden auf die Objektivität der Welt, die sich in ihrer bloßen Existenz nicht für den Menschen interessiert, seinen Hoffnungen und Ansprüchen teilnahmslos gegenübersteht und auf seine Sinnfragen indifferent schweigt. In diesem Sinn hat etwa Jean Baudrillard von der Gleichgültigkeit der Objekte gesprochen, die auf die leidenschaftlichen Sinngebungen des Menschen mit provozierendem Schweigen antworten. «Die Welt selbst wird gleichgültig, und je gleichgültiger sie wird, desto mehr scheint sie sich einem übermenschlichen Ereignis anzunähern, einem alles übersteigenden Ende, dessen Widerspiegelung sich in unserer gesteigerten Ungeduld findet.»[6] – Siegfried Lenz hat Gleichgültigkeit als eine «natürliche Angelegenheit» charakterisiert, die in der Teilnahmslosigkeit und Indolenz des Menschen ihre subjektive Resonanz findet: «Sie ist das Schweigen des Raums, das Vergessen, das Unglück, das nie bedauert wird. Sie ist das Achselzucken der Zeit, mit dem sie unsere Versuche quittiert, unsere Opfer entwertet, unsere Auflehnung zweifelhaft macht.»[7] – Leszek Kolakowski hat das «Phänomen der Gleichgültigkeit der Welt» als eine fundamentale Erfahrung des Menschen freigelegt, die sich vor allem im körperlichen Schmerz und antizipierten Tod offenbart. Denn im Schmerz zeigt sich der Körper, der ich bin, mir gegenüber gleichgültig und enthüllt sich mir in seiner physiologischen Fremdheit und Indifferenz; und auch die Vorwegnahme des eigenen Todes deckt vor mir nichts anderes auf als «die Ansicht einer Welt, der ich gleichgültig geworden bin, die also organisch unfähig geworden ist, meine Präsenz zu bemerken.»[8] – Und nicht zuletzt kreist das Lebenswerk Hans Blumenbergs um dieses erschreckende Phänomen. Sei es nun die *Arbeit am Mythos* oder die *Lesbarkeit der Welt*, das Auseinanderfallen von *Lebenszeit und Weltzeit* oder der *Prozeß der theoretischen Neugierde*: Hinter all diesen Anstrengungen, das geschichtliche und kulturelle Schicksal des Menschen zu entziffern, steht die ängstigende Erfahrung einer gleichgültigen Welt, gegen die wir uns zur Wehr setzen wollen, ohne es doch wirklich zu können. Denn bereits das bloße In-der-Welt-Sein konfrontiert uns mit der härtesten Bedürftigkeit, die den Menschen zum «trostbedürftigen Wesen»[9] macht: dem Tod. Er läßt uns wissen, daß alles übrige ohne Rücksicht auf das

Faktum des eigenen Ausscheidens aus der Welt unbetroffen und ungerührt fortbestehen wird. Freigesetzt aus der Sicherheit lebensweltlicher Bindungen und eingeordnet in eine unermeßliche kosmische Weltzeit sehen wir uns in einer Welt, die sich gegenüber jedermann gleichgültig und rücksichtslos verhält. «Daß die Welt dieselbe wäre, wenn es uns selbst nie gegeben hätte, und alsbald dieselbe sein wird, als ob es uns niemals gegeben hätte»[10], ist Blumenberg zufolge die bitterste aller Entdeckungen, die empörendste Zumutung der Welt an das Leben.

Es soll in diesem Kapitel nicht darum gehen, den Strategien zu folgen, die vorgeschlagen wurden, um diese Gleichgültigkeit der Welt zu überwinden. Baudrillard sah sie in einem spielerischen Stoizismus, der die Welt durch eine Gleichgültigkeit besiegt und verführt, die der ihren zumindest ebenbürtig ist[11]; Lenz in einem paradoxen Protest, zu dem wir gerade dann angehalten sind, wenn er uns aussichtslos vorkommt; Kolakowski beschwor die Gegenwärtigkeit des Mythos[12], der allein die Kraft besitzen soll, die Gleichgültigkeit der Welt aufzuheben, im Gegensatz zu all den vergeblichen Maßnahmen der technischen Weltbeherrschung, der erotisch-sexuellen Begegnung, der Besitzleidenschaft und des Machthungers; Blumenberg schließlich favorisierte den Aufbau partikularer Sinnwelten, die sich gegen die Gleichgültigkeit der Welt abgrenzen, ohne sie in ihrer Absolutheit zu dementieren oder zu diskreditieren.

Statt dessen soll hier der geschichtliche Prozeß erhellt werden, in dem die angsterfüllte Erfahrung einer objektiven Indifferenz sich kulturgeschichtlich differenziert niedergeschlagen hat. Vor diesem Hintergrund betrifft der subjektbezogene und vorwurfsvolle Gebrauch des Worts «gleichgültig» ein vergleichsweise harmloses psychologisches Phänomen. Es wird zu zeigen sein, daß die fundamentale Angst in einer Welt, die sich uns gegenüber gleichgültig verhält, von den griechischen Anfängen der Kosmologie bis zur neuzeitlichen wissenschaftlichen Eroberung des Weltganzen zu verschiedenen Anstrengungen geführt hat, deren gemeinsamer Sinn nur verstehbar ist als ein unermüdlicher Kampf gegen eine Welt, die ganz einfach da ist, ohne sich für den Menschen zu interessieren. Während der griechische Mensch noch hoffen konnte, zumindest in der Bewunderung des *Kosmos* dessen Fremdheit zu bewältigen, und der mittelalterliche Mensch sich in einem göttlichen *Ordo* aufgehoben glauben konnte, hat der Durchbruch der neuzeitlichen Wissenschaft die Herausforderung einer objektiv gleichgültigen *Welt* in ihrer radikalen Schärfe gestellt. Die Objektivierung der Welt zu einer bloßen Gegebenheit, die von jeder mythischen, religiösen und metaphysischen Wertigkeit gesäubert worden ist, hat jene extremen Zumutungen ins Spiel gebracht, die sich bis zu einer maßlosen, nihilistischen Weltvergeblichkeitserfahrung steigern konnten. «Es ist eine besonders harte Zumutung für den Menschen, sein für ihn selbst höchst wichtiges Dasein als für die Welt ganz gleichgültig anzuerkennen; eine ebenso harte Zumutung des Menschen an die Welt aber ist es, seinem Dasein Bedeutsamkeit und Erheblichkeit zuzuerkennen.»[13] Erst vor dem Hintergrund dieses janusartigen Widerstreits hat sich die subjektive Gleichgültigkeit als ein abwehrender Charakterzug des modernen Menschen entfaltet, den es zugleich kritisch in seine Schranken zu weisen gilt.

Der wohlgeordnete Kosmos

Es ist ein Topos der Philosophiegeschichtsschreibung, daß die Griechen, von den Vorsokratikern über Platon und Aristoteles bis zu den Stoikern, die ganze Natur als einen selbstgenügsamen Ordnungszusammenhang gesehen haben, der seinen Ursprung in sich trägt. Das All der Welt wurde als vollkommen, schön gestaltet und heilig betrachtet. Es ist die Welt des Sichtbaren, erfüllt von innerer Homogenität und äußerer Lichtfülle, eine kosmische Ordnung, welche die Erde, Flüsse und Meere ebenso umfaßt wie den Tages- und Nachthimmel mit seinen staunenswürdigen Gestirnen. Alles existiert durch sich selbst und ist wesentlich aus sich selbst wahr. Es zeigt sich in einem Licht, das allem eine Klarheit und schon optisch unfragwürdige Präsenz gewährt, die dem Menschen in ihrer Ordnung erkennbar ist. Folgerichtig wird der Mensch als ein ruhender Betrachter der Welt gesehen, der vor allem in der kontemplativen Wahrnehmung des Alls, zu dem er gehört, Wahrheit und Genuß zugleich erfährt. Voller Bewunderung für die kosmische Ordnung, an deren Existenz er nicht zweifelt, findet er in der Naturbetrachtung seine Glückseligkeit. Vor allem der aufmerksame Blick zum Himmel gehört zur höchsten Tätigkeit des Menschen, weil sich ihm hier das Bild eines wohlgegliederten Gefüges offenbart, das die Erfahrungen eines unruhigen, sich ständig verändernden Lebens übersteigt und zugleich in seiner Ordnung hält. Es scheint, als sei der Mensch dazu geboren, das Weltall zu betrachten, um an seiner Herrlichkeit und Schönheit teilzunehmen.

Dieses arkadische Bild einer griechischen Naturphilosophie, in der Weltbetrachtung und Glückseligkeit, Wahrheit und Genuß konvergieren, hat die dunkle Seite vergessen lassen, die am Beginn der griechischen Kosmologie mitspielte. Wenn Anaxagoras als ein Gewährsmann zitiert wird – «befragt, wozu er auf die Welt gekommen sei, sagte er: zur Beobachtung von Sonne, Mond und Himmel»[14] –, so wird gern der Kontext vernachlässigt, in dem er gefragt wurde. Aristoteles hat ihn uns überliefert. Denn «um das Himmelsgebäude zu betrachten und die Ordnung im Weltall»[15] war die Antwort eines tragischen Bewußtseins, das unheilvoll von Lebenspessimismus bedroht war. Sie antwortete auf eine dunkle Befürchtung, die in der Ödipus-Tragödie des Sophokles mit den schrecklichen Worten festgehalten worden war, das Höchste sei, nicht geboren worden zu sein. Die Antwort des Anaxagoras suchte nach einem Grund, warum einer sich entscheiden könnte, lieber geboren als nicht geboren zu sein, und fand ihn in der Betrachtung des Kosmos. Die Frühgeschichte des europäischen Bewußtseins kannte den Kosmos und die Tragödie. Die Lichtfülle des griechischen Lebens, die den Kosmos als eine allesumfassende Weltordnung erkennen ließ, konnte nicht den finsteren Untergrund vergessen lassen, der in der Tragödie seinen Ausdruck fand. «Die Tragödie ist Ausdruck dessen, daß die Götter für den Kosmos nicht verantwortlich sind, ihn nicht erdacht und nicht geschaffen haben, gleichsam auf dem Sprunge, ihn in die Transzendenz oder in die Intermundien zu verlassen, während die Menschen dem Kosmos nur am unteren Rande, in der verworrensten Zone seiner Elemente, weniger angehören als gegenüberstehen.»[16]

Nur vor dem Hintergrund dieses tragischen Bewußtseins konnte Anaxagoras den Kosmos als eine schöne, selbstgenügsame Ordnung beschwören, die der Mensch zwar bewundernd betrachten kann, in der aber weder er noch die Götter zu Hause sind. Denn die Götter sind herzlos und gleichgültig gegen das, was kosmisch «aus sich selbst» gegeben ist. Nicht zufällig konnte die Behauptung des Anaxagoras, die Sonne sei eine glühende Masse, zum Kern der Anklage gegen seine Gottlosigkeit erhoben werden. Und die Menschen konnten den Kosmos zwar als ein Angebot sehen, um durch die Wahl der theoretischen Himmelsbetrachtung ihr Leben zu rechtfertigen, aber sie gehörten offenbar nicht zu seinem ursprünglichen Konzept. In der Gestalt des Prometheus hat dieser Hiatus zwischen Mensch und Kosmos seinen mythischen Ausdruck gefunden. Nur durch die illegale Hilfe eines Titanen wurde ihm zum nötigsten seiner Bedürfnisse, dem Feuer, verholfen. Die Strafe der Götter für diesen Bruch ihrer Gleichgültigkeit gegenüber den Menschen war schrecklich. «Fragt man sich, worin die Signifikanz dieser Figur besteht, so bemerkt man nicht nur, daß der Mangel eines fürsorgenden Verhältnisses der olympischen Götter zu den Menschen in ihr Ausdruck findet, sondern auch und noch umfassender, daß sie für die radikale Rücksichtslosigkeit der Welt gegenüber dem Menschen einzustehen hat.»[17]

Die tragische Herausforderung des Himmelsbetrachters Anaxagoras ist kulturgeschichtlich bald verblaßt. Seine pessimistische Dimension wurde zurückgedrängt, und die Beobachtung von Sonne, Mond und Himmel gewann eine eigenständige Dignität. Die innere Homogenität des Kosmos, welcher der Mensch als ruhender Beobachter eingefügt ist, ließ sich zwar nicht im Handstreich gewinnen. Aber zunehmend setzte sich die Einsicht durch, daß die Herrlichkeit des Kosmos im Menschen ihren andächtigen Bewunderer nur finden kann, weil ihre vollkommene Schönheit und vollendete Ordnung nicht gedacht werden können ohne den, dem sie gefallen. Die frühgeschichtliche Antinomie, daß die Griechen den Kosmos und die Tragödie zur gleichen Zeit erfanden, wurde aufgelöst durch das Bild einer Ordnung, in der menschliche Erkenntnis und Welt sich entsprechen, aufeinander angelegt sind und in Wahrheit und Genuß zueinander kommen können.

Nur vor einem tragischen und daseinspessimistischen Hintergrund gewinnt die Wortwahl, das allumfassende Ganze als «Kosmos» zu bezeichnen, ihre tiefere Bedeutung. Sie ist verstehbar als Akt einer folgenreichen Projektion, in der alles, was kosmisch der

Fall ist, humanisiert und auf ein menschlich wahrnehmbares Maß gebracht worden ist. Die etymologischen Wurzeln des Worts verlieren sich in indogermanischer Zeit.[18] Als sicher kann gelten, daß κόσμος im epischen und alltäglichen Sprachgebrauch verwendet wurde, um alle möglichen Dinge und Sachverhalte zu qualifizieren, die durch ihre Wohlgeordnetheit dem Menschen gefallen. Bereits in den Epen Homers wird als «kosmos» das beurteilt, was eine äußere und innere Ordnung zeigt oder auf eine geordnete Weise vor sich geht. Die Ordnung in einer Gemeinschaft, besonders in Staat und Heer, das Gefüge des trojanischen Pferdes, das sich aus den in Ordnung aneinandergereihten Balken ergab, die Kunst des Wagenlenkers, der seine Pferde geordnet führt, die guten Sitten, gegen deren innere Ordnung man nicht verstößt, die Verse eines kunstvoll gefügten Gedichts, aber auch der schöne Schmuck, mit dem die Backenstücke des Pferdegeschirrs verziert sind, oder die Gesamtausstattung einer schönen Kleidung, all das war «kosmos». Der Sprachgebrauch betraf zunächst «den irdischen Bereich, in dem eine vom Menschen hergestellte oder befolgte ‹Wohlordnung› herrscht oder herrschen soll.»[19]

Die metaphorische Übertragung dieses komplexen und schillernden Prädikats auf das Weltganze, die es zu einem substantivierten Zentralbegriff der griechischen Philosophie als Kosmologie werden ließ, wurde nach antiker Tradition Pythagoras zugeschrieben.[20] Die allumfassende Welt, die in ihrer Einheit zu begreifen versucht wurde, wurde nun als «Kosmos» bezeichnet. Auch wenn es ein langwieriger und verschlungener Prozeß war, bis «Kosmos» als feststehender Begriff das Weltganze fixierte, so ist an dieser semantischen Übertragungsgeschichte doch die grundlegende Überzeugung festzustellen, daß von den griechischen Menschen der ganze Weltenbau als ein schmuckvoll geordnetes Gefüge gesehen wurde, in dem zugleich ein einheitliches Ordnungsprinzip herrscht. Mag sich dem Auge auf den ersten Blick die Gesamtheit der Welt auch nur als ein scheinbares Durcheinander von Einzelerscheinungen bieten, worauf Heraklit mit seiner Feststellung hinwies: «Der schönste Kosmos gleicht seinem Gegenteil, einem Haufen zufällig hingeschütteter Dinge»[21], so dokumentiert der Zentralbegriff «Kosmos» doch die grundlegende Intuition, daß es eine übergreifende Wohlordnung gibt, die sich in der Vielheit der sichtbaren Erscheinungsweisen dem aufmerksamen Beobachter manifestiert.

Die ängstigende Gleichgültigkeit der Welt und der Götter gegenüber dem Menschen, von der das tragische Bewußtsein zeugte, war aufgehoben worden in einem umfassenden kosmischen All, dessen Schönheit und schmuckvolle Gestalt als ein göttliches Mysterium bewundert werden konnte, an dem der Mensch vermöge seiner ruhenden Betrachtung und theoretischen Erkenntnisfähigkeit teilhaben konnte. Als Kosmologe konnte sich der Philosoph vom tragischen Pessimismus und mythischen Weltverständnis der frühen Griechen lösen und die Betrachtung des Himmels zum exemplarischen Vollzug der menschlichen Bestimmung erklären. Er konnte die radikale Rücksichtslosigkeit der Welt überwinden, indem er sie als das bezeichnete, was ihm als schmückende Ordnung alltäglich vertraut war. Die metaphorische Übertragung ließ ihn bewundern, was ihm zunächst fremd und fern war. Der Kosmos: das Schön-Vollkommenste, eine wunderbar geordnete Einheit und Ganzheit, göttliche Weltordnung und gestaltvollendetes Weltgebäude, ein organisch gefügtes, ja belebtes, beseeltes Ganzes, das Gegenteil einer Scheinwelt und eines Orts ruheloser Vergänglichkeit, «eine einheitliche, wohlgegliederte, sphärisch gebildete Schmuckordnung»[22]. An dieser fundamentalen Überzeugung haben auch die strittigen Auseinandersetzungen der Vorsokratiker um die Ordnungsprinzipien und Grundstoffe dieses Kosmos, um Luft und Wasser, Feuer und Erde, um Sein und Werden, Ruhe und Bewegung, Vielheit und Einheit, Geistiges und Stoffliches, Leere und Erfülltsein, Begrenztheit und Unendlichkeit, Vergänglichkeit und Ewigkeit nichts geändert, die schließlich in Platons «Timaios» ihre pathetische Krönung fanden. «Und nun, behaupten wir, ist unsere Rede über das All bereits zum Ziel gediehen. Denn indem dieses Weltganze sterbliche und unsterbliche Bewohner erhielt und derart davon erfüllt ward, wurde zu einem sichtbaren, das Sichtbare umfassenden Lebenden, zum Abbild des Denkbaren als ein sinnlich wahrnehmbarer Gott, zum größten und besten, zum schönsten und vollkommensten dieser einzige Himmel, der ein eingeborener ist.»[23]

Der göttliche Ordo

Platon sprach hier zwar nicht selbst, und auch Sokrates hat nur kommentarlos zugehört, was Timaios zu sagen hatte «als der Sternkundigste unter uns und derjenige, der es zur Hauptaufgabe seines Lebens machte, zur Kenntnis der Natur des Weltalls zu gelangen»[24]. Doch er konnte diese Rede vom Weltganzen als einem sinnlich wahrnehmbaren Gott unwidersprochen lassen. Denn auch seine eigene Philosophie, in der die Erscheinungswelt nur Abbild der ewigen Ideen war, ordnete den Kosmos weder in seinem Ursprung noch in seiner Existenz einem göttlichen Willens- und Schöpfungsakt zu. Der Kosmos selbst war die sichtbare Ausschöpfung all dessen, was sein und erkannt werden kann. Das philosophische Staunen richtete sich nicht auf das Wunder einer göttlichen Schöpfung, sondern auf das Wunderbare des Seienden, sofern es überhaupt ist. Als solches bedurfte es weder einer Rechtfertigung, noch war es dazu fähig. Der antike Kosmos war indifferent in seinem Dasein und trug seinen Grund und sein Recht in sich selbst. Auch der platonische Mythos des Demiurgen beschränkte sich darauf, daß in der Welt die Möglichkeit alles Seienden in der Abbildung der Ideen ausgeschöpft worden war.

Erst mit dem Aufkommen des Christentums änderte sich die Perspektive. Die Frage der Schöpfung und des Schöpfers drängte sich in den Vordergrund. Sternenkunde und Kosmologie verloren an Bedeutung. Ein neuer Zentralbegriff nahm die Stelle von «Kosmos» ein. Von Augustinus bis Thomas von Aquin kreiste das christlich-mittelalterliche Denken um die Vorstellung eines hierarchisch aufgebauten Ordo, der sich auf die Macht, Weisheit und Fürsorge des biblischen Gottes zurückführen ließ. Glaubensgewißheit, Gotterkenntnis und Seelenheil drängten die ästhetisch-theoretische Welt- und Himmelsbetrachtung in den Hintergrund. Fragen der Ontologie, d. h. nach der Stufen- und Rangordnung der Dinge und nach dem Aufbau, der Herkunft und dem Ziel des Ordo, wurden wichtiger als solche der Kosmologie. Die gedankliche, durch Bibelstudium gelenkte Analyse des Ordo diente dem letzten und wichtigsten Ziel, Gott zu erkennen. Dagegen barg der Anblick des Kosmos die Gefahr in sich, daß vor der betrachtenden Bewunderung der Welt ihre Erlösungsbedürftigkeit vergessen wurde und über dem Geschaffenen ihr göttlicher Schöpfer. Bereits Lactantius, der zu Beginn des 4. nachchristlichen Jahrhunderts die älteste apologetische Gesamtdarstellung des Christentums geschrieben hat, warnte mit Anspielung auf Anaxagoras: «Nicht dazu werden wir geboren, um die geschaffenen Werke zu schauen, sondern um über den Schöpfer der Schöpfung selbst nachzudenken.»[25] Wahre Glückseligkeit läßt sich nur in der Betrachtung Gottes finden.

Mit dieser epochalen Wendung erhielt auch das Phänomen der Gleichgültigkeit der Welt ein völlig neues Profil. Die Schönheit und Vollkommenheit des Kosmos wurde nicht mehr bewundert, um das tragische Bewußtsein eines verworrenen, rücksichtslosen und gleichgültigen Daseins durch die Beobachtung des Himmelsgebäudes zu kompensieren. Jetzt ging es vordringlich darum, den geistigen Blick auf einen außerweltlichen Schöpfer zu richten. Aber was wäre, wenn er die Welt nicht geschaffen hätte? War die sichtbare körperliche Welt bedeutungslos für Gotterkenntnis und christliches Seelenheil? War die Welt vielleicht nur ein undurchdringlicher Kerker, dessen Mauern den Blick auf Gott versperrten? Nur ein gleichgültiges Hindernis, an dem der Wunsch nach Gotterkenntnis abprallen mußte?

Vor allem die Gnosis hatte diese beunruhigenden Fragen aufgeworfen. Es galt, auf sie eine plausible Antwort zu finden. Denn die Gnosis, die mit der Ausbreitung des Christentums im 2. Jahrhundert ihren Höhepunkt erreichte[26], machte kompromißlos Ernst mit der Vorstellung, daß die Welt nichts zu tun hat mit einem transzendenten Heilsgott und die ästhetisch-theoretische Bindung an die Natur zum Verlust jeder Heilschance führen muß. Die objektive Gleichgültigkeit der Welt wurde übersteigert zur Vorstellung eines Gefängnisses, in dem der Mensch materiell gefesselt liegt. Als Kosmos ist die gottlose Welt nur eine Ordnung des Unheils, eine dämonisch konstruierte Falle, in der der Mensch von seinem Heil getrennt ist. Der gute Gott hat sich auf sie nicht eingelassen. In ihrem verwerflichen Zustand ist sie eine dunkle Höhle, umgrenzt von Eisenmauern, rücksichtslos und absolut gleichgültig gegen menschliche Heilserwartung und Glückseligkeit. Auch die Sphären des Himmels und die Gestirne, die der antike Mensch noch bewundern konnte, waren nur noch Mauern und ließen «Angst, Auflehnung,

Sehnsucht, Beschwörung und Verachtung gefühllos von sich abprallen.»[27] Die Gleichgültigkeit der Welt war universal geworden. Der Kosmos war nur noch Inbegriff einer Weltgefangenschaft, die in tyrannischer Rücksichtslosigkeit jedes menschliche Streben vergeblich sein ließ. Der wahre Gott wurde durch den Anblick des Himmels nicht erkennbar, sondern verborgen. Die Kosmosmetaphysik der Griechen war gnostisch negativiert worden, ihre Weltbewunderung völlig destruiert. «Zum ersten Mal in der Gnosis ist der gestirnte Himmel zur Kulisse eines trügerischen Schauspiels geworden: blendender Glanz vermeintlich erhabener Ordnungen suggeriert dem Betrachter, er sei am Ort seiner Bestimmung, während ihm die Wahrheit seiner Lage entzogen bleibt, in die Umnachtung der Vergessenheit seines Ursprungs gebannt und verbannt zu sein.»[28]

Der gnostische Dualismus zwischen einem von dämonischer Gleichgültigkeit beherrschten Weltraum, gegen dessen Grenzen der Blick von innen vergeblich anrennt, und einem wahren Gott, in dem allein der Mensch sein Licht zu finden vermag, konnte die Welt als Schöpfung nicht rechtfertigen. Die absolute Trennung der Welt von einem Gott, der für die Welt nicht verantwortlich ist, konnte deshalb nur durch Weltzerstörung überwunden werden. In Umkehrung des griechischen Versuchs, die Tragödie eines sinnlosen und gleichgültigen Daseins in die Bewunderung des Kosmos zu wenden, führte in der Gnosis die Zurückweisung der Welt in ihrer undurchdringlichen Gleichgültigkeit zur apokalyptischen Tragödie. Nur sie offenbart den Raum eines weltlos Guten. Nur gegen den Bestand des Kosmos ließ sich die Erlösung des Menschen vollziehen.

Doch die Welt war beständiger als erwartet. Nicht allein das Ausbleiben der Weltzerstörung, die den Kerker des Bösen sprengen sollte, hat die christlichen Denker zu neuen Überlegungen gezwungen. Auch die gnostische Verneinung, daß der Schöpfergott mit dieser Welt nichts zu tun haben soll und ihr gleichgültig gegenübersteht, wurde zunehmend als unerträglich empfunden. Dem biblischen Gott konnte nicht, wie den griechischen Göttern, das Schicksal seiner Geschöpfe gleichgültig sein, und sein Sohn war kein Prometheus. Denn es konnte nicht übersehen werden, daß im biblischen Schöpfungsbericht Gott all seine Werke, die er geschaffen hatte, von Himmel und Erde bis zum Menschen als seinem Ebenbild, als «gut» bewertet hatte: «Und Gott sah alles an, was er gemacht hatte, und siehe, es war sehr gut.»[29] Das Christentum mußte sich auf die Regeln des bestehenden Weltzustands einlassen. Als einer der ersten hat Augustinus die gnostische Gefahr abzuwehren versucht. Auch er war in seinen Jugendjahren von der gnostischen Dämonisierung der materiellen Welt geprägt gewesen. Aber nach seiner Abkehr von der Gnosis und ein Jahr nach seiner Taufe (387 n. Chr.) schrieb er das erste Buch *De libero arbitrio*[30], in dem er den Schöpfergott und den Heilsgott in einem System zusammenzudenken versuchte. Inspiriert von der antiken Kosmosbewunderung, vor allem durch Cicero, zweifelte er nicht mehr daran, daß die menschliche Vernunft Einsicht in die schöpferischen Leistungen Gottes erreichen kann. Göttliche und menschliche Vernunft sind zwar graduell, nicht aber wesentlich verschieden. Was dem Menschen nach Einsicht der Vernunft als das jeweils Beste gewiß ist, davon kann er annehmen, daß Gott es auch in der Welt verwirklicht hat.[31]

Die philosophisch virulente Frage nach dem Warum der Schöpfung konnte dabei durch ein lapidares «Quia voluit», weil Gott es wollte, beantwortet werden.[32] Die augustinische Abkehr von der Gnosis ging jedoch nicht so weit, die antike Himmelsbetrachtung vollständig zu rehabilitieren. Auch wenn die gottverwandte Vernunft die Welt als die vollkommene Schöpfung eines vollkommenen Schöpfers erfassen kann, so bleibt doch die faktische Position des Menschen im Universum, an die Körper und Augen gebunden sind, weiterhin gleichgültig. Nicht der Kosmos, sondern nur Gott allein kann dem menschlichen Heils- und Glücksverlangen Genüge tun. Nur er ist Gegenstand der «fruitio», des seligen Genusses. Alles andere, also auch der Kosmos selbst als Ganzes, bleibt diesem absoluten Ziel untergeordnet. Es erstaunt nicht, daß Augustinus die theoretische Zuwendung zum Himmel als eine lasterhafte, sich zerstreuende Neugierde, als «curiositas», verurteilte, lenkt sie doch von unserer Selbsterkenntnis ab, in der allein Gott sich ganz erkennen läßt. «Geh nicht nach draußen, kehr' wieder ein bei dir selbst! Im inneren Menschen wohnt die Wahrheit.»[33]

Der Anblick des Himmels sollte zwar keine gnostische Dämonenfratze mehr zeigen, keine Eisenmauer. Das Weltall war kein

Kerker mehr, an dessen Wänden jede menschliche Regung wirkungslos abprallt. Aber dieser Blick sollte auch das Vertrauen in die Beständigkeit und Sicherheit der Welt nicht allzusehr bestärken. Das erklärt einerseits die Stagnation der Astronomie über Jahrhunderte; und läßt andererseits die Bedeutung nachvollziehen, die der christliche Begriff des «ordo» gewann. Als sichtbarer Kosmos mag das Weltganze gleichgültig sein. Als Ordo aber ist die Schöpfung aus dem göttlichen Grund ihrer Notwendigkeit geistig begreifbar. Unzählbar sind die Textstellen, in denen die christlichen Denker des Mittelalters, von Augustinus bis zur Hochscholastik des 13. Jahrhunderts, zu Albertus Magnus, Thomas von Aquin und Bonaventura, das Geheimnis des göttlichen Ordo zu entziffern versuchten als eines letzten Absoluten alles Seienden in seiner wohlgeordneten Einheit.[34] Das hat wenig mit Weltbetrachtung, Messung und Beobachtung zu tun. Wie die Welt tatsächlich beschaffen ist, bleibt weiterhin ohne besondere Bedeutung. «Gott und die Seele will ich erkennen. Weiter nichts? Gar nichts.»[35]

So läßt sich zwar die theologische Formation des Mittelalters als ein großartiger Versuch verstehen, «die Welt als Schöpfung aus der Negativierung ihres demiurgischen Ursprungs zurückzuholen und ihre antike Kosmos-Dignität in das christliche System hinüberzuretten.»[36] Aber die Installierung des geistigen Ordo als Höchstwert hielt die sichtbare Welt auf Distanz und drängte sie als Objekt einer ausschweifenden Augenlust zurück. Sie blieb eine widerständige Wirklichkeit, der mit Gottes Hilfe der Mensch nicht erliegen soll. Das negative gnostische Vorzeichen vor der antiken Kosmosvorstellung blieb in der christlich-mittelalterlichen Onto-Theologie als Erbe erhalten. Die Welt war gleichgültig gegen das Heil des Menschen, der «Inbegriff dessen, *wogegen* der Mensch höheren Schutzes bedarf und *woraus* er endlich errettet werden soll.»[37] Nur deshalb wurde auch die theoretische Neugierde immer wieder in ihre Schranken verwiesen. Sie konnte nur ein oberflächliches Verweilen an den sichtbaren Dingen sein, ein Zerfließen in die Breite objektiver Beliebigkeiten, die angesichts der letzten Wahrheit Gottes gleichgültig bleiben mußten.

Die gleichgültige Welt

1543 erschienen die sechs Bücher des Frauenberger Domherrn Nicolaus Kopernikus *De revolutionibus orbium coelestium* – Über die Umdrehungen der himmlischen Kugelschalen oder Planetenbahnen. Er selbst hatte, kurz vor seinem Tod, den Druck seines Lebenswerkes nicht mehr überwachen können, und auch das unerbetene Vorwort des Andreas Osiander konnte er nicht mehr zurückweisen, in dem seine Erkenntnisse als bloße Rechnungen ohne Wahrheitsanspruch schmackhaft gemacht wurden.[38] In einem «sehr entlegenen Winkel der Erde, in dem ich wirke»[39], hatte er 35 Jahre lang den nächtlichen Himmel betrachtet, seine Beobachtungen sorgfältig in Tafeln eingetragen und seine Berechnungen angestellt. Die mathematischen Systematisierungen seiner Beobachtungen hatten ihn zu Einsichten geführt, die dem allgemein anerkannten geozentrischen Weltbild widersprachen. Die Erde ist nicht der Mittelpunkt der Welt; die Mitte der Welt liegt in der Nähe der Sonne; der Abstand zwischen Erde und Fixsternhimmel entzieht sich unserer sinnlichen Erkenntnis; während der Fixsternhimmel ruht und sich nur scheinbar bewegt, bewegt sich die Erde und ruht nur scheinbar; das gleiche gilt für die Bewegung von Sonne und Erde; die relative Bewegung von Erde und Planeten genügt, um die Himmelserscheinungen einfacher als bisher zu erklären.

Seine «Umdrehungen» haben Kopernikus den Ruf eines doppelten Revolutionärs eingebracht. Seine astronomische Leistung, die Mittelpunktstellung der Erde aufgegeben zu haben, wurde zur Metapher einer radikalen Wende, mit der sich die neuzeitliche Wissenschaft den kosmischen Begebenheiten ohne metaphysische oder theologische Vorbehalte zuwendet. Strenge Beobachtung und mathematische Beweisführung treten an die Stelle der Bedeutung kanonischer Schriften, seien sie nun biblischen oder antiken Ursprungs. Die freigesetzte theoretische Neugierde, die von Augustinus in den Lasterkatalog aufgenommen worden war, wurde für das geschichtliche Selbstverständnis der Neuzeit relevant als ein methodisch gesicherter Weg zur Wahrheit, der sich aus mittelalterlichen Glaubensüberzeugungen gelöst hat.

Neu aber war auch die veränderte Orientierung des Menschen in der Welt. Vertrieben aus dem Mittelpunkt des Kosmos, wurde das Verhältnis des Menschen zu allem Seienden und dieses Seienden zu ihm problematisch. Geozentrik oder Heliozentrik wurden zu Diagrammen, an denen sich ablesen ließ, was es mit dem Menschen in der Welt auf sich hat. Ist er zentral gesichert und berücksichtigt oder nur angesiedelt in einer peripheren Exzentrizität? In dieser Hinsicht geht von Kopernikus ein unvergleichliches Pathos aus. «Der kopernikanische Umsturz ist nicht als theoretischer Vorgang Geschichte geworden, sondern als Metapher: die Umstrukturierung des Weltgebäudes wurde zum Zeichen für den Wandel des menschlichen Selbstverständnisses, für eine neue Selbstlokalisation des Menschen im Ganzen der gegebenen Natur oder für den Verlust dieser Lokalisierbarkeit und für die Bedeutungslosigkeit einer Weltstelle.»[40] Populär geworden ist Nietzsches Klage über die «Selbstverkleinerung des Menschen seit Kopernikus», dessen Dasein durch die Niederlage der geozentrischen Weltordnung «noch beliebiger, eckensteherischer, entbehrlicher» geworden sei. «Seit Kopernikus scheint der Mensch auf eine schiefe Bahn geraten – er rollt immer schneller nunmehr aus dem Mittelpunkte weg – wohin? In's Nichts? In's ‹*durchbohrende* Gefühl seines Nichts›?»[41] Und allgemein eingebürgert hat sich auch Freuds Einschätzung, daß sich an den Namen und das Werk des Kopernikus die Zerstörung einer narzißtischen Illusion knüpft, «ihre erste, die kosmologische Kränkung.»[42]

Daß diese Einschätzung nichts mit dem historischen Kopernikus zu tun hat, ist klargestellt worden. Für die Neuzeit ist Kopernikus weniger eine Figur der Wissenschaftsgeschichte als vielmehr der Bewußtseinsgeschichte. Er ist die gestaltgewordene Projektion ihres eigenen geschichtlichen Selbstverständnisses. Denn Kopernikus selbst hat keinen Zweifel daran gelassen, daß sein heliozentrisches Weltbild nur seine Unruhe besänftigen sollte, die sich aus dem monströsen Mißverhältnis zwischen dem verwirrenden Anblick, den das Universum nach dem aristotelisch-ptolemäischen Grundriß bot, und einem humanistischen Weltverständnis ergab, nach welchem der Mensch aufgrund einer göttlichen Fügung seinen metaphysischen Ort zugewiesen bekommen hatte. In der Vorrede an seinen Heiligsten Vater, Papst Paul III., dem er sein Werk gewidmet hat, begründet er seine astronomische Nachtarbeit mit dem Hinweis, es wäre ihm «widerlich» geworden, daß die Philosophen, die sonst alles, was sich auf ideale Kreisbewegungen bezog, zwar bis ins kleinste sorgfältig erforschten, aber «keinen sicheren Grund für die Bewegung der Weltmaschine hätten, die doch unseretwegen von dem größten und nach genauesten Gesetzen zu Werke gehenden Meister geschaffen ist.»[43] Kopernikus versuchte, den Kosmos als «mundus propter nos conditus» zu retten, als ein wohlgeordnetes Gefüge, das für den Menschen gebaut worden war. Es ging ihm weder um eine reine Methode und ihre Rechenverfahren noch um eine exzentrische Verkleinerung des Menschen in der «machina mundi». Die Verlagerung der Perspektive von der Erde zu einem sonnennahen Konstruktionspunkt, von dem das Weltall zwar nicht mehr angeschaut, aber astronomisch besser berechnet werden kann, bedeutete keine Entmachtung des Menschen und seines Gottesglaubens. Kopernikus brachte Unruhe in die erstarrten geozentrischen Vorstellungen, um das astronomische Weltmodell mit der metaphysischen Überzeugung in Übereinstimmung zu bringen, daß der Mensch der Sinnbezug einer göttlich eingerichteten Weltordnung ist.[44]

Doch diese historische Richtigstellung kann nicht vergessen lassen, daß die metaphysischen und theologischen Prämissen dieses unruhigen Himmelsbetrachters für das neuzeitliche Welt- und Wissenschaftsverständnis bald keine Rolle mehr spielten. Statt dessen drängten seine wissenschaftliche Methode und die festgestellte Exzentrizität des Menschen in einem astronomisch immer größer werdenden Universum in den Vordergrund. In diesem Prozeß, für den Kopernikus, auch wenn er es nicht wollte, die Initialzündung gab, gewann nun auch das Phänomen der objektiven Gleichgültigkeit der Welt eine neue Qualität. Denn die kopernikanische Wende führte wirkungsgeschichtlich dazu, daß weder die antike Kosmosbewunderung noch die mittelalterliche Ontotheologie eines göttlich geschaffenen Ordo dem neuzeitlichen Bewußtsein weiterhin einen verläßlichen Grund liefern konnten. Die Methode verselbständigte sich zu einem auf Beobachtung und Berechnung basierenden wertfreien Verfahren, das die Welt zu einer wissenschaftlich erkennbaren Gegebenheit verobjektivierte; und die Welt selbst wurde zu einer rein materiellen Gegenständlichkeit nivelliert, die sich in einem unermeßlich großen Tiefenraum ausdehnte und in einer unvorstellbar langen Tiefenzeit verlor. Die methodischen Instrumentarien der Mathematisierung und Materialisierung der Welt waren nur die Kehrseite ihrer Vergleichgültigung.

«Welt» wurde zum szientifischen Schlüsselbegriff der Neuzeit, der den antiken «Kosmos» und den christlichen «Ordo» verdrängte. Seit Beginn des 17. Jahrhunderts bis in unsere Gegenwart dominiert ein generalisierter Welt-Begriff, der zunehmend von metaphysischen und theologischen Konnotationen gereinigt worden ist. Die Welt ist nichts anderes als das ganze Beieinander aller bestehenden Dinge. Sie ist beherrscht von ihren immanenten Gesetzmäßigkeiten. Sie ist, wie es schließlich Ludwig Wittgenstein im berühmten Eröffnungssatz seines *Tractatus logico-philosophicus* in höchster Verallgemeinerung festgehalten hat, «alles, was der Fall ist». Welt ist nicht mehr oder weniger als die Gesamtheit aller Tatsachen. Als solche hat sie jeden höheren Sinn oder Wert verloren. Wenn sie durch etwas «bestimmt» ist, dann nur durch ihre Tatsachen und dadurch, «daß es *alle* Tatsachen sind».[45]

Kopernikus, Kepler, selbst noch Galilei haben dieses Weltbild zwar noch in einem göttlichen Schöpferwillen fundieren wollen. Sie wollten mit den Mitteln einer methodisch gelenkten Kosmologie das Buch der Natur lesen, in dem Gott seine unergründliche Weisheit niedergeschrieben hat. Aber sie konnten nicht verhindern, daß das wissenschaftliche Denken der Neuzeit, dem sie auf den Weg halfen, tatsächlich den pantheistischen Kosmos der Griechen und den theistischen Ordo des Mittelalters tendenziell zerstören mußte und zu einer naturalistischen Welt-Auffassung geführt hat, in der die objektive Gleichgültigkeit der Welt zu einer ungeheuren Kränkung des menschlichen Sinn- und Wertbewußtseins geworden ist. «Am Ende dieses Denkprozesses steht heute jedenfalls die Vorstellung von einem unermeßlichen Universum aus Wasserstoff und Helium, einem Milliarden von Galaxien umfassenden Weltall ohne Rangordnung, Wertstruktur und Rechtfertigung, einem Universum ohne Grund und Zweck, in dem die Geschichte der Menschheit nur eine vorübergehende Episode und ihr Schauplatz nur eine winzige Insel darstellt.»[46]

Kränkungen sind Zeichen von Enttäuschung. Eine Erwartung erfüllt sich nicht, eine Selbsteinschätzung wird als Täuschung entlarvt. Während die konservative Gestalt der kopernikanischen

Weltformel «mundus propter nos conditus» noch nicht am Wert des Menschen in einem kosmologischen Meisterwerk Gottes zweifelte, war, etwa hundert Jahre später, bereits die Befürchtung unabweisbar geworden, daß in der Ausdehnung und Leere des Universums der Mensch nur einen immer bedeutungsloser werdenden Platz einnimmt. Die Erfindung des Fernrohrs um die Wende zum 17. Jahrhundert ließ das Weltall größer und größer erscheinen. Schließlich ließ die Entwicklung der Spektroskopie und der Radioastronomie einen unermeßlichen Tiefenraum erkennen, der, je begreiflicher er wurde, desto sinnloser erscheinen mußte. Und das Ganze soll auch noch, dem gegenwärtig herrschenden Weltmodell zufolge, vor ungefähr zehn bis zwanzig Milliarden Jahren durch einen Urknall entstanden sein und noch immer expandieren. Durch die modernen Naturwissenschaften radikal in das Naturgeschehen hineingenommen und auf einen winzigen Planeten einer mehr als 100 Milliarden Sonnen umfassenden Galaxie angesiedelt, die selbst nur eine von mehr als 100 Milliarden Galaxien des expandierenden Weltalls ist, mußte die anthropozentrische Wertschätzung des Menschen eine Kränkung hinnehmen, in der das Phänomen der Gleichgültigkeit der Welt seinen existentiellen Niederschlag fand.

Paradoxerweise ging das Bewußtsein der Weltbesonderheit des Menschen im Ganzen der Welt in dem Maß verloren, in dem die neuzeitlichen Naturwissenschaften ihre Erkenntnisse anhäuften und der theoretischen Neugierde ihren freien Lauf ließen. Die Welt hat ihren kreatürlichen Sinngehalt verloren; das Ganze scheint weder von noch für jemanden geschaffen worden zu sein; der Mensch ist unerheblich und nichtig geworden in einem Weltall, das gegenüber seinen Sinnerwartungen beharrlich schweigt. Die Erwartungen waren christlich hochgeschraubt worden. Um so tiefer war der Sturz. «Sobald die geschlossene Welt durch ein unendliches Universum aus Korpuskeln ohne eigenen Sinn ersetzt wird, vermag man sich kaum noch auszumalen, wie das wäre, auf die Schöpfung herabzublicken und sie für gut zu befinden.»[47] Die Welt als alles, was der Fall ist, ist spürbar anders als ein Kosmos, dessen Schönheit bewundert werden konnte, oder ein Ordo, dessen kategorischer Zusammenhang in einem göttlichen Absoluten begründet war.

«Wie kläglich, wie schattenhaft und flüchtig, wie zwecklos und beliebig sich der menschliche Intellekt innerhalb der Natur ausnimmt. Es gab Ewigkeiten, in denen er nicht war; wenn es wieder mit ihm vorbei ist, wird sich nichts begeben haben.»[48] Nietzsches desillusionierende Feststellung ist nur eine Etappe in der Geschichte der Gleichgültigkeitserfahrungen, deren Ausdruck sich bis zu Blaise Pascal zurückverfolgen läßt und einen starken intertextuellen Strang des neuzeitlichen Welt- und Selbstbewußtseins bildet, der bis zu Bertrand Russell, Jacques Monod, Leszek Kolakowski und Hans Blumenberg führt. Sie alle haben aus der verwissenschaftlichen Physiognomie, mit der sich uns das physikalistisch verobjektivierte Weltganze zeigt, ihre Schlüsse gezogen.

1670 wurden Pascals *Pensées* postum herausgegeben, ein Haufen ungeordneter Papiere, bedeckt mit flüchtigen Gedankennotizen über die Religion und einige andere Gegenstände. Aufgewühlt durch die kopernikanische Wende, deren kosmologischer Rettungsversuch unterdessen vergessen worden war, suchte Pascal noch einmal den Blick der Seele zur christlichen Gotterkenntnis zu wenden. Aber die erschreckende Kränkung des menschlichen Selbstbewußtseins ist in ihrer ganzen Tiefe bereits erlebt und läßt sich nur noch durch die schwärmerische Sehnsucht nach der Allmacht eines Gottes besänftigen, der den Gläubigen aus der «Kerkerzelle»[49] des Universums befreien soll. «Das ewige Schweigen dieser unendlichen Räume erschreckt mich. (...) Wenn ich bedenke, wie das ganze Weltall stumm ist und der Mensch ohne Erkenntnisvermögen sich selbst überlassen bleibt und sich in diesen Winkel des Weltalls gleichsam verirrt hat, ohne zu wissen, wer ihn dahin gebracht hat, wozu er dorthin gekommen ist, was aus ihm nach seinem Tode wird, so gerate ich, jeglicher Erkenntnis unfähig, in Schrecken.»[50]

Nur wenige Jahre später hat Bernard Fontenelle, ein Lieblingsautor der späteren Aufklärung, in seinen *Totengesprächen* (1683) den Realisten Molière darauf hinweisen lassen, daß die Wahrheit nun einmal enttäuschend ist. Der Mensch, der das ganze Weltgebäude, wie es wirklich ist, sehen sollte, wird sich nicht enthalten können zu rufen: «Wie? Ists denn nichts mehr als das?»[51] – Diese Frage ist zum Topos geworden. Unendliche Räume, gleichgültige Teilnahmslosigkeit des Alls gegen den Menschen, Schweigen des Universums: Bis in unsere Gegenwart fand der Verdacht seine Worte, daß das bereits alles ist. Nicolai Hartmann sah die verschwindende Kleinheit der Menschenwelt, in der ihr Bewohner der Härte «des gegen ihn absolut Gleichgültigen»[52] ausgeliefert ist. Oder Max Planck: «In der Tat: wie erbärmlich klein, wie ohnmächtig müssen wir Menschen uns vorkommen, wenn wir bedenken, daß die Erde, auf der wir leben, in dem schier unermeßlichen Weltall nur ein minimales Stäubchen ist, geradezu ein Nichts bedeutet.»[53] Oder Jean-Paul Sartre: «Als ein vorübergehender und endlicher Modus der blinden Materie muß das menschliche Sein die Hoffnung verlieren, sich von den anderen molekularen Kombinationen zu unterscheiden.»[54] Oder Bertrand Russell, der den Menschen nur als hilfloses Atom in einer Welt sah, die «allmächtig und blind ist» und völlig «gleichgültig bleibt gegen unsere Hoffnungen und Ängste.»[55] Hans Jonas gab die «Indifferenz der Welt»[56] zu bedenken, in deren unbekümmerte Gleichgültigkeit der Mensch geworfen wurde. Und Jacques Monod insistierte darauf, daß durch den unaufhaltsamen Siegeszug der neuzeitlichen Naturerkenntnis der alte animistische Bund zwischen Mensch und Natur zerbrochen wurde, dessen Stelle «ein ängstliches Suchen in einer eisigen, verlorenen Welt» eingenommen hat, «in der gleichgültigen Leere des Universums.»[57]

In vier Jahrhunderten hat sich die durch das Objektivitätspostulat begründete Wissenschaft ihren Platz erobert. Immer weiter ist sie in die makrokosmischen Räume vorgedrungen, immer tiefer in den mikrokosmischen Bereich des Kleinsten. Wertfrei und sinnindifferent hat sie die Gesetze festzustellen versucht, die alles beherrschen, was der Fall ist. Sie hat den Menschen naturalisiert und in den Objektivitätsraum der Welt eingegliedert. Den Geist des Menschen hat sie zwar nicht erobern können, und die Gleichgültigkeit der Welt blieb nicht unwidersprochen. Das religiöse Bewußtsein ist nicht besiegt, Spiritualismus und Esoterik blühen. Die gleichgültig gemachte Welt annullierte nicht die Anstrengungen, ihr zu widerstreiten.[58]

Aber das Phänomen ist nicht mehr zu verdrängen, auf das in diesem Kapitel die Aufmerksamkeit zu richten versucht wurde. Für das moderne Bewußtsein, das die Wissenschaft als einen privilegierten Weg zur Welterkenntnis anerkennt, sind die antike Ästhetisierung des Kosmos und die geistige Erhellung des Ordo nicht mehr relevant. An deren Stelle trat ein «Absolutismus der Welt»[59], der die frei gewordenen Leerstellen supplementierte und das physische Weltall als das Ganze im Letzten begriff. «Die grund- und zwecklos existierende Welt als die Totalität dessen, was der Fall ist, das Insgesamt der Tatsachen und Sachverhalte, trägt nicht die Signatur des Sinnhaften. Alle Wertbestimmungen, wie Schönheit, Zweckmäßigkeit, Vernünftigkeit, bleiben ihr äußerlich. Das grund-, zweck-, wert- und vernunftlose Weltall ist eine neutrale Tatsache. Im rückstandslos neutralisierten Universum herrscht universal Gleichwertigkeit und Gleichgültigkeit.»[60]

Daß sich angesichts dieses Phänomens der Mensch von der Wissenschaft abwendet, sie selbst für gleichgültig erklärt und Ethik und Ästhetik aus Sorge um sich rehabilitiert, kann nicht überraschen. Doch bevor wir uns diesen Gegenstrategien zuwenden, sollen zwei Exkurse eingeschoben werden. Sie lassen erkennen, daß auch innerhalb der Naturwissenschaften und der wissenschaftsorientierten Philosophie der Absolutismus der Welt in seine Schranken zu weisen versucht wurde. Es handelt sich dabei um keine Rückkehr zu Positionen, die durch den neuzeitlichen Erkenntnisfortschritt obsolet geworden sind. Es kommt vielmehr darauf an, ihn zu überwinden. Nur so nämlich kann unser «Gefühl» zu seinem Recht kommen, «daß selbst, wenn alle *möglichen* wissenschaftlichen Fragen beantwortet sind, unsere Lebensprobleme noch gar nicht berührt sind.»[61]

ENTROPIE, DIE HÄRTESTE ZUMUTUNG

Thermodynamik, Maxwells Dämon und die Informationstheorie

Erst das Prinzip der Entropie hat allen Illusionen über die Frontseite der Evolution, über die Zukunft der Gattung Mensch und ihrer Werke, ein Ende gesetzt. (...) Ein solches Universum, wie das der Entropie, war die härteste Zumutung, die der menschlichen Gattung aus der von ihr selbst geschaffenen Theorie der Bedingungen ihres Daseins in der Natur zustoßen konnte.[1]

Hans Blumenberg

Nun erst wurde ihm klar, daß das geschlossene System – Galaxis, Wärmekraftmaschine, Mensch, Kultur, was immer – sich spontan zum Zustand der Größeren Wahrscheinlichkeit hin entwickeln mußte. So sah er sich, im traurig-trüben Herbst seines Mittelalters, zu einer radikalen Neubewertung all dessen gezwungen, was er bis dahin gelernt hatte.[2]

Thomas Pynchon

Der Absolutismus der Welt, zusammengedrängt in die Überzeugung, daß das gegenüber allem gleichgültige All bereits alles ist, läßt sich verstehen als eine hermeneutische Abschlußdeutung des neuzeitlichen wissenschaftlichen Weltbilds.[3] Die Indifferenz eines Weltalls ohne Sinn ist das Ergebnis einer Interpretation der wissenschaftlichen Methode, die den «Dialog mit der Natur»[4] abgebrochen hat und Mythos, Religion und Metaphysik keinen Erkenntniswert mehr zugesteht. Gerade die rein technologische Aneignung aller Dinge, die den Menschen über die Natur triumphieren läßt, offenbart uns paradoxerweise eine stumme und gleichgültige Welt, in der sich der Mensch verloren und einsam fühlt, angesiedelt auf einem winzigen, vergänglichen Planeten am Rande einer durchschnittlichen Spiralgalaxie. Die Welt ist gehorsam nur in ihrer Gleichgültigkeit, nicht in ihrer erlebbaren Gegenseitigkeit oder freundschaftlichen Begegnung. Von Pascal bis Monod ist das bedrückende Dilemma formuliert worden, daß erst die technisch verfügbaren Dinge der Welt uns demonstrativ ihre Gleichgültigkeit zeigen, aus der wir sie doch gerade reißen wollten. «Wir eignen sie uns an, wissend, daß sie uns dank dieser Aneignung gehorchen werden, weil sie nichts bedeuten, weil sie keinen genuinen Sinn besitzen, der unseren Interventionen vorausgegangen wäre.»[5]

Doch es ist nicht nur die Auslegung der wissenschaftlichen Weltauffassung, die uns mit der objektiven Gleichgültigkeit der Welt konfrontiert. Auch innerhalb der neuzeitlichen Wissenschaft gibt es Erkenntnisse, in denen sich die Gleichgültigkeit der Welt als deren immanente Tendenz selbst zu demonstrieren scheint. Sie gehen einher mit den technischen Neuerungen, die im 19. Jahrhundert eine Grundlage der Industriegesellschaft bildeten und in der

Thermodynamik ihren theoretischen Ausdruck gefunden haben. Im Zweiten Hauptsatz der Thermodynamik und im damit verbundenen Konzept der «Entropie», diesen beiden großen Beiträgen des 19. Jahrhunderts zum wissenschaftlichen Denken, sind sie prägnant formuliert. Die Auflösung von Differenzen zugunsten eines vergleichgültigten Gleichgewichtszustands wurde als unausweichliches und irreversibles Schicksal einer thermodynamisch begriffenen Welt erkannt, die von sich aus zu einem indifferenten und spannungslosen Zustand tendiert, in dem sich nichts mehr ereignen kann.

Auch wenn die Wissenschaftler sich weigerten, diesen gesetzmäßig erkannten Prozeß zu dramatisieren, so ist nicht zu übersehen, daß im kulturellen Bewußtsein das Gesetz entropischer Vergleichgültigung eine apokalyptische Vision entstehen ließ, welche die nüchternen Gesetzesformulierungen der Thermodynamik in ein kosmisches Memento mori übersetzten. Das Werk Thomas Pynchons soll uns dafür einige Stichworte liefern. Es qualifiziert seine antinomische Raffinesse, daß es nicht nur phantasievoll mit dem Konzept der Entropie Ernst macht, sondern zugleich seinen thermodynamischen Gegenspieler zu Wort kommen läßt: jenen kleinen intelligenten Dämon, der 1871 vom schottischen Physiker James Clerk Maxwell erdacht worden ist, um der entropischen Tendenz zu opponieren und die Gleichgültigkeit zu überwinden, welche die Welt zunehmend in ihren Bann zu ziehen droht.

> Auch der Satz von Clausius, nach dem die Entropie in einem geschlossenen System stetig und unumkehrbar zunimmt, war ihm vertraut gewesen. Dennoch begann ihm erst, als Gibbs und Boltzmann die Methoden der statistischen Mechanik auf dieses Prinzip anwandten, dessen fürchterliche Konsequenz zu dämmern. (Pynchon, *Entropie,* S. 106)

Während im geschlossenen Raum einer gekündigten Wohnung eine Party in ihre vierzigste Stunde geht, in Chaos und Betäubung treibt und auch die Gespräche ihren Informationsgehalt zunehmend einbüßen, sitzt der Intellektuelle Callisto ein Stockwerk höher in seiner kleinen abgedichteten und geordneten Enklave, auf der Suche nach einer Theorie für das, was sich ereignet. Er findet sie im Gesetz der Entropie, das er, vermittelt durch die kulturpessimistischen Analysen von Henry Adams[6], als eine geeignete Metapher begreift, um den Übergang «von Differenziertheit zu Einförmigkeit, von wohlgeordneter Individualität zu einer Form von Chaos» (S. 107) zu verstehen. Das spindelige Labyrinth thermodynamischer Gleichungen wird ihm zur fürchterlichen Vision eines endgültigen und unausweichlichen kosmischen Wärmetods, der auch sein eigenes Leben und seine Kultur zu beherrschen droht. Keine Leidenschaften, keine Weitergabe von Ideen, keine geistige Bewegung mehr, sondern am Ende nur noch ein unvermeidlicher Stillstand, «da endlich jeder Punkt die gleiche Energiemenge aufweisen würde.» (S. 108)

Thomas Pynchon hat sich später zwar von seiner frühen Erzählung *Entropie* (1960) distanziert und die entropische Tendenz von ihrem kosmisch-moralischen Hautgout und thermodynamischen Weltzweifel zu befreien versucht. Aber das Problem blieb bestehen, zugespitzt auf das Phänomen des Sterbenmüssens. «Früher oder später kriegen wir das alle mit – von innen.»[7] Denn die Vorwegnahme des eigenen Todes bezieht sich nicht nur auf die Vorstellung einer Welt, welcher der Mensch gleichgültig geworden ist, weil sie aufgehört hat, seine Anwesenheit in ihr weiterhin organisch zu bemerken. Vielmehr handelt es sich hier um eine universale Tendenz «von innen», die dem Gesetz entropischer Entdifferenzierung unterliegt. Immer muß die intrinsische Entropie zunehmen, bis ein leichenartiger Zustand erreicht ist, in dem sich alle Energiedifferenzen ausgeglichen haben und alles gleichmäßig, homogen, unstrukturiert, zerfallen und indifferent geworden ist. Das ist der Stein des Anstoßes, den die Thermodynamik in die schön geordnete, reversible Welt der klassischen Physik geworfen hat. Pynchon hat die Quellen angegeben, von denen seine pessimistische Gemütsverfassung zehrte, und Clausius, Gibbs und Boltzmann genannt. Um was ging es in ihren Theorien?

Auch theoretische Begriffe haben ein Schicksal. Als der deutsche Physiker Rudolf Clausius 1865 «Entropie», abgeleitet aus dem griechischen «tropē» (Verwandlung, Veränderung, Wendung) und der Vorsilbe «en» (enthalten, innen), in den Wortschatz der Physik einführte, bezog er sich zunächst nur auf einige neue technische Erfindungen und Erfahrungen, die sich nicht mehr im alten Rahmen der klassischen Mechanik begreifen ließen. Das Funktionieren von Wärmekraftmaschinen, in denen Wärmeenergie in mechanische Arbeit umgesetzt werden konnte, erzwang die Erforschung von physikalischen Zustandsänderungen, deren «Verwandlungsinhalt» nicht mehr durch den Ort und die Geschwindigkeit einzelner materieller Punkte erfaßt werden konnte, weil ihre Menge sich einer differenzierten Beobachtbarkeit entzog. Daß ein Gasvolumen oder ein Festkörperfragment von einem Kubikzentimeter mehr als 10^{23} Moleküle enthält, verhinderte eine mechanistische Analyse thermodynamischer Prozesse. Man mußte sich von der Auffassung abkehren, daß alles, was die Wissenschaft beobachten muß, durch eine mikroskopische Zerlegung der Objekte entdeckt werden kann. Makroskopische Zustände wie Temperatur, Druck, Volumen und Wärmemenge drängten sich in den Vordergrund. Wärme etablierte sich als Rivalin der Gravitation, Thermodynamik geriet in Widerstreit zur mechanischen Dynamik. Jean-Joseph Fourier, Sadi Carnot, William Thomson und Rudolf Clausius stellten, in der ersten Hälfte des 19. Jahrhunderts, Theorien des Wärmeflusses auf, die mit Newtons mechanischer Partikel-Welt nichts mehr verband.[8]

Wärmeleitung und Energieumwandlung, die Wärmekraftmaschinen funktionieren ließen, wurden zum Ausgangspunkt der Erforschung des physikalischen Wesens von Irreversibilität, in der sich der Pfeil der Zeit anschaulich zeigte. Die entsprechenden Erfahrungen waren zwar schon lange bekannt, aber noch nicht theoretisch erkannt worden: Wenn zwei Körper verschiedener Temperatur in Kontakt kommen, geht Wärme vom wärmeren zum kälteren über; Temperaturunterschiede zwischen miteinander verbundenen Systemen werden spontan und unvermeidlich aufgehoben, bis schließlich Homogenität erreicht ist, oder, anders gesagt: Innerhalb eines isolierten Systems, in dem eine gleichmäßige Temperatur herrscht, können unmöglich Unterschiede der thermodynamischen Potentiale zwischen den verschiedenen Systembereichen auftreten; auch chemische Reaktionen verlaufen in der Regel so weit, bis ein durchschnittlicher Vermischungs- oder Gleichgewichtszustand erreicht ist, während umgekehrte Vorgänge nicht zu beobachten sind. So wird, thermodynamisch gesehen, der Fluß der Zeit an einer unausweichlichen Tendenz jedes sich selbst überlassenen Systems sichtbar – der Tendenz, daß der Grad der differenzierten Ordnung schwindet und zugleich die Unordnung zunimmt.

Für solche Vorgänge bot der Zweite Hauptsatz der Thermodynamik die theoretische Verallgemeinerung. Ursprünglich nur als Einschränkung für die vollständige Umwandelbarkeit von Wärme in mechanische Energie formuliert, weil bei jeder Energieumwandlung ein Teil der Energie unwiederbringlich in Wärmeenergie übergeht (dissipiert), erhielt er um 1850 durch Thomson und Clausius seine erste universale Form. Die Welt ist ein System, in dem Wärme nur um den Preis einer irreversiblen Verschwendung und nutzlosen Dissipation einer bestimmten Wärmemenge in Bewegung umgesetzt werden kann.

Auflösung von Inhomogenität, Tendenz zu Gleichgewicht, Vermischung und Unordnung, Irreversibilität des Energieausgleichs und der Energieverstreuung waren die erkannten Gesetzmäßigkeiten, für die Entropie ein thermodynamisches Maß lieferte. Jedes beliebige Phänomen in einem abgeschlossenen System ist notwendig von einem Entropiezuwachs begleitet; und maximale Entropie ist dann erreicht, wenn das System keine Möglichkeit mehr besitzt, aus sich heraus Arbeit zu verrichten. Der Sprung von der Technik der Wärmekraftmaschinen zur Kosmologie, den Clausius 1865 vollzog, als er den Zweiten Hauptsatz zum Weltgesetz verallgemeinerte – «Die Entropie der Welt strebt einem Maximum zu» –, war naheliegend. Die Welt wurde nun nicht mehr als ein ewig laufendes Uhrwerk vorgestellt, in dem sich einzelne Elemente reversibel von Punkt A zu Punkt B bewegen, sondern als ein thermodynamisches System, dessen Wirkungen produzierenden Unterschiede sich irreversibel im Fluß der Zeit aufbrauchen und dem «inerten» (trägen und untätigen) Endzustand des Wärmegleichgewichts zustreben, in dem Energie so zerstreut ist, daß keine Wirkungen mehr hervorgerufen werden können. Auch das gesamte Universum als ein isoliertes System (denn was könnte außerhalb sein?) tendiert unumkehrbar in Richtung einer maximalen Entropie. Der Wärmetod ist sein unausweichliches Schicksal.[9]

Es war das Verdienst von Ludwig Boltzmann, 1872 die begrifflichen Neuerungen der Thermodynamik wahrscheinlichkeitstheoretisch erfaßt zu haben.[10] Entropiezunahme wurde statistisch berechenbar als Übergang von einem weniger wahrscheinlichen zu einem wahrscheinlicheren Zustand, und der wahrscheinlichste Zustand, den ein System erreichen kann, ist derjenige, in dem die massenhaften Ereignisse, die gleichzeitig im isolierten System stattfinden, sich in ihrer Wirkung statistisch ausgleichen. Die entropische Tendenz wurde als objektive, unumkehrbare Entwicklung zu einer stets größer werdenden «Unordnung» und Vermischung unterschiedlicher Energiepotentiale berechenbar. Entropiezunahme bedeutet das allmähliche Verschwinden einer anfänglichen Differenz und Dissymetrie zugunsten eines statistischen Ausgleichs massenhafter Mikrozustände innerhalb energetisch abgeschlossener Makrozustände.

Die kosmologische Universalisierung der Entropie mußte Angst bereiten. Der kühne Sprung von der Wärmekraftmaschine zum Weltall ließ den Alptraum einer Weltgeschichte lebendig werden, die unausweichlich zu ihrem Tod als maximalem und wahrscheinlichstem Zustand treibt. Jede differenzierte Ordnung, auf der vom Menschen bis zum Universum jegliche geordnete und energische Arbeit beruht, schien einer unaufhaltsamen Hinfälligkeit ausgeliefert zu sein. Auch das Menschengeschlecht kann diesem Schicksal nicht entkommen. Besonders im Fin de siècle verbreitete sich eine düstere Lust an jeder Form von massenhaftem Nieder- und Untergang, die sich bei Clausius und Boltzmann ihre wissenschaftliche Legitimation besorgte.[11] Auf sie rekurriert auch Thomas Pynchon in seinem Werk, vor allem in *Die Versteigerung von No. 49*.[12]

«Hilfe», sagte Oedipa, «das ist mir zu hoch.»

«Außerdem ist Entropie eben eine Redefigur», seufzte Nefastis, «eine Metapher. Sie verbindet die Welt der Thermodynamik mit der Welt des Informationsflusses. Die Maschine kann beides nutzen. Der Dämon sorgt nicht nur für die verbale Schönheit der Metapher, er macht sie auch noch objektiv wahr.»

«Aber was», sie kam sich vor wie eine Art Ketzerin, «was ist, wenn der Dämon nur deshalb existiert, weil die beiden Gleichungen einander ähnlich sehen? Wegen der Metapher?»

Nefastis lächelte, undurchdringlich, ruhig, ein Gläubiger. «Für Maxwell hat er lange vor der Zeit der Metapher existiert.» (S. 90)

Es überrascht nicht, daß gegen das Gesetz der Entropie Einspruch erhoben wurde. Gegen den Zweiten Hauptsatz opponierte die menschliche Einbildungskraft. Ein Dämon betrat die kosmologische Szene, um den Kampf gegen die Entropie aufzunehmen. 1871 wurde er von James Clerk Maxwell in seiner *Theorie der Wärme*[13] imaginiert, um wieder Ordnung zu schaffen. Er ist ein winziges Wesen, dessen Sinne so geschärft sind, daß er jedem Molekül auf seiner Bahn folgen und seine Geschwindigkeit erkennen kann:

> Nehmen wir an, wir haben einen Behälter, durch eine Trennwand mit einer kleinen Öffnung in zwei Teile, A und B geteilt, und das Wesen, das die einzelnen Moleküle sehen kann, öffnet und schließt die Öffnung auf solche Weise, daß nur die schnelleren Moleküle von A nach B und nur die langsameren von B nach A hinübergelangen können. Dieses Wesen erhöht somit ohne einen Aufwand an Arbeit die Temperatur in B und erniedrigt sie in A, entgegen dem zweiten Hauptsatz der Thermodynamik. (S. 374)

Maxwells Dämon ist ein Meister der Differenzierung und Ordnung. Während der entropische Prozeß Temperaturunterschiede ausgleicht, separiert dieser imaginäre Türhüter die langsamen und die schnellen Moleküle. Er opponiert gegen das statistische Gleichgewicht. Gegen indifferenzierte Unordnung setzt er strukturierte Ordnung, gegen Vermischung Unterscheidung, gegen Entropie Differenz, gegen das Wahrscheinlichere das Unwahrscheinlichere.

Das war zunächst nur ein phantasievolles Gedankenexperiment. Nichts schien einfacher, als die Möglichkeit eines solchen Dämons zu verneinen. Aber er hörte nicht auf, die Physiker zu beunruhigen.[14] Ließ sich durch Beobachtungsschärfe, Erkenntnis und Information die thermodynamisch universelle Gesetzmäßigkeit außer Kraft setzen? Den Schlüssel zur Beantwortung dieser Frage lieferte Léon Brillouin, angeregt durch die frühe Arbeit von Leo Szilard *Über die Entropieverminderung in einem thermodynamischen System bei Eingriffen intelligenter Wesen*[15], derzufolge die Entropie eines Systems immer dann zunimmt, wenn unsere Information über dieses System abnimmt, und umgekehrt. Denn Brillouin berechnete, daß die Ausübung seiner informierten Erkenntnisleistung den Dämon eine bestimmte Menge von Energie kostet, die in der Bilanz des Vorgangs genau die Abnahme der Systementropie ausglich. Das dämonische Öffnen und Schließen der Klappe setzt Messungen molekularer Bewegungen voraus, eine Informationsgewinnung, die selbst Energie verbraucht.[16]

Information ist das Schlüsselwort, mit dem gegen die intrinsische physikalische Eigenschaft zunehmender Entropie ein Veto eingelegt worden ist. Es bot zugleich eine Möglichkeit, den Objektivitätsgehalt der Irreversibilität zurückzuweisen und entropische Prozesse «subjektivistisch» zu interpretieren. Josiah Willard Gibbs hat diesen Weg, kritisch gegen Boltzmanns statistische Verobjektivierung, als einer der ersten beschritten.[17] Auch wenn es dem Menschen aufgrund seiner Größe unmöglich ist, molekulare Vorgänge direkt wahrzunehmen, so kann er sich doch in die Situation dieses winzigen Beobachters versetzen, dem unsere Vorstellung, daß ein heterogenes System in irreversibler Weise homogen wird, nur als eine auf der Grobheit unserer Sinnesorgane beruhende Illusion erscheint. Die entropische Tendenz ist nicht «objektiv» gegeben, sondern nur Ausdruck unseres mangelhaften «subjektiven» Wissens. Während wir zum Beispiel anfänglich über die Kälte und Wärme der beiden Behälter gut informiert waren, verlieren wir während der Entdifferenzierung zunehmend den Überblick. Entropiezunahme ist ein Anzeichen für den Verfall verfügbarer Informationen. «Statt in der Irreversibilität etwas zu erkennen, was die Natur mit dem Beobachter verbindet, muß er annehmen, daß die Natur ihm lediglich seine Unwissenheit wie durch einen Spiegel zurückwirft.»[18] Der Eindruck zunehmender Vergleichgültigung ist nur Ausdruck einer zunehmend undifferenziert werdenden Wahrnehmung.

Diese subjektivistische Interpretation der Entropie, verbunden mit Maxwells Dämon und Brillouins Theorem, hat Informationskybernetiker (wie R. A. Fisher, C. E. Shannon, W. Weaver und N. Wiener) dazu angeregt, Information und negative Entropie als «äquivalent» zu betrachten. Das Phänomen des «Rauschens», in dessen vergleichgültigender Indifferenz sich Informationen verlieren und zerstreuen, wurde mit dem statistisch konzipierten Begriff der Entropie verknüpft. «Wie der Informationsgehalt eines Systems ein Maß für den Grad der Ordnung ist, ist die Entropie eines Systems ein Maß für den Grad der Unordnung; und das eine ist einfach das Negative des anderen. Dieser Gesichtspunkt führt uns zu einigen Überlegungen, die den zweiten Hauptsatz der Thermodynamik betreffen, und zu einer Untersuchung der Möglichkeit der sogenannten Maxwellschen Dämonen.»[19] Das Ergebnis war verblüffend einfach und suggestiv. Die Zunahme an differenzierter Ordnung entspricht der Abnahme von Entropie oder – wie man es zu bezeichnen vorzieht – der Zufuhr negativer Entropie («Negentropie»). Information gleich Negentropie. Je unwahrscheinlicher ein Ereignis, desto größer ist sein Informationsgehalt; je weniger wir informiert sind, desto größer ist die Entropie. Die Informationsmenge ist eine Quantität, die sich von der Entropie nur durch das umgekehrte algebraische Vorzeichen unterscheidet.

Wie auch immer man diese Äquivalenz einschätzen mag, die sich in der formalen Ähnlichkeit (mit umgekehrten Vorzeichen) zwischen der Boltzmann-Formel der Entropie und der Shannon-Formel des Informationsgehalts einer Nachricht widerspiegelt, so hat uns Maxwells Dämon jedenfalls gezeigt, daß Intelligenz und differenzierte Informationsverarbeitung darauf ausgerichtet sind, die entropische Erniedrigung der Ordnung durch informative Prozesse rückgängig zu machen. Das Gesetz irreversibel zunehmender Entropie wird durch eine strukturierende Intelligenz bekämpft, die der Welt negative Entropie zuführt, um ihren «Tod» in ereignisloser Zerstreuung und Vergleichgültigung zu verhindern. Das Universum erzeugt nicht nur Entropie, sondern verarbeitet auch Information als eine Form thermodynamischen Ungleichgewichts. Die Welt ist nicht nur eine riesige Wärmekraftmaschine, sondern zugleich ein globales informationsverarbeitendes System, das von unauflösbaren Differenzen lebt. – Es ist, kosmologisch gesehen, völlig offen, wie dieser Widerstreit ausgehen wird.

Wenn ich heute über das Konzept der Entropie nachdenke, so geschieht es immer häufiger im Hinblick auf die Zeit, auf jene menschliche Einwegzeit, in der wir alle hier an unserem Ort gefangen sind und die, so hört man wenigstens, im Augenblick des Todes endet. Gewisse Prozesse, nicht nur thermodynamische, sondern auch solche medizinischer Natur, erweisen sich oft genug als nicht umkehrbar.[20]

Während für die klassische Mechanik alle Bewegungen von ewigen, reversiblen Raum-Zeit-Linien einzelner materieller Punkte beherrscht waren, hat die Gleichgewichts-Thermodynamik des Industriezeitalters die Welt als eine Wärmekraftmaschine imaginiert, deren Energiereservoir von Erschöpfung bedroht ist. Sie brachte den Fluß der Zeit als Degradation und irreversible Tendenz zum Tod ins Spiel, in dem alles gleichgültig geworden ist und keine Differenzen mehr existieren. Alle dynamischen Systeme müssen sterben, weil sich ihre Energiepotentiale irreversibel zerstreuen. Deshalb konnte «Entropie» zu einem Schlüsselbegriff werden, der den Bereich naturwissenschaftlicher Theoriebildung verließ. Er wurde zur Metapher existentieller, sozialer und geschichtlicher Erfahrungen von Auflösung und Verfall: Differenziertheit führt zu Einförmigkeit; wohlgeordnete Individualitäten lösen sich auf im Gemenge strukturloser Gleichförmigkeit; gesellschaftliche Klassenhierarchien verschwinden zugunsten kleinerer Unterschiede; einzelne, differenzierte Kulturen gehen ein in eine globale Massen- und Konsumkultur; eigenständige Entscheidungsmöglichkeiten ebnen sich ein in der Durchschnittlichkeit eines verantwortungslosen Man; Sinn und Ordnung verlieren sich in der Beliebigkeit gleich wahrscheinlicher Kontingenzen; Bedeutsamkeit disseminiert im gleichgültigen Rauschen des Geredes...

Von den kosmologischen Prophezeiungen eines unausweichlichen Zerfalls der Welt bis zu den beängstigenden Erfahrungen sich auflösender sozialer, personaler, kultureller und sprachlicher Differenzen schien immer ein Mechanismus am Arbeiten, der im thermodynamischen Prozeß zunehmender Entropie sein naturgesetzliches Vorbild gefunden hat. Aber es ist nicht zu übersehen, daß dieses Paradigma seine metaphorische Relevanz nur gewinnen konnte, weil es einer fundamentalen Angst entsprach, vor der wir zu fliehen versuchen: der Erfahrung einer Gleichgültigkeit, in der sich alle Energiedifferenzen ausgeglichen haben und alles homogen, unstrukturiert und langweilig geworden ist. Daß die Entropie geschlossener Systeme einem Maximum zustrebt, mag thermodynamisch gut begründet sein. Daß Welt, Gesellschaft, Leben und Sprache unweigerlich einem entropischen Zerfall unterliegen, ist dagegen Ausdruck einer Angst, die nicht der diskursiven Logik wissenschaftlicher Erkenntnis folgt, sondern der fundamentalen Stimmung, in einer gleichgültig werdenden Welt unterzugehen. All die negativen Phänomene, die sich in der Metapher der Entropie verdichten, scheinen zu offenbaren, daß alles um uns in einen Zustand verfällt, in dem differenzierte Individualitäten keine entscheidende Rolle mehr spielen. Wenn alles einem kosmologischen «Wärmetod» als wahrscheinlichstem Zustand entgegenstrebt, droht auch das individuelle Dasein seinen besonderen Wert zu verlieren. Zusammen mit allen Dingen der Welt versinkt es in eine undifferenzierte Homogenität, der man im Lauf der Zeit nicht entkommen kann. So gesehen evoziert die spezifische Form, in der der Zeitpfeil thermodynamisch seine physikalische Objektivität als irreversibler Prozeß der Entropiezunahme gefunden hat, eine der tiefsten Ängste des Menschen, seine Angst vor dem sicheren Tod, diesem endgültigen Gleichmacher, der auch die Differenz zwischen dem lebenden Organismus und seiner physischen Umwelt noch auflöst.

«Kommunikation ist der Schlüssel!» rief Nefastis. «Der Dämon gibt seine Daten an die Sensitiven weiter, und der Sensitive muß entsprechend antworten. In diesem Kasten sind unzählige Milliarden von Molekülen. Demnach speichert der Dämon über jedes einzelne von ihnen seine genauen Daten. In irgendeiner Tiefenschicht, die in der Psyche verborgen ist, muß er durchkommen. Der Sensitive muß dieses Energiebündel empfangen und ein Feedback von ungefähr gleicher Informationsmenge liefern können. Öffnen Sie Ihren Geist der Botschaft des Dämons!» (S. 90)

Der sensitive Mensch, an den der Maxwellianer Nefastis in Pynchons Roman *Die Versteigerung von No. 49* appelliert, überläßt sich nicht der tödlichen Stimmung entropischer Vergleichgültigung.[21] Er kämpft gegen sie an mit den negentropischen Mitteln differenzierter Wahrnehmung und informativer Kommunikation. Das Phänomen der Gleichgültigkeit der Welt, als ihre entropische Tendenz «von innen» verstanden, verleiht seinen Anstrengungen einen Sinn, der nur sein kann: die Tendenz zur Indifferenz ständig zu überwinden versuchen. Er modelliert seine Welt nicht nach dem metaphorischen Bild einer Wärmekraftmaschine, sondern nach dem Vorbild eines Maxwellschen Dämons, der zum positiven Helden in einem widerstreitenden Universum wurde, in dem sich Entropie und Information, Indifferenz und Unterscheidung, Chaos und Ordnung gegenseitig herausfordern und komplementieren.

Dieser Dämon setzte gegen das Sein zum Tode die Kraft und Energie informativer Distinktionen. Er war Repräsentant einer lebendigen Sensitivität, sofern lebende Systeme sich dadurch auszeichnen, daß sie simultan komplexe Unterscheidungen treffen und sich zugleich zu diesen verhalten. Leben stellt Ordnung her. Das erhellt die Schlüsselfunktion der Enzym-Proteine, die, wie Norbert Wiener angedeutet und Jacques Monod eindringlich nachgewiesen hat, als biologische «Maxwell-Dämonen»[22] zu verhindern versuchen, daß Lebewesen zu undifferenziertem Brei werden. Es sind metastabile Informationsverarbeiter, welche die Abnahme jener Entropie verursachen, die auf den stabilen Zustand des Organismus gerichtet ist, tot zu sein.

Auch dieser Dämon tauchte zunächst nur im Kontext der Thermodynamik auf. Aber wie «Entropie» zum Paradigma einer universellen Welterfahrung wurde, so verließ auch dieses Wesen bald seinen Wärmekasten und wurde zum Hoffnungsträger einer lebendigen Erfahrung von Information, Sinn, Bedeutung, Struktur und Differenz, die wir der entropischen Tendenz abtrotzen, um mit und in der Welt «kommunizieren» zu können.

Deshalb konnte Maxwells Dämon zur Metapher aller möglichen Erfahrungen von Strukturierung werden. Besonders auf dem Feld der Linguistik und Semiotik hat im 20. Jahrhundert der Dämon informativer Unterscheidungen seine Wirksamkeit entfaltet, auch wenn er nicht namentlich erwähnt worden ist. Er ist der entscheidungsfähige Informationsverarbeiter der Kybernetiker, der die Abnahme der Entropie verursacht.[23] Er ist das «einigermaßen erstaunliche» Subjekt jener strukturalistischen Tätigkeit des Zerlegens und Zusammenfügens, der Analyse und Synthese, die Ferdinand de Saussure eingeführt hat, um zu zeigen, daß der kontinuierliche Fluß des Redens nur dann Bedeutungen transportieren kann, wenn er in artikulierte Oppositionen gegliedert ist. Der linguistische Dämon separiert die distinktiven Einheiten der Form und die signifikativen Einheiten der Bedeutung. Er arbeitet laut-gedankliche Einteilungen innerhalb der gestaltlosen Massen der Lautgeräusche und den verschwommenen Nebelwolken des sprachlosen Denkens heraus. Nichts, weder lautliche Materialität noch gedankliche Vorstellung, ist «bestimmt», ehe die Sprache als Ordnungsfunktion ins Spiel kommt. «Es handelt sich um die einigermaßen mysteriöse Tatsache, daß der ‹Laut-Gedanke› Einteilungen mit sich bringt, und die Sprache ihre Einheiten herausarbeitet, indem sie sich zwischen zwei gestaltlosen Massen bildet.»[24] Auch der semiologische Interpretant, der von Charles Sanders Peirce imaginiert worden ist, um die strukturbildenden Prozesse der Semiose kontrollieren zu können, funktioniert wie ein Maxwellscher Dämon.[25] Und selbst die allerneuesten Bestrebungen, den Mechanismus der Differenzierung, der gleichsam noch «hinter» der linguistischen und semiotischen Strukturbildung wirksam ist, zu erhellen, orientieren sich am Vorbild dieses winzigen Separatisten. G. Spencer Browns *Laws of Form*[26] startet nicht zufällig mit dem Befehl «Triff eine Unterscheidung!» – im Vertrauen auf den Kalkül-Operator der «mark of dinstinction». Vor allem die Konstruktivisten, von Heinz von Foerster bis Niklas Luhmann[27], haben auf diese Markierung zurückgegriffen, um ihre verschiedenen Systeme auf dem allerursprünglichsten, schöpferischen Akt des Unterscheidens zu begründen. Immer kommt es darauf an, Differenzen zu sehen. «Danach ergibt sich praktisch alles andere von selbst: eine strenge Begründung der Arithmetik, der Algebra, der Logik, des Kalküls der Bezeichnungen, Absichten und Wünsche; eine strenge Entwicklung der Gesetze der Form, handele es sich um logische Beziehungen, um Beschreibungen des Universums durch Physiker und Kosmologen oder um Funktionen des Nervensystems, das Beschreibungen des Universums hervorbringt, von dem es selbst ein Teil ist.»[28]

Widerspruch gegen Entropie ist zum Erkennungszeichen des Informationszeitalters geworden, Maxwells Dämon zu seiner fundamentalen Metapher. War thermodynamisches Gleichgewicht das unausweichliche Gesetz der zerfallenden Natur im Industriezeitalter, so sind Ordnung, Struktur und Differenz zum Traum des Menschen in einer Welt geworden, die von semiotischen und informativen Prozessen beherrscht wird.

Aber auch dieser Traum birgt Gefahren und Ängste des Alptraums. Alle Erscheinungen lebbarer Kontingenz scheinen beherrscht vom Dämonismus negentropischer Ordnungsapparate und sehen sich bedroht durch die allgegenwärtige Gefahr, der Paranoia zu verfallen, der Tendenz, überall informierte und informierende Mechanismen zu vermuten, auch dort, wo sie nicht existieren oder nichts bedeuten. Doch das ist eine andere Geschichte, die paranoide Kehrseite der Negentropie, die uns Pynchon in seinem Werk vor Augen geführt hat.[29]

Bist du da, kleiner Bursche, fragte Oedipa den Dämon, oder nimmt dieser Nefastis mich die ganze Zeit auf die Schippe? Eine Antwort darauf würde sie wohl nie kriegen. (...) In ihrer Magengrube fühlte sie eine Angst aufsteigen, eine Angst, die von Minute zu Minute stärker wurde, daß nichts passieren würde. Warum soll ich mir Sorgen machen, redete sie sich ein, Nefastis spinnt, vergiß den Kram, der spinnt doch einfach, der Junge. Der echte Sensitive ist der, der seine eigenen Halluzinationen miterleben kann, das ist aber auch schon alles.

Wie wundervoll mußte es sein, sie miterleben zu können. Sie versuchte es noch fünfzehn Minuten länger, wobei sie immer wieder wiederholte: Bist du da? Wer du auch bist, zeig dich mir, ich brauche dich, zeig dich. Aber nichts geschah. (S. 91)

DAS WELTEXISTENZRÄTSEL

Heidegger, Wittgenstein und die letzte Warumfrage

(Nicht Probleme der Naturwissenschaft sind ja zu lösen.) *Wie* die Welt ist, ist für das Höhere vollkommen gleichgültig. Gott offenbart sich nicht *in* der Welt.
Die Tatsachen gehören alle nur zur Aufgabe, nicht zur Lösung.[1]

Ludwig Wittgenstein

Warum Seiendes? Warum? Weshalb? Inwiefern? Gründe! Grund und Ursprung des Warum. Jedesmal über das Seiende weg. Wohin? Weil Sein west. Warum Seyn? Aus ihm selbst. Aber was ist es selbst? Die Ergründung des Seyns, seines Grundes, ist das Zwischen des Seyns als Ab-grund.[2]

Martin Heidegger

In ihrem Kosmos als selbstgenügsamer Wohlordnung konnten sich die antiken Menschen heimisch fühlen. In Welterkenntnis und Himmelsbetrachtung sahen sie ihre vornehmsten Tätigkeiten. Zwar kannten die griechischen Philosophen schon die Unterscheidung zwischen «ti esti» (quid sit; das, *was* etwas ist; essentia; Wesen) und «hoti esti» (quod sit; *daß* etwas ist; existentia; Existenz); aber sie fragten vordringlich immer nur nach dem Was des immer schon vorhandenen Seienden, demgegenüber das Daß des Vorhandenen unbefragt blieb. Die gestaltlich-wesenhafte Bestimmung alles Wirklichen war es, was ihre Neugierde und staunende Bewunderung entfachte. – Auch der mittelalterliche Ordo, den die christlichen Philosophen onto-theologisch zu begreifen versuchten, war in Gottes Schöpferwille wohl begründet, dessen Größe die Frage kaum aufkommen ließ, warum alles weltlich Seiende überhaupt existiert und geschaffen worden ist. Auch hier besaß die Frage nach dem «quid sit» Vorrang vor dem Rätsel des «quod sit», und das Vertrauen war noch ungebrochen, daß der einzelne Mensch die wesentlichen Grundzüge des Ordo zu umfassen und zu entfalten vermag.

Erst die physikalische Kosmologie der Neuzeit veränderte radikal die Perspektive. Sie versuchte, Auskunft zu geben über den Aufbau, die Größe und Beschaffenheit einer Welt, die ontologisch nur noch als ausgedehnte Körperlichkeit gedacht wurde und einer wertfreien naturwissenschaftlichen Erkenntnismethode überantwortet wurde. Das unermeßliche Weltall, das völlig grund-, wert-, zweck- und vernunftlos zu sein schien und gleichgültig gegen alles, was in ihm geschieht, stand einem vergleichgültigten Erkenntnissubjekt gegenüber, das über keine individuelle Einzigartigkeit mehr verfügt. In kalter methodischer Sachbezogenheit wird eine sinnentleerte Wirklichkeit zu erkennen versucht, die sich rücksichtslos gegenüber jedermann verhält.

Erst mit diesen neuzeitlichen Wendungen, die gleichermaßen den objektiven wie subjektiven Bereich des Weltwissens homogenisieren, die Welt als physikalisches Ganzes neutralisieren und die geschichtlich-individuelle Besonderheit des Erkenntnissubjekts vergleichgültigen, drängt sich das Problem der Existenz in den Vordergrund. Das «quod sit», daß überhaupt etwas ist, wird zum metaphysischen Rätsel der Neuzeit. Wenn das Weltall, die Welt als Ganzes, nur noch eine neutrale Tatsachenwirklichkeit ist, in der universal Gleichgültigkeit und Gleichwertigkeit herrschen, so ist die philosophische Frage nicht mehr zu vermeiden, warum das alles überhaupt existiert. Aus wissenschaftlicher Perspektive mag diese letzte Warumfrage als sinnlos, wichtigtuerisch oder gegenstandslos erscheinen. Metaphysikkritik gehört ja ebenfalls zu den Kennzeichen eines neuzeitlichen Weltbildes und einer modernen Wissenschaftsvorstellung, die sich darauf zu beschränken versuchen, über die Tatsachen der Welt sachhaltige Auskunft zu geben, und alles abwehren, was sich nicht auf sinnvolle Fragen nach dem Was und Wie der Tatsachenwelt und ihre Beantwortung reduzieren will. Doch dieser Angriff auf die Metaphysik konnte nicht verhindern, daß das Rätsel der Weltexistenz gerade in der Epoche der neuzeitlichen Wissenschaft in seiner ganzen Schärfe auftauchte und sich zu einer Grundfrage entfaltete, deren intertextueller Faden sich von Leibniz über Schelling bis in unsere Gegenwart zog und zunehmend an Stärke gewann.

Das «nackte Daß»[3] einer objektiv gleichgültigen Welt provozierte die metaphysische Grundfrage: «Weshalb überhaupt eine Welt und weshalb gerade eine solche besteht?»[4] So setzte Leibniz beim Seienden an und fragte nach den Gründen seiner Existenz. Der späte Schelling erklärte das «Was» (quid sit) alles Seienden zum Thema einer negativen Wesensphilosophie, die er durch eine positive Existenzphilosophie zu überhöhen suchte, die sich dem anfangs- und grundlosen «Daß» (quod sit) alles Seienden zuwandte. «Warum ist überhaupt etwas? Warum ist nicht nichts? Kann ich jene letzte Frage nicht beantworten, so sinkt alles andere für mich in den Abgrund eines bodenlosen Nichts.»[5] Paul Natorp, großgeworden im Klima des Neukantianismus, der als einzige Tatsachen die Fakten der Wissenschaften anerkannte, setzte im Spätwerk seiner Spekulativen Metaphysik am Absoluten des Weltexistenzrätsels an, «daß überhaupt etwas ist», und erklärte es zum Urrätsel, zum «Wunder aller Wunder».[6] Von ihm hat sich Heidegger das Stichwort geben lassen, der den Menschen durch die Stimme des Seins anrufen ließ, die ihm das «Wunder aller Wunder» offenbarte: «*daß* Seiendes *ist*.»[7] So stellte auch Karl Jaspers seine unabweisliche Frage, um den Raum der Philosophie zu öffnen, und Hans Jonas sah in der Welt das «Mysterium der Mysterien».[8] Daß auch katholische und protestantische Theologen auf diesem Rätsel insistieren, ist nicht verwunderlich.[9]

Noch viele andere Namen ließen sich nennen.[10] Das Weltexistenzrätsel ist zu einer beunruhigenden Herausforderung für den Menschen geworden, der sich der objektiven Gleichgültigkeit der Welt weder zu entziehen vermag noch sich mit ihr einverstanden erklären kann.

Warum ist überhaupt Seiendes und nicht vielmehr Nichts? Wir wollen hier nur zwei Philosophen zu Wort kommen lassen, die zur gleichen Zeit sich diese Frage stellten, unabhängig voneinander und scheinbar antipodisch: Martin Heidegger und Ludwig Wittgenstein. Beide haben die Herausforderung angenommen, auf die metaphysische Grundfrage eine Antwort zu geben, eingestimmt durch die Gleichgültigkeit einer Welt, die in ihrem reinen Daß-Sein sich nicht für den Menschen, seine Wünsche und Sorgen interessiert und auf seine Fragen nach dem Sinn, dem Wert und dem Zweck des Ganzen mit Schweigen antwortet. Vor jeder Psychologie der Stimmungen haben sie sich der Gleichgültigkeit der Welt ausgesetzt und ihr philosophisch zu entsprechen versucht.

Am 24. Juli 1929 hielt Heidegger in der Aula der Universität Freiburg seine berühmte Antrittsvorlesung *Was ist Metaphysik?*[11]. Er war fast vierzig Jahre alt und hatte alles erreicht, was er wollte. Seine Rückkehr von Marburg nach Freiburg, auf den philosophischen Lehrstuhl seines Lehrers Husserl, war ein bedeutendes Ereignis gewesen. Der Sohn eines Küfers aus Meßkirch galt als der heimliche König im Reich des Denkens. Der neue, bisher ungehörte Ton seines Philosophierens übte eine gewaltige Wirkung aus.

Auch die Zuhörer seiner Vorlesung waren gefesselt. Hier sprach jemand zu ihnen, der den Blick auf den Grund der Welt als Ganzes richtete und ihn als unheimlichen Abgrund vor Augen führte.

Erst am Ende seiner Vorlesung kam Heidegger auf ihr eigenes Anliegen zu sprechen. Philosophie muß, gerade im Zeitalter einer siegreichen wissenschaftlichen Weltauffassung, auf die Grundmöglichkeiten des Daseins im Ganzen zielen. Sie ist «das In-Gang-bringen der Metaphysik» (S. 42), in der allein sie zu sich selbst und zu ihren ausdrücklichen Aufgaben kommen kann. Es geht um das Ganze. Aber ist das Ganze, die Welt als alles, was der Fall ist, nicht Gegenstand des wissenschaftlichen Forschens? Hat die Philosophie als Metaphysik hier noch etwas zu sagen? Für eine Weile übernahm der Philosoph die Rolle des empirisch arbeitenden Wissenschaftlers, dessen Weltbezug, Haltung und forschendes Treiben auf das «Ganze des Seienden» gerichtet sind. Von nichts anderem will ja die Wissenschaft etwas wissen. Doch ist diese Welt als Ganzes nicht ein zu großes Thema für den forschenden Blick und Zugriff? Die Gebiete der Wissenschaften liegen weit auseinander, ihre Methoden sind verschieden, immer sind es nur einzelne Tatsachen, die beschrieben oder erklärt werden können. Der Absolutismus der Welt als Wesensgrund neuzeitlicher Wissenschaft ist ihr entglitten. Der Wissenschaftler hat es immer nur mit einem Etwas zu tun, nie mit dem Ganzen des Seienden, mit der Welt als Ganzes, das er zu begreifen versucht.

Doch so sicher wir als Wissenschaftler niemals das Ganze an sich absolut erfassen können, so gewiß gibt es in unserem menschlichen Dasein Grundstimmungen, in denen sich uns dieses Ganze zeigt. Jeder kennt, wenngleich oft nur für Augenblicke, Stimmungen, in denen sich das Seiende im Ganzen offenbart. Es sind die Stimmungen der tiefen Langeweile und der Angst, in denen alles in den Schrecken des Abgrunds gezogen wird. Denn die eigentliche Langeweile, die uns noch fern ist, solange nur etwas Bestimmtes uns nicht zu interessieren vermag, bricht in uns auf, wenn uns alles langweilt und es nichts mehr gibt, das unsere Aufmerksamkeit auf sich zieht. «Die tiefe Langeweile, in den Abgründen des Daseins wie ein schweigender Nebel hin- und herziehend, rückt alle Dinge, Menschen und einen selbst mit ihnen in eine merkwürdige Gleichgültigkeit zusammen. Diese Langeweile offenbart das Seiende im

Ganzen.» (S. 31) Die fahle Stimmung dieser Gleichgültigkeit, die an nichts mehr hängt und zu nichts mehr drängt und zugleich alles mit ihrem Nebel verschleiert, findet in der Unbestimmtheit der Angst ihre Entsprechung. Auch sie affiziert alles, im Unterschied zur Furcht, die sich auf ein bestimmtes Seiendes bezieht, das uns in verschiedenen Hinsichten bedroht. Alles wird einem unheimlich. «Wir können nicht sagen, wovor es einem unheimlich ist. Im Ganzen ist einem so. Alle Dinge und wir selbst versinken in eine Gleichgültigkeit. Dies jedoch nicht im Sinne eines bloßen Verschwindens, sondern in ihrem Wegrücken als solchem kehren sie sich uns zu.» (S. 32)

Tiefste Langeweile und Angst also sind es, in denen sich dem Menschen alles, was der Fall ist, enthüllt. Was wissenschaftlich intendiert wird, aber als Ganzes sich dem forschenden Zugriff und wissenschaftlichen Aussagen entzieht, zeigt sich im Ganzen einer Gleichgültigkeit, die in Langeweile und Angst ihren existentiellen Ausdruck findet. Es gilt, ihnen Raum zu geben und sich in die nichtende Gleichgültigkeit loszulassen. Nur so können wir zuletzt wieder zurückschwingen in die Grundfrage der Metaphysik: Warum ist überhaupt Seiendes?

Im Winter 1929, während Heidegger in seiner Vorlesung über *Die Grundbegriffe der Metaphysik*[12] seine Philosophie weiter entfaltete, war Ludwig Wittgenstein zu Gast bei Moritz Schlick in Wien. Sie hatten sich in den Weihnachtsferien, die Wittgenstein in seiner Heimatstadt verbrachte, schon mehrfach getroffen. Wittgenstein war jetzt vierzig Jahre alt und seit Anfang des Jahres wieder nach Cambridge zurückgekehrt. Er hatte dort nur Urlaub machen wollen. Doch die vertraute philosophische Umgebung hatte ihn wieder gefangengenommen. Die englische Fassung seines *Tractatus logicophilosophicus* war endlich, zehn Jahre verspätet, als Doktorarbeit akzeptiert worden, und Wittgenstein hatte ein Forschungsstipendium erhalten. Auch in der deutschsprachigen Philosophie hatte er sich einen Namen gemacht. Sein *Tractatus* war zu einem Grundlagentext des Logischen Empirismus und seiner Wissenschaftlichen Weltauffassung[13] geworden. Hatte der Absolutismus der Welt nicht im Eröffnungssatz «Die Welt ist alles, was der Fall ist» seine prägnanteste Formulierung gefunden? War nicht die sinnvolle wissenschaftliche Arbeit auf den Bereich aller Tatsachen und nur dieser orientiert worden und die Philosophie von jeder metaphysischen Scheinhaftigkeit befreit, die mehr zu sagen beanspruchte als das, was sich wissenschaftlich überprüfbar sagen läßt?

Wittgenstein wußte nicht, was ihn erwartete. Es würde sich etwas ergeben. Jetzt schweifte er sehr unruhig, wußte aber nicht, um welche Gleichgewichtslage. Die Zeit in Cambridge erschien ihm als Vorbereitung auf etwas Neues. Er sollte sich über etwas klarwerden. Wenn nur der Geist ihn nicht verließ. Manchmal glaubte er, verrückt zu werden. In Cambridge erhoffte man Bedeutendes von ihm und hatte ihm die Möglichkeit geboten, eine neue Philosophie zu entwickeln. Erst vor wenigen Wochen, an einem trüben Novembertag, hatte er im Verein der «Heretics» einen *Vortrag über Ethik* gehalten.[14] Altes, was sich bereits im *Tractatus* als Einsicht in die Unaussprechlichkeit ethischer Sätze angedeutet hatte, verband sich mit neuen Überlegungen über den absoluten Sinn des Lebens, für die Wittgenstein eine neue Sprache suchte. Er ahnte, daß der richtige sprachliche Ausdruck für eine sinn- und wertvolle Existenz kein «in» der Sprache geäußerter Satz sein konnte.

Am 30. Dezember 1929 trug Wittgenstein bei Schlick, dem Doyen des Wiener Kreises der Wissenschaftlichen Weltauffassung, seine Gedanken über Zahlen und logische Formen vor. Friedrich Waismann hat es protokolliert. Auch über Husserl und Heidegger wurde gesprochen. Jetzt stand er am Fenster, seinen beiden Zuhörern den Rücken kehrend. Und nach einem längeren Schweigen hob er an zu reden:

> Ich kann mir wohl denken, was Heidegger mit Sein und Angst meint. Der Mensch hat den Trieb, gegen die Grenzen der Sprache anzurennen. Denken Sie z. B. an das Erstaunen, daß etwas existiert. Das Erstaunen kann nicht in Form einer Frage ausgedrückt werden, und es gibt auch gar keine Antwort. Alles, was wir sagen, kann a priori nur Unsinn sein. Trotzdem rennen wir gegen die Grenze der Sprache an. (...) Dieses Anrennen gegen die Grenze der Sprache ist die *Ethik*. Ich halte es für sicher wichtig, daß man all dem Geschwätz über Ethik – ob es eine Erkenntnis gebe, ob es Werte gebe, ob sich das Gute definieren lasse etc. – ein Ende macht. In der Ethik macht man immer den Versuch, etwas zu sagen, was das Wesen der Sache nicht betrifft und nie betreffen kann. (...) Aber die Tendenz, das Anrennen, *deutet auf etwas hin*.[15]

Im Unterschied zu Rudolf Carnap, dem scharfsinnigen Sprachlogiker und Metaphysikkritiker des Wiener Kreises, auf dessen Bekanntschaft er nach einigen Treffen im Sommer 1927 keinen Wert mehr gelegt hatte, versuchte Wittgenstein zu verstehen, was Heidegger mit Sein und Angst meinte. Er war zwar grundsätzlich davon überzeugt, daß einem abstrakten Zeichen wie «Sein» keine empirische Bedeutung gegeben werden kann: Denn es referiert nicht auf etwas Gegebenes, das immer nur als bestimmtes Seiendes vorhanden ist. «Sein» war für Wittgenstein ein metaphysisches Wort ohne Bedeutung, mit dem auf unsinnige Weise etwas Überempirisches oder Absolutes ausgesagt werden soll, ähnlich seiner eigenen Chiffre «Welt», in der auf unsinnige Art auf das Ganze aller Tatsachen hingedeutet wird.

Wittgenstein hatte Teile von *Sein und Zeit* (1927) gelesen, und er war überzeugt, daß im Licht einer richtigen Methode der Philosophie jeder Satz, in dem von «Sein» gesprochen wird, ohne empirische Bedeutung ist. Bleibt jede sinnvolle Sprache auf etwas bezogen, das in der Welt als bestehender Sachverhalt der Fall ist, so kann nicht verstanden werden, was mit «Sein» gesagt werden will. Aber dennoch konnte Wittgenstein sich denken, was Heidegger mit diesem Wort meinte. Er konnte die metaphysische Intention seines Zeitgenossen nachvollziehen, die auf keine Beantwortung einer wissenschaftlichen Frage zielte, sondern auf die Entfaltung, Ausarbeitung und Beantwortung eines metaphysischen Fragens, das auf den abgründigen Grund der Existenz überhaupt zielte.

Deshalb auch der Zusammenhang von «Sein» und «Angst», den Wittgenstein besonders hervorhob und Heidegger im § 40 von *Sein und Zeit* einer fundamentalen Analyse unterzogen hatte. Um seine Aufgabe, die existenzialanalytische Erhellung des Daß-Seins des Daseins, zu bewältigen, galt es, eine der weitestgehenden und ursprünglichsten Erschließungsmöglichkeiten zu suchen, die im menschlichen Dasein selbst liegt. Heidegger hatte sie, wie angedeutet, im Phänomen der Angst entdeckt, die mehr und anderes ist als bloße Furcht. Wer sich fürchtet, weiß, wovor er sich fürchtet. Es ist etwas Innerweltliches, ein bestimmtes Seiendes, das ihn in bestimmter Hinsicht bedroht. «*Das Wovor der Angst ist das In-der-Welt-sein als solches.*»[16] Es ist die Welt als solche, in deren Gleichgültigkeit wir zu stürzen drohen. Es ist das pure, unbestimmte «Daß es ist»[17], das sich in tiefer Langeweile und Angst zeigt, wobei das Woher und Wohin im Dunkel bleiben. Die Angst ängstigt sich um das nackte Dasein und wirft uns zurück auf das reine Daß, in dem sich uns die Welt als Welt offenbart. Wer Angst hat, hat Angst vor seinem In-der-Welt-sein. Die Wirklichkeit der Dinge und Tatsachen, auch die gesellschaftliche Realität des Mitdaseins anderer, vermag ihm keine Hilfe mehr zu bieten. Die Angst vereinzelt das Dasein auf sein eigenstes In-der-Welt-sein, erschließt es als «solus ipse», dem alles Seiende bedeutungslos und gleichgültig ist. Angst duldet keine anderen Götter neben sich, weder das vertraute Zusammensein mit anderen Menschen noch die Vertrautheitsbezüge zur Welt des Seienden in der Fülle ihrer bestimmten Erscheinungen. Die völlige Gleichgültigkeit, die sich in Langeweile und Angst bekundet, bedeutet nicht Weltabwesenheit, sondern Unbedeutsamkeit alles Innerweltlichen, auf deren Grund die Welt in ihrer Weltlichkeit sich einzig noch aufdrängt.

Wittgenstein konnte sich denken, was Heidegger meinte. Seine Briefe und Tagebücher dokumentierten, daß ihm der existentielle Solipsismus vertraut war, der sich in der Angst zeigt. Schon als Jüngling litt er unter dem Gefühl der Angst, wahnsinnig zu werden. Dinge und Menschen und er selbst mit ihnen drohten, bedeutungslos zu werden und in eine tiefe Gleichgültigkeit zu versinken. Ein panikartiges Gefühl der Haltlosigkeit und Grundlosigkeit mitten in einer Welt, die keine Sicherheit mehr bietet – ja, er konnte verstehen, was Heidegger mit «Sein» und «Angst» meinte, mit dieser sprachlosen Wahnsinnsangst, in der sich der Schrecken des Abgrunds offenbart. Und er war davon überzeugt, daß alles, was er selbst bisher mühsam zu denken versucht hat, ebenfalls von diesem unheimlichen Un-zuhause und dieser unsagbaren Unbedeutsamkeit handelt, von der jener andere, den er nie kennenlernen wird, sprach.

Nichts Seiendes bleibt im Gefühl der Angst als bedeutsam bestehen. Alles rückt in eine unheimliche Gleichgültigkeit, die uns überfällt. Was sich in dieser Grunderfahrung noch aufdrängt, ist einzig das vereinzelte In-der-Welt-sein. Die Welt als Ganzes in ihrer reinen Weltlichkeit und das solipsistische Ich als bloße Existenz: das ist alles, was sich in der Stimmung der Angst noch zeigt. Bereits in seinen frühen Tagebüchern, ausgearbeitet dann im *Tractatus*, hatte Wittgenstein ausgedrückt, wovon auch Heidegger zu sprechen versuchte: «Es gibt nur zwei Gottheiten: die Welt und mein unabhängiges Ich.»[18] Warum Götter? An einen Gott glauben heißt sehen, daß es mit den Tatsachen der Welt noch nicht abgetan ist, wenn es um die Welt als Ganzes geht. Mit diesem Glaubensbekenntnis transzendierte Wittgenstein einen wissenschaftlichen Empirismus, dessen sinnvolle Sprache sich darauf beschränkt zu sagen, wie die Welt ist, wie sich die Dinge zu Tatsachen verbinden, die der Fall sind. Aber eine solche Sprache kann niemals ausdrükken, daß es überhaupt Welt gibt. Sie versagt vor jener «höheren» Einsicht, die sich von der Veränderlichkeit der zufälligen Welttatsachen löst, um die Welt als solche, als «begrenztes Ganzes», zu übersehen, gleichsam über sie hinwegfliegend mit einem verewigten Blick. Dieses höhere Sehen ist nicht gefesselt durch das faktische Geschehen und jeweilige So-Sein, sondern transzendiert es zum reinen Daß-Sein. «*Wie* die Welt ist, ist für das Höhere vollkommen gleichgültig.» (TLP 6.432) Nur daß sie ist, begründet ihren rätselhaften Sinn. Über ihn kann deshalb auch in keiner Sprache gesprochen werden, deren Aufgabe sich in der Abbildung innerweltlicher Tatsachen erschöpft. «Sätze können nichts Höheres ausdrücken.» (TLP 6.42) Nur in einem mystischen Gefühl, das sich aus der Bindung der innerweltlichen Gegebenheiten gelöst hat, schlägt sich die sprachlose Anschauung der Welt als begrenztes Ganzes nieder. «Nicht *wie* die Welt ist, ist das Mystische, sondern *daß* sie ist. Die Anschauung der Welt sub specie aeterni ist ihre Anschauung als – begrenztes – Ganzes. Das Gefühl der Welt als begrenztes Ganzes ist das mystische.» (TLP 6.44)

Das Subjekt einer solchen Stimmung, deren mystischer Gehalt sich nicht unterbringen läßt im bekannten Sortiment der psychologisch faßbaren Seelenzustände, kann deshalb kein empirisches Ich sein, das in der veränderlichen Welt seinen biographischen und sozialen Ort hat. Es ist ein metaphysisches Subjekt, ein philosophisches Ich, gleichsam ein ausdehnungsloser Punkt, der innerweltlich nicht als Seiendes verortet werden kann, sondern in seiner solipsistischen Unabhängigkeit der Welt – sub specie aeterni – koordiniert oder mit ihr mystisch Eins ist, Gott ähnlich. Dem Absolutismus der Welt, die in ihrem bloßen Gegebensein stumm und gleichgültig ist gegenüber allem, was in ihr geschieht, entspricht ein reines Ich, dem alles, was innerweltlich auch immer geschehen mag, bedeutungslos und gleichgültig ist. Auch dieses Ich verfügt über keine sinnvolle Sprache, um über sich selbst sprachlich Auskunft geben zu können. So wenig von der Welt als begrenztes Ganzes gesprochen werden kann, so wenig kann von diesem Ich etwas gesagt werden. Nur als Unaussprechliches zeigt es sich.

Wie kann das Rätsel dieses Sich-zeigens, das begrenztes Weltganzes und metaphysisches Ich gleichermaßen bestimmt und ins Schweigen drängt, philosophisch expliziert werden? In der Klärung der unaufhebbaren Differenz zwischen dem, was sich «sagen» läßt, und dem, was sich nur «zeigen» läßt, aber nicht gesagt werden kann, sah Wittgenstein das Hauptproblem der Philosophie. Immer wieder insistierte er auf dieser wesentlichen Trennung: Auf der einen Seite stehen die innerweltlichen Tatsachen, über deren Struktur wir uns mit sinnvollen Sätzen verständigen können; auf der anderen Seite gibt es jenen rätselhaften Bereich, der nur durch negative Chiffren angedeutet werden kann – das Gebiet des Un-sagbaren, des Un-aussprechlichen, des Un-denkbaren. «Es gibt allerdings Unaussprechliches. Dies zeigt sich, es ist das Mystische.» (TLP 6.522) Als solches liegt es außerhalb der Tatsachenwelt. Hat die Welt einen Sinn, der mehr ist als die bloße Gegebenheit aller Tatsachen? Was macht alles Geschehen und So-sein nicht-zufällig und nicht-gleichgültig? Auf diese Fragen versucht die «Ethik» vergeblich eine Antwort zu geben. Sie sucht den passenden Ausdruck für das, was «außerhalb der Welt» (TLP 6.41), wie sie ist, liegt, und rennt damit gegen die Grenze der sinnvollen Sprache an. Nur in diesem Anrennen kann sie auf das hindeuten, worauf sie intendiert. Aber sagen kann sie es nicht.

Der Mensch hat den Trieb, gegen die Grenzen der Sprache anzurennen. Heidegger lieferte Wittgenstein das Stichwort, um diesen Trieb an einem Beispiel zu erläutern: am Rätsel der Weltexistenz, am Erstaunen darüber, «daß etwas existiert». Wie Heidegger überließ er sich dem Pathos eines schwindelerregenden Staunens, mit dem bereits Platon und Aristoteles an Thaumas, den Gott des Wunders, erinnert haben. Bereits in seinem Frühwerk hatte Wittgenstein von dem (künstlerischen) Wunder gesprochen, «daß es die Welt gibt. Daß es das gibt, was es gibt.»[19] Im *Tractatus* (6.44) bezeichnete er als das Mystische, nicht wie die Welt ist, sondern daß sie ist. Und auch in seinem *Vortrag über Ethik*[20], den er am 17.11.1929 in Cambridge hielt, kam er wieder auf dieses Erlebnis des Staunens über die Existenz der Welt zu sprechen. «Wie sonderbar, daß überhaupt etwas existiert.» (S. 14) Eine sinnkritische Klärung solcher Aussagen führte ihn dabei schnell zu dem Ergebnis, «daß der sprachliche Ausdruck dieser Erlebnisse Unsinn ist!» (S. 15), ein Mißbrauch der Sprache. Denn während es völlig sinnvoll und klar ist, über etwas Bestimmtes, das aus dem vertrauten Rahmen fällt, zu staunen, ist es unsinnig zu sagen, «daß ich über die Existenz der Welt staune, denn ich kann mir gar nicht vorstellen, daß sie nicht existierte». (S. 15) Eine Aussage des Erstaunens hat nur Sinn, wenn man sich vorstellen kann, daß das, worüber man staunt, auch anders sein kann. Sie ist unsinnig, wenn sie auf etwas Erstaunliches im absoluten Sinn intendiert: «daß es überhaupt die Welt gibt». Wer so spricht, sagt nicht, was innerweltlich der Fall ist. Illusionär glaubt er, das «Wunder» der Welt als solches zur Sprache zu bringen.

Das Erlebnis des Weltexistenzrätsels kann nur mystisch und «wunderbar» sein. «Es ist das Erlebnis, bei dem man die Welt als Wunder sieht.» (S. 18) An ihm scheitert jede sinnvolle Sprache. Wieder beharrte Wittgenstein darauf, «daß alles, was wir über das absolut Wunderbare sagen, weiterhin Unsinn bleibt». (S. 19) Als Mystiker verweigerte er sich einer Sprache, die den passenden Ausdruck für das liefern sollte, was sich nur im Anrennen gegen die Grenzen der Sprache andeuten und zeigen läßt. Wittgenstein machte sich nicht lustig über dieses Sisyphos-Bemühen. Er erklärte es nicht zu einem lächerlichen Bestreben. Aber er sah, daß es etwas sagen will, das das Wesen der Sache nicht betrifft und niemals betreffen kann:

> Das bedeutet: Ich sehe jetzt, daß diese unsinnigen Ausdrücke nicht deshalb unsinnig sind, weil ich die richtigen Ausdrücke noch nicht gefunden hatte, sondern daß ihre Unsinnigkeit ihr eigentliches Wesen ausmacht. Denn ich wollte sie ja gerade dazu verwenden, über die Welt – und das heißt: über die sinnvolle Sprache – hinauszugelangen. Es drängte mich, gegen die Grenzen der Sprache anzurennen, und dies ist, glaube ich, der Trieb aller Menschen, die je versucht haben, über Ethik oder Religion zu

schreiben oder zu reden. Dieses Anrennen gegen die Wände unseres Käfigs ist völlig und absolut aussichtslos. Soweit die Ethik aus dem Wunsch hervorgeht, etwas über den letzten Sinn des Lebens, das absolut Gute, das absolut Wertvolle zu sagen, kann sie keine Wissenschaft sein. Durch das, was sie sagt, wird unser Wissen in keinem Sinne vermehrt. Doch es ist ein Zeugnis eines Drangs im menschlichen Bewußtsein, das ich für mein Teil nicht anders als hochachten kann und um keinen Preis lächerlich machen würde. (S. 18f)

Der Drang des Ethikers bleibt im Innern des sprachlichen Käfigs gefangen. Sein Trieb, gegen die Grenze der Sprache anzurennen, kann durch keinen Sprung ins Jenseits der Grenze befriedigt werden. Bereits im *Tractatus* hatte Wittgenstein es zur Aufgabe der Philosophie erklärt, das Undenkbare von Innen durch das Denkbare zu bestimmen. «Sie wird das Unsagbare bedeuten, indem sie das Sagbare klar darstellt.» (TLP 4.115) Das war die Intention eines kritischen Philosophierens, das die Leidenschaft eines Auf-das-Unaussprechliche-Zusprechens entfachte, das sich nie sicher sein konnte, ob es nur unsinnig ins Leere stammelte. Es war der philosophische Anspruch eines Ethikers auf der Suche nach dem Sinn des Lebens und dem Wert der Welt, dem sich alles, was der Fall ist, alles Geschehen und So-Sein, als gleichgültig darstellte.

Und Heidegger? Auch er wollte keine Wissenschaft treiben. Es ging ihm nicht um die Vermehrung unseres Wissens über das, was bloß «vorhanden» ist. Bereits in *Sein und Zeit* hatte er die Faktizität der menschlichen Existenz abgegrenzt von der Tatsachen-Wirklichkeit des bloßen Vorhandenseins. In *Was ist Metaphysik?* erweiterte er das Problem der Faktizität auf alles Seiende im Ganzen. «Warum ist überhaupt Seiendes und nicht vielmehr Nichts?» Dieses schon von Leibniz und Schelling aufgeworfene Weltexistenzrätsel galt ihm als die dem Rang nach erste, weil weiteste, tiefste und ursprünglichste metaphysische Frage. Alles Seiende wurde zum Nicht-Seienden hin überschritten, zum «Nichts» an Seiendem, das sich auf wunderbare Weise mit dem «Sein» berührt, das ja ebenfalls nichts Seiendes sein soll. 1943 schließlich, im späteren Nachwort zum Gedankengang seiner Antrittsvorlesung, wurde diese Überlegung pointiert: «Das Sein läßt sich nicht gleich einem Seienden gegenständlich vor- oder hinstellen. Dieses schlechthin Andere zu allem Seienden ist das Nicht-Seiende. Aber dieses Nichts west als das Sein.» (S. 46) Das Wunder der Weltexistenz wurde offenbar. Die Verwunderung über die Welt als Ganzes, die sich zunächst nur in der langweilenden und ängstigenden Stimmung der Gleichgültigkeit angedeutet hatte, wurde nun dankbar anerkannt und denkend erkannt im universalen Faktum des Seins als dem «Wunder aller Wunder»: «Einzig der Mensch unter allem Seienden erfährt, angerufen durch die Stimme des Seins, das Wunder aller Wunder: *daß* Seiendes *ist*. Der also in seinem Wesen in die Wahrheit des Seins Gerufene ist daher stets in einer wesentlichen Weise gestimmt.» (S. 47)

Dieser Stimmung verlieh der Mystagoge seine Sprache. Im Unterschied zum Mystiker, der darüber schweigen mußte, wovon man nicht sprechen kann, begriff sich Heidegger als der ausgezeichnete, einzigartige Mensch, der auf die Stimme des Seins zu hören vermag, sich ihr öffnet und sie in ein «Stimmen» hinausdenkt, das den Menschen in seinem tiefsten Wesen in Anspruch nimmt. Seine Sprache, eingestimmt in die Wahrheit des Seins, suchte im Seienden keinen Anhalt. Sie sollte reiner Widerhall einer Gunst des Seins sein, in dem sich dem Mystagogen das Sein der Wahrheit lichtete und entbarg. An die Stelle der Angst und der Langeweile, in denen der Mensch die Gleichgültigkeit der Welt als Ganzes erlebte, trat die widerhallende Antwort auf das Wort der lautlosen Stimme des Seins. Einstimmung des Menschen ins entborgene Geheimnis, das kein wissenschaftliches Wissen je erreicht, Einweihung ins Mysterium des Seins: das war nun die «agogische» Aufgabe des mystagogischen Führers, der den Menschen über die Grenze einer sinnvollen Sprache hinausführte und in die tiefste und ursprünglichste Region des Seins springen ließ.

Heidegger und Wittgenstein sahen sich dem gleichen Problem konfrontiert. Das Weltexistenzrätsel, das sich ihnen in der objektiven Gleichgültigkeit der Welt zeigte, in ihrem reinen Daß ohne Sinn und Wert, konnte nicht wissenschaftlich gelöst werden. Doch während Wittgenstein das unsagbar Mystische, daß die Welt ist, nur im vergeblichen Anrennen gegen die Grenze der Sprache anzudeuten vermochte, überschritt Heidegger die Grenze. So sehr Wittgenstein sich denken konnte, was Heidegger meinte, wenn er von Sein,

Angst und Nichts sprach und *Sein und Zeit* als Übergang zum «Sprung» inszenierte, so sehr begriff er dessen Sprachintention, die fortschreitend das «Seyn» jenseits der Grenze zum Wort zwingen wollte, als eine völlig unsinnige Verirrung: etwas wissen zu wollen von dem, was sich entzieht; die Wahrheit des Seins selbst zu denken, die als das Sein der Wahrheit west; im Haus des Seins wohnen zu wollen; sich als Hirte des Seins verstehen; das Wesen des Menschen in seiner Herkunft aus der Wahrheit des Seins enthüllen etc. – Unermüdlich sprach Heidegger als Mystagoge. Er gab Antworten auf Fragen, die sich nicht stellen ließen. Die Grenze der Sprache, gegen die der Mystiker Wittgenstein von Innen anrannte, erschien dem Mystagogen Heidegger wie ein Schleier, hinter dem sich ihm das Mysterium des Seins, das Wunder aller Wunder, lichtete.

Am 27.5.1933 übernahm der Mystagoge das Rektorat der Universität Freiburg. Er fühlte sich gerufen zur «geistigen Führung» dieser hohen Schule. Standhalten wollte er inmitten der Ungewißheit des Seienden im Ganzen. Er wollte nicht mehr in die tiefe Gleichgültigkeit versinken, die sich in Langeweile und Angst offenbarte. Es galt, entschlossen zu sein. Heroisch und wehrhaft wollte er dem deutschen Volk eine wahrhaft «geistige» Welt schaffen, die dem Marsch in seine künftige Geschichte eine Richtung wies, in der sich sein Wille zu wahrer Größe entfalten kann. Sein «Geist», in dessen Namen er führen wollte, sollte dabei weder logischer Scharfsinn noch bloßes Treiben verstandesmäßiger Analyse des Seienden sein. Er inszenierte sich als «ursprünglich gestimmte, wissende Entschlossenheit zum Wesen des Seins».[21] Bislang hatte sein «Geist» in der Kulisse auf seinen großen Auftritt warten müssen, zurückgehalten durch Anführungszeichen. Jetzt betrat er offen die politische Szene.[22] Der Geist des Mystagogen hatte seinen völkischen Auftrag erhalten und begann zu sprechen. Er fühlte sich berufen zur Rettung des Wesens des Seins des deutschen Volks, das er, als «Rektor», geistig führen wollte, in Nähe zum «Führer», der seinem politischen Rufe folgte. «Nicht Lehrsätze und ‹Ideen› seien die Regeln Eures Seins. Der Führer selbst und allein ist die heutige und künftige deutsche Wirklichkeit und ihr Gesetz. Heil Hitler! Martin Heidegger, Rektor.»[23]

Nach quälerischen Zweifeln zu wissen, worin der ethische Sinn des Lebens besteht, und überzeugt zu sein, ihn niemals sagen zu können; die entscheidende «Wahrheit» klar und deutlich, unantastbar und definitiv aussprechen zu wollen und zu wissen, daß diese Anstrengung die Grenze der Sprache zu überschreiten droht und zum Unsinn führt: aus dieser unauflösbaren Spannung bezog der Mystiker Wittgenstein seine geistige Anspannung und Antriebskraft. Sie ließ ihn niemals zum Führer werden. Seine «Ethik» wurde kein Programm. Denn kein Satz, keine Theorie, keine Weltanschauung kann jenes Unsagbare ausdrücken, das er suchte und bedeuten wollte: den Sinn des Lebens und den Wert der Welt, jenes «Höhere», das die Gleichgültigkeit der Welt übersteigt und überwindet.

Das Ethische kann man nicht lehren. In seinem *Vortrag über Ethik* hat Wittgenstein zum Schluß nicht zufällig in der ersten Person gesprochen. Denn er war sich sicher, daß er, wenn es um ethische Werte ging, nur als Persönlichkeit hervortreten konnte. Er mußte in seinem eigenen Leben zu zeigen versuchen, was er für absolut richtig und gut hielt. Darum war Wittgenstein sein Leben lang bemüht, obwohl er wußte, daß er seine Absicht, wirklich «gut» zu sein, niemals verwirklichen konnte. Auch seine Reise in die Sowjetunion (September/Oktober 1935) – vielleicht auf der Suche nach einer Lebensform, in der er das Gebäude seines bürgerlichen Stolzes vollständig abtragen zu können hoffte – führte zu keinem Ziel. Er kehrte nach Cambridge zurück und begann mit der Arbeit an seinem neuen philosophischen Werk, den *Philosophischen Untersuchungen*.

Noch einmal, «in der Finsternis dieser Zeit», nahm er den Kampf auf gegen die Verhexung unseres Verstandes durch die Mittel der Sprache, gegen den «Trieb» zum metaphysischen Mißverständnis. Und wieder war das «Sein», das der Mystagoge Heidegger in seinem «Wesen» zu offenbaren versuchte, ein zentraler Angriffspunkt seines kritischen Philosophierens. Wird denn dieses Wort in der Sprache, in der es seine Heimat hat, je tatsächlich so gebraucht? «*Wir* führen die Wörter von ihrer metaphysischen, wieder auf ihre alltägliche Verwendung zurück.»[24]

Zeigte sich nicht auch in diesem Zurück-führen, das auf jeden vornehmen Ton einer entbergenden Inszenierung verzichtete, was sich als ethischer Wert nicht aussagen läßt: daß das gute und «anständige» Leben in einer gleichgültigen Welt auch bescheiden sein sollte, diesseits der Grenze des Sagbaren, die nur der Gewalttätige mystagogisch zu überspringen vermag, einbrechend in das Undenkbare und Unsagbare, um von ihm aus verführen zu können?

VON DER RUHE DER SEELE

Gleichgültige Dinge und stoische Lebensform

Wovor fürchten wir uns noch? Über die Dinge, um die wir uns ernsthaft bemühen, hat niemand Macht. Um die Dinge, über die die anderen Menschen Macht haben, kümmern wir uns nicht. Wo haben wir noch Schwierigkeiten?[1]

Epiktet

Nun ist aber endlich der Zusammenhang der Ethik mit der Welt klarzumachen. (...) Wäre der Wille nicht, so gäbe es auch nicht jenes Zentrum der Welt, das wir Ich nennen, und das der Träger der Ethik ist. Gut und böse ist wesentlich nur das Ich, nicht die Welt.[2]

Ludwig Wittgenstein

Seien wir Stoiker: Wenn die Welt fatal ist, sollten wir noch fataler als sie sein. Ist sie gleichgültig, sollten wir gleichgültiger als sie sein.[3]

Jean Baudrillard

Das Phänomen der objektiven Gleichgültigkeit der Welt gehört zu den fundamentalen Erfahrungen des Menschen. Im Weltexistenzrätsel hat es seinen metaphysischen Ausdruck gefunden. Wittgenstein hat darauf als Mystiker philosophisch geantwortet. Aber er hat zugleich angedeutet, daß es sich hier um ein ethisches Problem handelt. Wie soll man leben in einer grund-, zweck-, wert- und vernunftlosen Welt, die nur kontingent ist, weil in ihr alles ist, wie es ist, und geschieht, wie es geschieht? Wittgenstein hat die ethische Tradition nicht beim Namen genannt, in der sich seine Reflexionen bewegten. Es war der Stoizismus.

Wittgensteins Suche vollzog sich zwar nicht im Rahmen eines festgefügten Dogmas. Sie war eine verzweifelte Anstrengung, in einer Welt, die sich seinem Willen entzog, nicht das Vertrauen in den Sinn und den Wert des Lebens zu verlieren. Auch wenn er noch nicht genau wußte, was sein Wille war, so intendierte er doch auf eine ethisch begründete Lebensform, die in einer fremden und von unserem Willen unabhängigen Welt das eigene Selbst als wertvoll zu retten ermöglichte. Die Stichworte hatten ihm die antiken Stoiker souffliert.

Wittgenstein mußte eine Situation bewältigen, die durch Haß, Schuftigkeit und Todesangst beherrscht war. In seinem geheimschriftlichen Tagebuch, das er als Artilleriebeobachter an der galizischen Front geschrieben hat, wurden im Sommer 1916 ethische Überlegungen notiert, deren Anlaß die Leiden des Krieges waren. Wittgenstein litt Höllenqualen; sein Leben war eine Tortur, von der man nur zeitweise heruntergespannt wird, um für weitere Qualen empfänglich zu bleiben; die Gefahr des Sterbens war allgegenwärtig, bei jedem Schuß zuckte seine Seele; in einer Gesellschaft von gemeinen und dummen Leuten drohte er zum Tier zu werden. Es war, wie Wittgenstein klagte, ein schlechtes Leben und er selbst ein armer, unglücklicher Mensch.

Aber in dieser Hölle, die sich ihm in ihrer ganzen Gleichgültigkeit offenbarte, regte sich zugleich der Wunsch nach einem guten und glücklichen Leben. Wittgenstein wollte nicht sterben, er wollte so gern weiterleben und noch dazu «gut». «Und in dieser Umgebung soll ich ein gutes Leben führen und mich läutern. Aber das ist FURCHTBAR schwer! Ich bin zu schwach. Ich bin zu schwach! Gott helfe mir», notierte er am 26. Juli 1916 und kurz darauf, mit dem Gestus einer stoischen Selbstermahnung: «Du weißt, was du zu tun hast, um glücklich zu leben; warum tust du es nicht? Weil du unvernünftig bist. Ein schlechtes Leben ist ein unvernünftiges Leben.»[4]

In seinen Tagebuchnotizen, die ebenfalls nicht für die Öffentlichkeit geschrieben worden waren, wendete Wittgenstein diesen verzweifelten Aufschrei in eine argumentative Richtung. Im Zentrum blieb die Frage nach dem Glück. Die Schlüsselstelle wurde notiert am 30. Juli 1916: «Immer wieder komme ich darauf zurück, daß einfach das glückliche Leben gut, das unglückliche schlecht ist. Und wenn ich mich *jetzt* frage: aber *warum* soll ich gerade glücklich leben, so erscheint mir das von selbst als eine tautologische Fragestellung; es scheint, daß sich das glückliche Leben von selbst rechtfertigt, daß es das einzig richtige Leben *ist*. Alles dies ist eigentlich in gewissem Sinne tief geheimnisvoll! *Es ist klar,* daß sich die Ethik nicht aussprechen *läßt*! Man könnte aber so sagen: Das glückliche Leben scheint in irgendeinem Sinne *harmonischer* zu sein als das unglückliche. In welchem aber. Was ist das objektive Merkmal des glücklichen, harmonischen Lebens? Da ist wieder klar, daß es kein solches Merkmal, das sich *beschreiben* ließe, geben kann.»

Es gibt also weder besondere Gründe nach Maßgabe einer ethischen Theorie noch objektive Tatsachenkriterien für ein glückliches Leben. Es gibt nur eine Art ethischer Lebensform, die Wittgenstein im Modus eines eudämonistischen Imperativs ausdrückte: «Lebe glücklich!» – Er wußte ganz einfach, daß die Welt des Glücklichen eine andere ist als die des Unglücklichen; und daß es irgendwie vernünftiger ist, glücklich und gut zu leben, unabhängig von den äußeren Bedingungen des Lebens und einer gleichgültigen Tatsachenwelt. Und er erwähnte dabei auch das Endziel, das in der stoischen Tradition durch die Telos-Formel «homologumenōs zēn», in Übereinstimmung leben, fixiert worden war. «Um glücklich zu leben, muß ich in Übereinstimmung sein mit der Welt. Und dies *heißt* ja ‹glücklich sein›.»

Nicht nur um Wittgenstein besser verstehen zu können, soll in diesem Kapitel an den antiken Stoizismus erinnert werden, der wie keine andere europäische Philosophie der Herausforderung einer gleichgültigen Welt durch geistige Übungen standzuhalten versuchte. Unübersehbar scheint mir auch die Aktualität zu sein, welche die Stoa für unsere heutige Existenz besitzt. Zwar sind wir nicht mehr durchdrungen von der vor-modernen Evidenz, daß es immer anders kommt, als man denkt, und das Schicksal mit uns Katz und Maus spielt. Aber das optimistische Projekt der Moderne, das den Menschen zum Herrn eines machbaren, berechenbaren und planbaren Weltprozesses erhöht hat, scheint erschöpft zu sein. Es hat zu einem unbeherrschbaren Selbstlauf geführt, der die Menschen einer nach-modernen Fatalität und unkontrollierbaren Fremdbewegung auszuliefern droht. Vielleicht erklärt das, warum sich verschiedene Denker am Ende des 20. Jahrhunderts in der «lebendigen Wiederentdeckung der antiken Erfahrung treffen».[5]

Kynismus als existentielle Selbstbehauptung

Auf der Suche nach seiner Herkunft hat der Stoizismus den Kynismus des 4. vorchristlichen Jahrhunderts gefunden und sich auf Antisthenes, Diogenes, Krates und ihre Jünger bezogen. Von ihnen war praktisch vorgelebt worden, was die Stoiker zum beherrschenden Thema ihres Philosophierens machten. Wie kann man trotz allem glücklich in einer Welt leben, die von unserem Willen unabhängig ist? Wie kann man den zufälligen Schicksalsschlägen standhalten, in denen sich uns die Welt in ihrer Gleichgültigkeit zeigt und all unseren Erfolgen oft genug mit neuen und größeren Demütigungen begegnet? Als denkwürdige Antworten auf diese Fragen hatten die Kyniker zwei radikale Möglichkeiten angeboten, und die Stoiker sind ihnen gedanklich gefolgt: «Man müsse sich zum Leben entweder mit Verstand ausrüsten oder mit einer Schlinge (um sich zu erhängen).» (DL VI, 24)[6] All den Plagen ausgeliefert, mit denen das Schicksal unsere Willensanstrengungen durchkreuzt und unsere Hoffnungen enttäuscht, bietet der Selbstmord die Möglichkeit, sich ihm gegenüber mit einer Dosis der gleichen Gleichgültigkeit zu revanchieren. Angesichts der Wirkungslosigkeit dieses suizidalen Versuchs, der nicht wirklich besiegen kann, wogegen er ankämpft (denn was kümmert die Welt die Tat des Selbstmörders?), empfahl sich der Weg einer Erkenntnis dessen, wogegen der Mensch sich «zum Leben ausrüsten» muß. Es kommt darauf an, vergebliche Anstrengungen zu vermeiden und mit einer Welt in Übereinstimmung zu leben, deren Gleichgültigkeit durchschaut worden ist. Der Kyniker will überleben und möglichst wenig leiden. Kynismus ist eine Form der Selbstbehauptung, die dem Schicksal die Stirn bietet, das gleichgültig über allem und allen thront. Deshalb muß alles verworfen werden, was dem Menschen genommen werden kann und sich seinem Willen entzieht; und es muß zugleich ein Fundament gefunden werden, das nicht erschüttert werden kann unter der ständigen Drohung einer schicksalhaften Indifferenz.

Die antiken Kyniker waren keine nihilistischen Zyniker, die sich auch durch eine durchschaute Indifferenz nicht mehr geschützt sehen und alles als vergeblich und leer verneinen.[7] Denn sie beharrten darauf, daß es dem Verstand gelingen kann, den Grund zu finden, aus dem es sich zu leben lohnt, wo die Welt des Schicksals, der Zufälle und des Duldenmüssens in ihre Schranken verwiesen werden kann und der Mensch sich als bewußtes Lebewesen zu behaupten vermag. Es war die Energie des Lebens selbst, auf die die Kyniker vertrauten. Gegen alle Bedrohungen und Kränkungen beanspruchten sie allein das elementare Recht, da zu sein. Gegen die objektive Gleichgültigkeit der Welt kämpften sie mit den Mitteln einer bloßen Existenz, die alles abzustreifen versucht, was ihr als Hindernis widerstreitet.

Diese existentialistische Wendung zum Leben haben die frühen Kyniker nicht in die Form einer philosophischen Lehrmeinung gepreßt. Sie waren keine Akademiker, die auf eine ausgefeilte Diskursivität vertrauten. Wenn sie sich als Philosophen verstanden, so nur im Sinne einer gelebten Ethik, die praktisch vor Augen führte, was sie verstanden hatten. Ihr Leben und ihre Philosophie stimmten überein. Ihre Philosophie war praktisch und ihr Leben philosophisch.

«Auf die Frage, welchen Gewinn ihm die Philosophie gebracht hätte, sagte er, wenn sonst auch nichts, so doch jedenfalls dies, auf jede Schicksalswendung gefaßt zu sein.» (DL VI, 63) So wurde in einer der vielen Anekdoten berichtet, die über den Kyniker Diogenes aus Sinope im Umlauf waren. Als historische Person ist Diogenes kaum greifbar. Keine seiner Handlungen ist wirklich beglaubigt, kein einziges Wort von ihm authentisch überliefert. Sein Dasein und seine Philosophie leben von den Erzählungen, die diesen eigenartigen Menschen zum Prototypus des Kynismus stilisierten. Er soll um 412 v. Chr. in Sinope geboren worden sein, mußte jedoch seine Heimatstadt verlassen und als armer Flüchtling in die Fremde, nach Korinth und Athen, emigrieren, wo er ohne Haus und Beruf, bettelarm herumziehend und ohne gesellschaftliche Bindung, im Freien für den Tag lebte. Er soll mit Platon gestritten, Philipp von Makedonien und Alexander den Großen vor den Kopf gestoßen und seine Mitbürger durch obszöne Schamlosigkeiten und unverschämte Frechheiten provoziert haben. Man scharte sich um ihn, um an seiner Lebenskunst und -philosophie teilzunehmen, oder überhäufte ihn mit Spott, auf den er mit heiterem Witz antwortete. Man beschimpfte ihn als einen Hund, «kyon»; er aber drehte den Schimpfnamen im Mund der Spötter um und erhöhte ihn zum philosophischen Markenzeichen. Der «kyon» wurde zum Kyniker[8], der seinen Gegnern ihre philosophische Unwissenheit und selbstgefällige Hohlheit um die Ohren hieb. 323, im selben Jahr wie Alexander, soll er gestorben sein, «an verhaltenem Atem» (DL VI, 77), wie vor allem seine Schüler voller Bewunderung für diesen armseligen, herumstreunenden und provozierenden Einzelgänger behaupteten, der selbst gegenüber dem nahenden Tod seine Selbständigkeit zu wahren wußte.

Im Beiwort «Hund» hat sich die Ambivalenz verdichtet, die Diogenes zum Protokyniker werden ließ. Denn einerseits war er bissig und gefürchtet wegen seiner frechen Aggressivität. «Als man ihn fragte, welches Verhalten ihm den Namen Hund verschafft habe, erwiderte er: ‹Die mir eine Gabe reichen, umwedle ich, die mir nichts geben, belle ich an, und die Schurken beiße ich.›» (DL VI, 60) Schurken aber waren alle, die für Karriere, Reichtum, Macht und gesellschaftliche Anerkennung mit ihrer Freiheit bezahlten, ebenso auch all die philosophierenden Akademiker, die sich vom Leben distanziert und ihre geistreichen Ideengebäude errichtet hatten. Diogenes suchte Menschen, keine konditionierten Marionetten oder idealisierenden Geistesheroen, die vergessen hatten, was zu leben bedeutet. Die Halle des Eukleides nannte er Galle, die Belehrungen Platons Verkehrungen. Seine kynischen Spöttereien waren kein Zeichen zynischer Unverantwortlichkeit oder lebensverneinender Verzweiflung. Seine Waffen waren Heiterkeit, Gelächter und vitaler Witz.

Auf der anderen Seite konnte der kynische Biß seine verletzende Schärfe nur durch ein «animalisches Modell des Überlebens»[9] gewinnen. Wie ein Hund beschränkte sich Diogenes auf die Befriedigung elementarer Bedürfnisse. Sein Ideal war das einfache Leben. Seine Selbstbehauptung ruhte auf dem Fundament eines kreatürlichen Daseins, das sich nicht an gesellschaftlichen Normen und philosophischen Sollgesetzen orientierte, sondern am Minimum einer natürlichen Existenz, die nicht mehr als das will, was unbedingt zum Leben nötig ist. «Eine hin- und herlaufende Maus, die weder eine Ruhestätte suchte noch die Dunkelheit mied, noch irgend welches Verlangen zeigte nach sogenannten Leckerbissen» (DL VI, 22), soll ihm den Wink für sein eigenes Lebensprinzip gegeben haben. Die Natur zeigte, wie zu leben ist. Das aber war, Diogenes zufolge, bei den Menschen in Vergessenheit geraten, die stets mehr wollten und sich dadurch ihrer vitalen Zufriedenheit entfremdet hatten. Die «hündische» Selbstbeschränkung des Kynikers versuchte, die Distanz möglichst gering zu halten, die zwischen unseren Ansprüchen und dem besteht, was wir erhalten. Nur so war ein gelingendes Leben zu erreichen, das auf jede Schicksalswendung gefaßt sein konnte.

Es war eine bewußte Art willenloser und frecher Gleichgültigkeit, mit der der Kyniker sich gegen die Schläge eines rücksichtslosen Schicksals in einer verwirrten Zeit wappnete. Nicht mit der Schlinge, sondern nur mit einer praktischen Ethik der Minimalisierung ließ sich gegen das unberechenbare Fatum das elementare Menschenrecht behaupten, zu existieren und in Übereinstimmung mit der Natur zu leben. Um die gelebte Ethik dieses Kynikers, dem so vieles gleichgültig war, woran seine Zeitgenossen sich zu klammern versuchten, genauer zu profilieren, sollen zwei Hinweise genügen.

Ob Diogenes tatsächlich Platon kennengelernt hat, ist zwar fraglich. Doch wir können die Anekdoten über diese Begegnungen lesen als Hinweise auf sein philosophisches Angriffsziel. Denn gegen jede «hohe Theorie», die idealistisch und essentialistisch das Wesen des Menschen zu überhöhen versuchte, stellte er die subversive Kraft eines bewußten Lebens, das an der niederen Materialität des Leibes festhielt und nicht bereit war, sich in eine wahre Welt der Ideen zu verflüchtigen. «Ein andermal begegnete er, getrocknete Feigen essend, dem Platon und sagte: ‹Du kannst auch teilnehmen.› Und als jener zulangte und aß, sagte er: ‹Teilnehmen, sagte ich, nicht aufessen!›» (DL VI, 25) So wurde die «Teilhabe», mit der Platon den Menschen an die transzendente Ideenwelt zu binden versuchte, als leeres Gerede lächerlich gemacht. Materialistisch erhob der Kyniker Protest gegen den idealistischen Meisterdenker. Essen ist für den Menschen wichtiger als Wesenschau. Auch jede essentialistische Festlegung des Menschen hielt diesem existentialistischen Widerspruch nicht stand und wurde um so lächerlicher, je mehr sie ihre Präzision zu retten versuchte. «Als Platon die Definition aufstellte, der Mensch ist ein federloses zweibeiniges Tier, und damit Beifall fand, rupfte er einem Hahn die Federn aus und brachte ihn in dessen Schule mit den Worten: ‹Das ist Platons Mensch›; infolgedessen ward der Zusatz gemacht ‹mit platten Nägeln›.» (DL VI, 40) Mit Diogenes begann in der europäischen Philosophie die «niedere» Opposition gegen das hochkultivierte Spiel des idealistischen Diskurses. Es ging um die Selbstbehauptung der menschlichen Existenz gegenüber einer akademischen Philosophie, die den Menschen nicht half, ihr Schicksal zu bestehen und in der Welt zu leben.

Diogenes pflegte zu sagen, «es sei göttlich, nichts zu bedürfen, und gottähnlich, nur wenig nötig zu haben». (DL VI, 105) Aggressiv bis zum Hohn waren seine Einwände gegen alle Versuche, das verwirrte Schicksal des Menschen durch sozial eingespielte Maßnahmen des Besitzstrebens, der politischen Macht und der gesellschaftlichen Anpassung zu überlisten. – Die Lust des Lebens läßt sich nicht aus dem Besitz der Objekte ziehen, sondern im Wissen um ihre Entbehrlichkeit. Nur so kann man im Kontinuum vitaler Zufriedenheit bleiben. Weil jedes Eigentum wieder genommen werden kann, hat es keinen Sinn, es zu wollen. Diogenes arbeitete nicht; er baute sich kein Haus, sondern lebte unter freiem Himmel in seinem Faß; er bettelte sich das Nötigste zusammen, nie mehr, als er brauchte. Geld spielte für ihn keine Rolle, und «gefragt, warum das Gold bleich (blaß) ist, sagte er: ‹Weil es Angst hat vor seinen vielen Nachstellern.›» (DL VI, 51) – Auch hohe Geburt, Ruhm und politischer Erfolg waren Zielscheiben seines Spotts. Diogenes wußte, daß auch der Mächtigste stürzen wird und sich den Schicksalsschlägen nicht entziehen kann. Das erhellt, warum die Anekdote den ärmlichen Hund selbst über den königlichen Herrscher stellte. «Als Alexander einst bei einem Zusammentreffen zu ihm sagte: ‹Ich bin Alexander, der große König›, sagte er: ‹Und ich bin Diogenes, der Hund!›» (DL VI, 60) Das hieß selbstbewußt reden und die Macht in ihrer Anmaßung und Vergeblichkeit zu durchschauen. Und Diogenes gab dem königlichen Eroberer auch jene berühmte Antwort, die sich mit seinem Namen verbunden hat. «Dem Schicksal, sagte er, stelle er den Mut, dem Gesetz die Natur, der Leidenschaft die Vernunft entgegen. Als er im Kraneion sich sonnte, trat Alexander an ihn heran und sagte: ‹Fordere, was du wünschest›, worauf er antwortete: ‹Geh mir aus der Sonne.›» (DL VI, 38) – Die Regeln der Natur, denen allein Diogenes zu folgen bereit war, waren schließlich auch das Fundament, von dem aus er das soziale Leben in der Polis bekämpfte, deren Ordnung durch die politischen Wirren der Zeit aus den Fugen geraten war. In ihr sah er nur ein bedrohliches Zwangsverhältnis der Menschen zueinander, «eine Sphäre bedenklicher Karrieren und fragwürdiger Ambitionen».[10] Er mochte seine Mitbürger nicht, die sich einbildeten, durch Heirat, Besitz, politischen Erfolg und berufliche Karriere den Wert des Lebens zu sichern. Überhaupt war ihm jede Identifikation mit familiären, Stammes- oder nationalen Gruppen verhaßt. Er suchte Menschen, nicht Bürger einer dekadenten Polis. «Einst rief er laut: ‹Heda, Menschen!›, und als sie herzuliefen, bearbeitete er sie mit seinem Stocke mit den Worten: ‹Menschen habe ich gerufen, nicht Unflat.›» (DL VI, 32) In den Zitatenschatz der Philosophiegeschichtsschreibung ist auch die Laternen-Anekdote eingegangen, in der er seinen athenischen Mitbürgern ein Licht aufgehen lassen wollte. «Er zündete bei Tage ein Licht an und sagte: ‹Ich suche einen Menschen.›» (DL VI, 41)

Der wahre Ort des Menschen konnte nicht die Polis sein. Diogenes, der Kyniker, wollte kein engstirniges Mitglied einer zufälligen Stadtgemeinschaft sein. Er hätte überall leben können, gleichgültig gegen den Stolz der Seßhaften. «Gefragt nach seinem Heimatort, antwortete er: ‹Ich bin ein Weltbürger.›» (DL VI, 63) Die Welt war seine Heimat. Jede festgefügte Staatsordnung galt ihm dagegen nur als eine trügerische Illusion, mit der sich die Menschen über die Unsicherheit ihres Lebens und die Indifferenz ihres Schicksals hinwegtäuschten. «Die einzig wahre Staatsordnung finde sich nur im Weltall.» (DL VI, 72) Diogenes war der erste Kosmopolit, aber nicht im Sinne einer universalistischen Weltpolitik, sondern mit dem Anspruch eines autarken Individuums, das den natürlichen Kosmos allein als die Ordnung anerkannte, in der der einzelne sich aufgehoben fühlen konnte.

Der antike Kynismus stand unter der Schicksalsdrohung. Der Wille des Menschen, seine Leidenschaften und sein Begehren, drohten zu scheitern an der Übermacht einer dämonischen Gleichgültigkeit, die alle Anstrengungen zunichte zu machen drohte. Dagegen galt es die unmittelbare Existenz des kreatürlichen Lebens zu behaupten. Denn weder die essentialistische Philosophie seiner Zeit, die mit ihrem Idealismus die Materialität der Existenz zurückdrängte, noch das gesellschaftliche Leben mit seinen Scheinsicherheiten konnten der Drohung eines unmenschlichen Fatums widerstehen. Es kam darauf an, den menschlichen Willen auf ein Minimum zu beschränken, um wie eine Maus durch die Maschen des Schicksals zu schlüpfen. «Von daher rührt der doppelte Aspekt des antiken Kynismus, wie er in der doppelten Funktion seiner Askese zum Ausdruck kam: er ist zu gleicher Zeit Reduktion der Existenz auf einen animalischen Kern und existentialistischer Protest gegen alle Bewegungen, die sie um ihre Selbstverwirklichung betrügen.»[11]

Es zeichnete den heimatvertriebenen Gammler aus Sinope aus, daß er lebte, was er sagte, und einen direkten Weg einschlug. Seine existentialistische Lebenskunst ging nicht den Umweg über die Gelehrsamkeit. Sie war Ausdruck eines bewußten Lebens, das auf jede Schicksalswendung gefaßt war. Er hing an nichts, aber war nicht nihilistisch. Die Gleichgültigkeit, die sich in den Zufällen und Unberechenbarkeiten des Lebensschicksals zeigte, führte nicht in den Selbstmord, in ein tragisches Bewußtsein oder in eine zynische Indifferenz, die sich ihrer eigenen Vergeblichkeit bewußt ist und deshalb alles in ihren verachtenden Strudel zieht. Diogenes liebte das Leben. «Als einer sagte, das Leben sei ein Übel, erwiderte er: ‹Nicht das Leben, sondern ein böses Leben.›» (DL VI, 55) Seine Askese war keine Weltflucht. Sie war ein Versuch, autark zu bleiben und mit der Natur in Übereinstimmung zu leben. Existentielle Lebensfreude, animalische Bedürfnislosigkeit und lebensphilosophische Intelligenz waren die Waffen, mit denen er die Fatalität einer Welt zu überwinden versuchte, die alles zunichte zu machen drohte, was der Mensch zu erreichen sich bemüht. Die Entbehrungen des antiken Kynikers führten ihn auf ein Fundament lebensbejahender Souveränität. Sie zielten auf subjektive Selbstbehauptung in einer objektiv gleichgültigen Welt, die sich in den Verwirrungen der Zeit manifestierte, in ihren Kriegen, usurpatorischen Machtkämpfen, sozialen Auflösungen und unmenschlichen Schäbigkeiten. Deshalb mußte Diogenes für gleichgültig erklären, woran seine Zeitgenossen ihr Herz hingen. Er wollte «nur» den animalischen Kern des Menschen widerstandsfähig machen.

Am Ende seines langen Lebens, geschwächt durch Alter und Krankheit, zog er selbst dem Tod noch seinen Stachel. «Gefragt, ob der Tod ein Übel sei, sagte er: ‹Wieso ein Übel? Wenn er da ist, merken wir ja doch nichts von ihm.›» (DL VI, 68) Diogenes, der freche Lebensbejaher, kam ihm zuvor, indem er seinen Atem anhielt. Noch im Augenblick seines Sterbens blieb er Herr seiner selbst und überwand den Zwangslauf der Dinge mit einer gleichgültigen Verachtung, die der tödlichen Bedrohung zumindest ebenbürtig war. «Diogenes wird kein Opfer des Todes, sondern bleibt bis zuletzt ein Handelnder; sein Tod hat nichts Gewaltsames, nicht einmal die selbstzerstörerische Gewalt des Suizids. So kann er sogar zum Mittel der Selbsterhaltung werden: er beugt dem weiteren Kräfteverfall vor.»[12]

Daß es die Lust am Leben an sich war, die Diogenes ins Zentrum seiner praktischen Lebensphilosophie gestellt hat, manifestierte sich schließlich noch in einem letzten gleichgültigen Akt: Es interessierte ihn nicht, was mit seiner Leiche geschieht. «Einige berichten, er habe sterbend den Auftrag gegeben, ihn unbedingt hinzuwerfen zur Beute für jedes wilde Tier, oder man solle ihn in eine

Grube werfen mit einer kleinen Schicht Staub darüber.» (DL VI, 79) Kultische Begräbnisrituale spielten für ihn keine Rolle. Während der platonische Sokrates seine Gleichgültigkeit gegenüber dem Begräbnis noch mit der festen Überzeugung verband, daß im Tod die Seele vom Körper befreit wird und unsterblich fortbesteht, war die kynische Haltung begründet in dem radikalen Bewußtsein, daß das Leben auf Erden alles und der Tod, als Ende aller Empfindungen, nichts sei. Nicht das ewige Seelenheil, sondern die animalische Lebenslust war das Telos des Kynikers. Nur das kann den Witz der Anekdoten erhellen, die sich um den Begräbniswunsch des Diogenes ranken. «Was, versetzte jemand, willst du von den Vögeln und wilden Tieren gefressen werden? ‹So lege man meinen Stab neben mich›, antwortete er, ‹damit ich sie wegjagen könne.› Wegjagen! rief der andere, wenn du tot bist, hast du ja keine Empfindung! ‹Nun denn, was liegt mir daran›, erwiderte er, ‹ob mich die Vögel fressen oder nicht?›»[13]

Die «gleichgültigen Dinge» des Zenon von Kition

Nicht jeder kann wie ein «Hund» leben. Die anspruchslose Existenz und die kynische Frechheit des Diogenes, die seine Gleichgültigkeit gegen «unnatürliche» Lebensformen und idealistische Wertschätzungen zeigten, konnten zu keinem philosophischen Lebensideal für alle werden. Der Bettler, der seine Zeit mit Ruhen, Umhergehen und Reden verbrachte, mit Spotten, Lachen und Scherzen, mußte ein gesellschaftlicher Außenseiter bleiben. Aber er konnte dennoch der Philosophie einen denkwürdigen Weg weisen. Vor allem die Stoiker nahmen den kynischen Impuls auf. Fünfhundert Jahre bildeten sie eine Hauptströmung der Philosophie im Zeitalter des Hellenismus, von etwa 300 v. Chr. bis zum Ende des 2. nachchristlichen Jahrhunderts, von den Alten (Zenon, Kleanthes und Chrysippos) über die Mittleren (Panaitios und Poseidonios) bis zu den Jüngeren, dem spätantiken Dreigestirn Seneca, Epiktet und Marc Aurel.

Der Stoizismus wurde aus dem Geist des Kynismus geboren. Aber er ging nicht mehr den direkten Weg des Diogenes. Er transformierte die kynische Existenz in ein philosophisches System, ging den langen Weg eines theoretischen Studiums, erhob das kynische Lebensprinzip zu einer gedanklichen Macht, lenkte die animalische Lebenslust in eine begriffliche Reflexivität. An die Stelle der kynischen Einschränkung auf die einfache Natur setzten die Stoiker die gedankliche Bestimmung einer allgemeinen vernünftigen Tugend, die sich «in Übereinstimmung mit der Natur» befindet. Den radikalen Naturalismus der Kyniker entfalteten sie zu einer differenzierten Theorie der Affekte und Tugenden. Begrifflich versuchten sie zu sagen, was Diogenes gezeigt hatte. Erst im Rahmen der Stoa wurde die kynische Gleichgültigkeit auf den Begriff gebracht und zu einem philosophischen Terminus technicus – *adiaphora* –, ebenso wie «apatheia» (Affektkontrolle, Leidenschaftslosigkeit, Gemütsruhe) und «ataraxia» (Seelenruhe, Gleichmut, Selbstgenügsamkeit), in denen das kynische Autarkieideal nachklingt.

Schopenhauer hat diese terminologische Leistung prägnant beschrieben. Aus den Kynikern «gingen nun die *Stoiker* dadurch hervor, daß sie das Praktische in ein Theoretisches verwandelten. Sie meinten, das *wirkliche* Entbehren alles irgend Entbehrlichen sei nicht erfordert, sondern es reiche hin, daß man Besitz und Genuß beständig als *entbehrlich* und als in der Hand des Zufalls stehend betrachtet: da würde dann die wirkliche Entbehrung, wenn sie etwan eintrete, weder unerwartet seyn, noch schwer fallen.»[14] Das ist treffend beobachtet. Doch man muß deshalb nicht Schopenhauers Ablehnung teilen, daß die Stoiker «demnach bloße Maulhelden» waren, die, je mehr sie die Praxis vernachlässigten, nur um so feiner ihre Theorie zuspitzten. Denn die ausgefeilte stoische Theorie blieb der Lebenspraxis verbunden. Sie bot Leitbilder für das alltägliche Leben an und schlug eine reflektierte philosophische Lebensform vor, in die jeder sich einüben können sollte, dem es um die Lösung des grundlegenden Lebensproblems ging: wie es möglich ist, in einer von Schicksalsschlägen und Zufällen beherrschten Welt, die sich unserem Willen entzieht, glücklich zu leben. Der antike Stoizismus blieb dem eudämonistischen Impuls treu, der auf menschliche Glückseligkeit zielte. Es ging ihm um Existenzideale und nicht um eine rein theoretisch begründete Ethik, wie sie sich erst in der Moderne unter Bedingungen eines zugeschärften Begründungsanspruchs entwickelt hat. Auch die stoische Gleichgültigkeit, entfaltet in einer Reflexion der Dinge, die für das glückliche Leben eines tugendhaften Menschen «adiaphoron» sein sollten, lebte aus der Sorge um das Glück des Menschen. Gleichgültigkeit war kein abstrakter «objektiver Grundsatz», sondern eine Art therapeutischer Empfehlung für das Subjekt, das sich um seine Freiheit und Seelenruhe sorgt und sich «in dieser nicht stumpfen, sondern gewollten Gleichgültigkeit erhält».[15]

Daß es im Stoizismus weder um eine Beschreibung der Welt ging noch um das Befolgen göttlicher Gebote, die vom Himmel gefallen sind, um keinen «kategorischen Imperativ», der einer reinen Ethik ihren theoretischen Grund liefern sollte, oder um eine objektive Wertlehre, sondern um das Einüben in eine glückliche Lebenskunst aus «Sorge um sich»[16], läßt sich bereits an der Lehre feststellen, die der Phönizier Zenon, der Begründer der älteren Stoa, seinen Schülern mitgegeben hat.[17] Er soll etwa um 333 v. Chr. in Kition, einer kleinen griechischen Stadt auf Zypern, geboren worden sein. Wie sein Vater war er ein Kaufmann. Auf einer seiner Handelsreisen erlitt er Schiffbruch, in der Nähe Athens. Er war dreißig Jahre alt und hatte sein Vermögen verloren. «Was er nicht verlor, war der gebildete Adel seines Geistes und seine Liebe zur vernünftigen Einsicht.»[18] Vielleicht war es ein glücklicher Zufall, daß er in dieser Situation den Kyniker Krates traf und sich ihm anschloß. Doch die kynische Lebensform war wohl nicht ganz nach seinem Geschmack. Er strebte zwar nach philosophischer Lebensweisheit, und die kynische Autarkie-Anweisung, auf alle Schicksalsschläge gefaßt zu sein, kam seiner eigenen Situation entgegen, aber er war «zu sittsam und zartbesaitet für die kynische Schamlosigkeit». (DL VII, 4) Kyniker blieb er zwar in seiner anspruchslosen Lebensweise, «er nährte sich von kleinen Brotschnitten und Honig, wozu er sich eine geringe Beigabe wohlduftenden Weines gönnte» (DL VII, 13); und auch über trunksüchtige, verfressene, selbstgefällige, hochmütige, geistig träge und geschwätzige Mitbürger versprühte er seinen Spott, wenngleich «in versteckter Weise und nicht in vollem Gusse. (...) Zu einem schwatzhaften Jüngling sagte er: Deswegen haben wir zwei Ohren und einen Mund, damit wir mehr hören und weniger reden.» (DL VII, 23) Die animalische Reduktion der Kyniker aber war ihm zuviel des Guten. Deshalb besuchte er auch mehrere Sokratiker, an deren Tugendvorstellungen er sich orientierte, und verlegte sich zusätzlich auf ein breit gefächertes Studium der Logik und der Naturphilosophie. Der vornehme Händler war zum Philosophen geworden. «Das ist doch noch eine glückliche Fahrt gewesen, als ich Schiffbruch litt.» (DL VII, 4) Schließlich trat er selbst als Lehrer auf und hielt seine Vorlesungen und Diskussionen in einer bemalten Halle Athens, der «stoa poikile», die seiner eigenen Philosophie den Namen gab. Er war kein Hunde-Philosoph mehr, sondern ein «Stoiker», ein Hallen-Philosoph, der eine Schule gründete und sich großes Ansehen erwarb. König Antigonos von Makedonien war oft bei ihm zu Gast, er erhielt reiche Geschenke, ohne sich zu Eitelkeiten hinreißen und zu Kriechereien herabzulassen. Nach einem von Krankheiten verschonten Leben soll er im hohen Alter, nachdem er gestürzt war, sich selbst das Leben genommen haben. «Er schlug mit der Hand auf die Erde mit den Worten aus der Niobe (des Aischylos): ‹Schon komme ich, was rufst du mich?› Und alsbald starb er, sich erwürgend.» (DL VII, 29)

Mit Zenons Stoizismus begann eine neue Epoche der hellenistischen Philosophie. Als erster dachte er systematisch zusammen, was bisher getrennt gewesen war: Logik als ein intellektuelles Rüstzeug zur Beurteilung des Wahrheitswerts von Aussagen; Physik als Lehre vom Kosmos, seiner Elemente und Gesetze; und Ethik als Theorie der Selbsterhaltung, der Affekte und der Tugenden.[19] In seiner Telos-Formel fand dieser triadische Zusammenhang seinen allgemeinsten Ausdruck. «Zenon erklärte als erster in dem Buch über die Natur des Menschen als Endziel das mit der Natur in Einklang stehende Leben, welches übereinkommt mit dem tugendhaften Leben. Denn zu diesem leitet uns die Natur.» (DL VII, 87) Das vieldeutige «homologumenōs (tē physei) zēn» – in Übereinstimmung (mit der Natur) leben, nach dem gleichen Logos leben – hieß für ihn zum einen: Nur wer in Übereinstimmung mit sich lebt, seiner eigenen natürlichen Neigung folgt und so «personale Identität»[20] gewinnt, kann das stoische Endziel eines glücklichen Lebens erreichen. Es bedeutete zum anderen, der Natur des Alls gemäß zu leben und dem schaffenden Weltlauf und der zweckhaften Weltvernunft zu folgen. Und es drückte zugleich die feste Überzeugung aus, daß nur in dieser Homologie ein tugendhaftes Leben begründet sein kann, das sich durch eine vernünftige Ordnung des Weltganzen lenken läßt und ihr entspricht. Ob dieses komplexe

Zusammenspiel von personaler Identität, Allnatur und Tugend wirklich gelingen kann oder nur ein unerreichbares Ideal bleiben mußte, soll uns hier nicht weiter interessieren. Wie aber stand es in diesem Kontext um die «gleichgültigen Dinge», die von Zenon ins Sprachspiel der Philosophen eingeführt worden sind?

Das Feld, auf dem sich die Vernunft zu bewähren hat, um das stoische Telos zu erreichen, ist der Bereich der Tugend. In ihm gilt es, unterscheiden zu können. «In-Übereinstimmung-leben» heißt zu wissen, was gut und was schlecht ist, und das Gute zu wollen. Die kognitiv-voluntative Doppelstrategie vertraute darauf, daß jeder vernünftige Mensch aufgrund seiner einsichtigen Natur differenzieren kann zwischen dem Guten und dem Übel, zum Beispiel zwischen Tapferkeit, Gerechtigkeit und Besonnenheit auf der einen Seite, Feigheit, Ungerechtigkeit und Zügellosigkeit auf der anderen; und daß es allein Tugend und Laster sind, die von unserem Willen abhängen. Wir können unterscheiden und uns entscheiden. Wir sind zur Einsicht fähig und in unserem Willen frei. Im Bereich der Ethik ist der Mensch autonom. Warum aber soll er sich für das Gute entscheiden? Weil er glücklich sein will und sein Glück nur erreichen kann, wenn er tugendhaft lebt. Während nämlich tugendhafte Handlungen «Freude und Frohsinn und was dem ähnlich» zur Folge haben, führen lasterhafte Handlungen zu «Mißstimmung, Schwermütigkeit und dergleichen mehr». (DL VII, 95)

Zwischen dem Guten und dem Schlechten gibt es jedoch etwas Drittes, was keines von beiden ist und weder nützt noch schadet – der Bereich der «gleichgültigen Dinge». Sie sind in sittlicher Hinsicht neutral, indifferent, adiaphoron. Sie entziehen sich sowohl unserem sittlichen Unterscheidungsvermögen als auch unserem Willen. Der adiaphorische Katalog mag zunächst überraschen. Denn als «gleichgültig» wurden von den Stoikern gerade solche Dinge bezeichnet, in denen die meisten Menschen Vorbedingungen ihres Glücks oder Unglücks sehen, «z. B. Leben, Gesundheit, Lust, Schönheit, Kraft, Reichtum, Ruhm, hohe Geburt und so auch das diesem Entgegengesetzte: Tod, Krankheit, Schmerz, Häßlichkeit, Schwäche, Armut, Ruhmlosigkeit, niedere Geburt und was dem ähnlich». (DL VII, 102) All das soll gleichgültig sein? Ja, sagten die Stoiker, gleichgültig für das sittliche Leben. Und sie lieferten dazu auch eine dreifache Begründung. 1. Gleichgültig sind solche

Dinge, die weder zur Glückseligkeit noch zur Unglückseligkeit entscheidend beitragen. Denn der Gesunde, Reiche und Schöne kann unglücklich sein und der Kranke, Arme und Häßliche glücklich. Zwischen den gleichgültigen Dingen und dem Glück/Unglück des Menschen besteht kein notwendiger Zusammenhang. 2. Die gleichgültigen Dinge unterscheiden sich nur hinsichtlich ihres «Gebrauchs». Was man jedoch gut oder schlecht gebrauchen kann, das ist im absoluten Sinn weder gut noch schlecht, sondern nur indifferentes Material. Die stoische Adiaphorie «betrifft den Unterschied dessen, was allein sittlicher Freiheit sich verdankt bzw. diese ausmacht, von dem, was der sittlichen Freiheit als Naturprodukt bzw. als Zusammenspiel von Natur und menschlicher Kunst der sittlichen Freiheit vorgängig ist und im guten wie im schlechten Sinn verwendet werden kann».[21] Weil man gleichgültige Dinge sowohl zum Guten als auch zum Schlechten einsetzen kann, sind sie selbst ethisch neutral. Reichtum kann schädlich oder nützlich eingesetzt werden, mit Schönheit kann man protzen oder beglücken, Armut kann zu Haß führen oder Zeichen gewollter Selbstgenügsamkeit sein. 3. «Die Seelengröße ist die Tugend oder das Wissen, das uns über das erhebt, was den Guten ebenso wie den Schlechten zustoßen kann.»[22] Die gleichgültigen Dinge hängen nicht von unserem Willen ab. Sie sind, um einen modernen Begriff zu verwenden, nur kontingent.

Durch Zenon von Kition und die frühe Stoa war die kynische Praxis des animalischen Überlebens in ein sittliches Modell der Seelengröße transformiert worden, die sich über die Kontingenzen des Lebens erhebt. Die kynische Gleichgültigkeit gegenüber den gesellschaftlich eingespielten Wertillusionen blieb dabei zwar erhalten. Reichtum, Ruhm, hohe Geburt waren ebenso «indifferent» wie Armut, Ruhmlosigkeit und tiefe Geburt. Doch die Radikalität der Hunde-Philosophen wurde abgeschwächt. Denn die begriffliche Strenge, mit der die frühe Stoa das Wertvolle vom Wertlosen separierte, führte die Hallen-Philosophen auch zu einer differenzierten Analyse der gleichgültigen Dinge. In einem absoluten Sinn mochten die adiaphora zwar unterschiedslos gleichgültig für die Sittlichkeit und ein glückliches Leben sein. Aber das verhinderte nicht, ihnen dennoch einen bedingten Wert zuzugestehen. «Die gleichgültigen Dinge nennen sie teils wünschenswert, teils verwerflich, wünschenswert diejenigen, die einen gewissen Wert haben, verwerflich die wertlosen.» (DL VII, 105) So hatte zwar vieles von dem, was die Kyniker verwarfen und mit Spott überhäuften, auch für die Stoiker keinen moralischen Wert an sich. Aber es gab doch Gründe, es vorzuziehen. Auf geistigem Gebiet sind intellektuelle Begabung und theoretisches Wissen wünschenswerter als Talentlosigkeit und Dummheit; als körperliche Güter besitzen Gesundheit und physische Stärke einen Vorzug gegenüber Krankheit und Schwäche; von äußeren Gütern empfiehlt es sich, lieber Reichtum und Ansehen zu besitzen, als wie ein armer Hund mißachtet zu leben.

Zenon war kein Diogenes. Er war kultiviert und genoß das Ansehen seiner Athener Mitbürger. Die schamlose Aggressivität des Clochards aus Sinope war dem Schiffbrüchigen aus Kition fremd. Seine stoische Differenzierung des Indifferenten bot einen raffinierten Kompromiß an: Sie übernahm das kynische Erbe einer autarken Existenzbehauptung, die traditionell anerkannte Lebensgüter von sich abstreifte, um frei und auf jede Schicksalswendung gefaßt zu sein; doch sie vermittelte diesen kynischen Impuls mit einem ausgefeilten Modell der Vorzugsgüter, die den gesellschaftlich anerkannten Wertschätzungen nicht gänzlich widersprach. Nicht alles sittlich Gleichgültige ist wirklich gleichgültig, sondern kann sinnvollerweise gewünscht oder verworfen werden. Waren die Stoiker deshalb, wie Schopenhauer kritisierte, «bloße Maulhelden», welche die Theorie der Seelengröße und der sittlichen Autonomie nur begrifflich vervollkommneten, aber dabei «sich alle Bequemlichkeiten des Lebens herbeisophisticirten» [23]?

Wie man lernen kann, stoisch zu sein

Schopenhauer war zu sehr Pessimist, um der stoischen Seelenruhe und gleichgültigen Gelassenheit etwas abgewinnen zu können. Stoizismus galt ihm nur als ein «mentaler» Trick, mit dem sich seine Vertreter bequem im Leben einzurichten versuchten, oder «Deutsch zu reden, daß sie aßen, tranken und sich einen guten Tag machten, dabei aber dem lieben Gott keinen Dank dafür wußten, vielmehr fastidiöse (verdrießliche) Gesichter schnitten und nur immer versicherten, sie machten sich den Teufel etwas aus der ganzen Fresserei.»[24] Mit dieser herbeigeredeten Täuschung wollte der Pessimist nichts zu tun haben. Während er im christlichen Heiland das höchste Leiden des Menschen verkörpert sah, galt ihm der stoische Weise nur als «ein hölzerner, steifer Gliedermann, mit dem man nichts anfangen kann.»[25] Doch dieses vernichtende Urteil übersah, daß die geistigen Übungen und mentalen Meditationen der Stoa nichts mit einem «guten Tag» zu tun hatten, sondern eine Antwort suchten auf die bedrängende Frage, wie man in einer wirren, erschütterten und kriegerischen Zeit trotzdem sein Glück und seelisches Gleichgewicht finden kann. Auf diesen Aspekt hat Nietzsche hingewiesen: «Für Menschen, mit denen das Schicksal improvisiert, für solche, die in gewaltsamen Zeiten und abhängig von plötzlichen und veränderlichen Menschen leben, mag der Stoizismus sehr ratsam sein.»[26] Werfen wir in dieser Perspektive einen kurzen Blick auf die Hauptvertreter der späten Stoa, auf Seneca, Epiktet und Marc Aurel, auf ihr Leben, ihre Lehre und die römische Kaiserzeit der beiden ersten nachchristlichen Jahrhunderte.

Lucius Annaeus Seneca, zu Beginn unserer Zeitrechnung in Cordoba als Sohn wohlhabender Eltern geboren, hatte sich als junger Mann in Rom bereits hohes Ansehen und politische Macht erworben, als er von Kaiser Claudius für acht Jahre nach Korsika verbannt wurde. Er war dem Imperator zu mächtig geworden. Auf Initiative von dessen Frau Agrippina wurde er 49 nach Rom zurückgeholt und sollte sich um die Erziehung ihres Sohnes Nero aus erster Ehe kümmern. Seneca setzte große Hoffnungen in diesen Jüngling, dessen Krönung zum Kaiser am 13. Oktober 54 er als Beginn des glücklichsten Zeitalters feierte. So widmete er ihm seine Schrift *Über die Milde* als Anweisung zu einem klugen und besonnenen Herrschen. Als Berater Neros wurde er zu einem der reichsten Männer seiner Zeit. Aber bald sah er seine Erwartungen enttäuscht. Der Hoffnungsträger Nero veränderte sich zu einem machthungrigen Despoten, der hemmungslos vom Cäsarenwahn besessen war, seiner Mutter 59 die Kehle durchschneiden ließ und den Brand von Rom (64) zum Anlaß der ersten großen Christenverfolgung nahm. Seneca versuchte sich zurückzuziehen, enttäuscht und völlig verzweifelt. All seine Ideen über die *Unerschütterlichkeit des Weisen*, über das *Glückliche Leben* und die Verrücktheiten des

Zorns waren an seinem Zögling abgeprallt. An Lucilius schrieb der alte Seneca nun seine *Briefe über Ethik* (Epistulae morales), in denen er ein letztes Mal zu begründen versuchte, wie man trotz aller Schicksalsschläge seine Seele in Sicherheit bringen kann. Es ging um die Rettung dessen, was als einziges zählt, wenn alles verloren scheint: ein autonomes Ich, das ohne Gott und Herrn seine eigene Festung gegen alle Angriffe schützen kann. Sei dein eigener Befreier! Damit Tod und Unglück nicht zählen, genügt es, sie für nichts zu achten. Und die Welt? Ist sie feindselig? Es genügt, sie zu vernachlässigen. Der Mensch gehört wesentlich sich selbst. Auf Befehl Neros, dem Seneca als lästiger Mahner verhaßt geworden war, mußte er sich 65, als Mitglied der Pisonischen Verschwörung angeschuldigt, selbst das Leben nehmen. Auch für diesen letzten und schwersten Schicksalsschlag war er gerüstet. Stoisch hatte er bereits vorgedacht, was jeden treffen kann, ohne die «Ruhe der Seele» außer Fassung bringen zu können. «Dorthin zurückzukehren, von wo man kam – was ist daran schwer? Übel lebt ein jeder, der nicht gut zu sterben weiß. (...) Wer den Tod fürchtet, wird nie etwas so wie ein lebensfroher Mensch tun.»[27]

Epiktet, um 50 n. Chr. im südphrygischen Hierapolis als Sohn einer Sklavin geboren, kam als Sklave nach Rom, wo er im Dienst eines Freigelassenen Neros stand. Sein Herr brach ihm zwar das Bein, aber erlaubte ihm auch, die Vorträge des stoischen Philosophen Musonius Rufus zu besuchen. Aus seiner Sklaverei freigelassen, begann Epiktet selbst Unterricht zu erteilen. Freiheit und moralisches Selbstbewußtsein waren seine großen Themen, die wahren Kyniker (vor allem Diogenes) und alten Stoiker (Zenon, Kleanthes und Chrysippos) seine geistigen Vorbilder.[28] Wie alle Philosophen mußte er 89 auf Befehl Kaiser Domitians Rom verlassen und emigrierte nach Griechenland. In öffentlichen Unterweisungen (Diatriben) plädierte er für eine seelische Autarkie, die sich von allen äußeren Dingen frei macht und nur in sich selbst ihre sichere Ruhe und Eudaimonía finden kann. Worauf muß man achtgeben? «Daß über die Seele eines andern niemand Herr ist und daß allein in der Seele Gut und Böse beschlossen liegen. Niemand hat daher die Macht, mir ein wirkliches Gut zu verschaffen oder mich in ein Unglück zu stürzen, sondern ich allein habe in dieser Hinsicht die Macht über mich.»[29]

Marcus Aurelius Antoninus wurde ein Jahr nach Epiktets Tod 121 in Rom geboren. Aus vornehmer Senatorenfamilie stammend, wurde er von seinem kaiserlichen Onkel Antoninus Pius adoptiert und 146 zu seinem Mitregenten ernannt. Nach dessen Tod trat Marc Aurel 161 die Herrschaft an. Der Philosoph auf dem Kaiserthron, der vor allem in Zenon von Kition sein Vorbild sah und Epiktet bewunderte, mußte in unaufhörlichen Kriegen das Imperium gegen seine Angreifer verteidigen. Besonders der germanische Großangriff der Markomannen (166 bis 180) zwang ihn zu langen, verlustreichen Kämpfen, an deren gewaltsamer Brutalität der gebildete Humanist zu zerbrechen drohte. In einem Feldlager nahe Wien begann er, seine Meditationen niederzuschreiben, aphoristische Bruchstücke einer stoischen Lebensweisheit, um seine Verzweiflung zu bewältigen. *Eis heauton* (An sich selbst)[30] schrieb er seine Ermahnungen, um zumindest seelisch stark, frei und heiter zu bleiben, wenn alles um ihn sich wandelte und in den Tod gerissen wurde, «gestern Schleim, morgen Mumie oder Asche». (S. 75) Sein Denken kreiste um die ständige Gefahr, «gleich jetzt aus dem Leben zu scheiden» (S. 46), und suchte sie vor allem durch zwei Lehrsätze zu bannen: «der eine, daß die Dinge nicht die Seele berühren, sondern ruhig draußen stehen (...); der andere, daß all dies, was du siehst, sich sogleich verwandeln wird und nicht mehr sein wird.» (S. 64) In einer veränderlichen Welt und gewaltsamen Zeit, die sich seinem Willen entziehen, kann der Mensch nur auf einem *Weg zu sich selbst* geistig und moralisch frei bleiben. Er muß für gleichgültig erklären, was nicht in seiner Macht steht, und «in sich» die heitere Ruhe finden, die ihn über alle Qualen erhebt und das Glück des Lebens ermöglicht.

Bereits die unterschiedliche soziale Stellung der späten Stoiker liefert ein Indiz, daß es sich bei ihrer Philosophie um geistige Übungen handelte, die auf eine innere Haltung intendierten, der gegenüber die tatsächlichen Lebenssituationen nur äußerlich sind. Jeder kann Stoiker sein, der vornehme und reiche Bürger ebenso wie der Sklave oder Imperator eines Weltreichs. Stoizismus ist eine geistige Einstellung zu den Dingen, die nicht durch die Dinge beherrscht wird. Er ist ein Phänomen des Bewußtseins, das sich von den äußeren Sachverhalten frei macht und in dieser subjektiven Autonomie die Bedingung des Glücks und der Seelenruhe sieht. Wie die Welt ist, soll für das stoische Bewußtsein keine beherrschende Rolle spielen. Es kommt allein darauf an, wie man die Welt sieht. Die Lehrgespräche, Briefe und Selbstermahnungen der späten Stoiker waren Anweisungen, die Welt so zu sehen, daß man trotz aller Enttäuschungen, Ohnmachtserfahrungen und unausweichlichen Schicksalsschläge geistig frei und seelisch glücksfähig bleiben kann. Das heißt nicht, der Stoiker müsse sich aus der Welt zurückziehen. Seneca, Epiktet und Marc Aurel blieben in der Welt tätig. Es bedeutet vielmehr, daß man dem «Widerfahrnischarakter des Lebens»[31] standzuhalten lernt und sich unabhängig von allen unverfügbaren Momenten des Lebens macht. Es waren besonders drei Übungen, die uns in dieser Hinsicht von den Stoikern empfohlen wurden.

Das eine steht in unserer Macht, das andere nicht.[32] Zunächst und vor allem ist es wichtig, unterscheiden zu lernen zwischen den Dingen, über die unser Wille und unser Wollen frei verfügen können, und denjenigen, die nicht von uns abhängen, sondern jedem von außen zustoßen können. In seinem «Encheiridion», dem Handbüchlein der Moral, hat Epiktet diesen Unterscheidungsgrundsatz am klarsten formuliert und beispielhaft erläutert. «In unserer Macht stehen: Annehmen und Auffassen, Handeln-Wollen, Begehren und Ablehnen – alles, was wir selbst in Gang setzen und zu verantworten haben. Nicht in unserer Macht stehen: unser Körper, unser Besitz, unser gesellschaftliches Ansehen, unsere Stellung – kurz: alles, was wir selbst nicht in Gang setzen und zu verantworten haben.» In Epiktets Dihairesis (Unterscheidungsvermögen) haben nicht nur seine eigenen Lebenserfahrungen ihre Spur hinterlassen. Deutlich erkennbar ist auch der Einfluß Zenons, der allein Tugend und Laster unter die Vorherrschaft des freien menschlichen Willens gestellt und gegen die kontingente Tatsachenwelt abgegrenzt hatte. Was sich nicht in unserer Macht befindet, ist Epiktet zufolge «von außen» bestimmt und «fremdem Einfluß ausgesetzt»: Dazu gehört sogar der eigene Körper, der erkranken und von unkontrollierbaren Schmerzen gepeinigt werden kann und auch dem Tod nicht auszuweichen vermag; der Besitz kann jederzeit wieder verlorengehen, der Reiche in die tiefste Armut gestürzt werden; gesellschaftliche Anerkennung ist nur vorübergehend, wie Seneca an vielen Schicksalen exemplifizierte – «Nur eine kurze Stunde liegt zwischen Thron und Fußfall. (...) Höchste Ehrenämter hast du bekleidet. Etwa so hohe oder so unverhoffte oder so allumfassende wie Sejan? Am gleichen Tag, an dem ihm noch der Senat das Geleit gegeben hat, riß ihn das Volk in Stücke.»[33] Und unsere Stellung? Wer kann entscheiden, als Sklave oder Freier geboren zu werden, aus armseligen oder vornehmen Verhältnissen zu stammen? Wer kann sich seiner sozialen Stellung sicher sein? Niemand, lautete die stoische Antwort. Heute Konsul, morgen vertrieben, gerade noch reicher Berater Neros und bald schon eine Leiche.

«Hast du denn gar nichts zur freien Verfügung, was ausschließlich in deiner Gewalt ist? Oder hast du etwas Derartiges?»[34] So eindeutig die Bestimmung des Äußeren und Fremden war, so sehr waren die Stoiker davon überzeugt, daß allein das sittliche Wollen von niemandem außer einem selbst behindert werden kann. Lügen oder die Wahrheit sagen, etwas anzunehmen oder abzulehnen, den Tod zu verachten oder sich vor ihm zu fürchten, etwas zur Kenntnis zu nehmen oder daran uninteressiert zu sein – all das und nur das steht in unserer Gewalt. Nur im Bereich der «Ethik» sind wir frei. Was von uns selbst abhängt, ist nur der eigene sittliche Wille, für dessen Akte wir selbst verantwortlich sind.

Sich gegenüber den gleichgültigen Dingen gleichgültig verhalten. Aus der Dihairesis folgt die Prohairesis, die Entscheidung, nur die Dinge sittlich ernst zu nehmen, über die wir verfügen können. Die Unterscheidung zwischen Innen und Außen, Willen und Fremdbestimmung, Ich und Welt wurde durch die Stoiker wertmäßig gewichtet. Nur was in unserer Macht steht, kann für uns selbst bedeutsam sein. Wer die dihairetische Grundregel gelernt hat, weiß, daß er zu allem, was nicht in seiner Macht steht, sagen kann: «Es geht mich nichts an.»

Die «adiaphora» des Zenon von Kition wurden auch von den späten Stoikern immer wieder durchbuchstabiert. «Indifferentia» war eine Schlüsselkategorie ihrer Seelenlehre. Als gleichgültig galt alles, was gleichermaßen dem guten wie dem schlechten Menschen zustoßen kann. «Tod und Leben, Ruhm und Ruhmlosigkeit, Schmerz und Lust, Reichtum und Armut» zählte Marc Aurel zu den gleichgültigen Dingen. (S. 47) Auf die Kyniker, vor allem den von ihm bewunderten Diogenes von Sinope, bezog sich Epiktet mit seinem adiaphora-Katalog: «Einen Räuber des menschlichen Willens gibt es nicht, einen Zwingherrn auch nicht. Aber des Körpers? Ja. Des Besitzes? Ja. Auch von Ämtern und Ehrenstellen? Was gehen ihn *die* an? Wenn ihn daher jemand durch solche Dinge einschüchtern will, sagt er zu ihm: ‹Scher dich weg, geh zu den Kindern; *sie* macht man mit Masken bange; ich aber weiß: sie sind aus Pappe und inwendig hohl.›»[35] Wer sich den sittlich indifferenten Dingen gegenüber gleichgültig verhält, entzieht ihnen das Mitspracherecht über seine Seele. «Laß dich erstrahlen in Einfachheit, Zurückhaltung und Gleichgültigkeit gegenüber dem, was zwischen Tugend und Schlechtigkeit liegt», empfahl der Kaiser des römischen Imperiums und plädierte dafür, nur jenes vorzuweisen, «was ganz in deiner Gewalt steht: Lauterkeit, Ernsthaftigkeit, Ertragen von Schmerz, Verachten der Lust, Zufriedenheit mit dem Schicksal, Bedürfnislosigkeit, Freundlichkeit, Freiheit, Einfachheit, Meiden von Geschwätz, großen Sinn.» (S. 114/78)

Um lernen zu können, sich dem Einfluß der gleichgültigen Dinge zu entziehen, entwickelte die Stoa ihr Exerzitium der prae-meditatio. Bereits der Protokyniker Diogenes hatte den Gewinn des Philosophierens darin gesehen, auf jede Schicksalswendung gefaßt zu sein. Stoizismus ist eine geistige Übung im Konjunktiv. Man muß lernen, all die gleichgültigen Dinge geistig zu antizipieren, die uns bedrohen und in ihren Bann ziehen könnten. Der gefaßte Mensch kann seine Seelenruhe erreichen, weil ihn kein Ereignis unvermutet trifft, hat er es doch bereits als gleichgültig vorgedacht. «Indem er nämlich auf alles, was geschehen kann, gefaßt ist, als würde es geschehen, lindert er die Wucht aller Schicksalsschläge, die jemanden, der auf sie vorbereitet ist und sie erwartet, nichts Unverhofftes bringen, aber Menschen, die sich geborgen glauben und nur nach Glück ausschauen, schwer heimsuchen. (...) Jedweden kann das treffen, was überhaupt wen treffen kann. Wenn einer diesen Satz beherzigt und alles fremde Unglück, wovon es ja täglich eine ganze Menge gibt, so betrachtet, als könnte es ohne weiteres auch über ihn kommen, wird er sich weit eher rüsten, als er heimgesucht wird. Zu spät wappnet sich die Seele, Gefahren zu ertragen, im Anblick der Gefahr.»[36] Wer gesund ist, sollte an seine mögliche Erkrankung denken; wer reich ist, an den Verlust seines Geldes; wer Macht und Ansehen besitzt, an seinen möglichen Sturz; wer lebt, an den jederzeit drohenden Tod. Der Stoizismus perfektionierte eine besondere Art des hypothetischen Räsonierens, um den gleichgültigen Dingen auch dann standhalten zu können, wenn sie uns durch ihre Macht zu überwältigen drohen. Man muß lernen, die Gegenwart aus der Perspektive zukünftig drohender Niederlagen, Enttäuschungen und Katastrophen zu sehen.

Die schwierigste Aufgabe besteht darin, selbst den Tod als gleichgültig zu antizipieren. Sterben ist die normalste Tatsache der Welt. «Im Gedanken an die Möglichkeit, gleich jetzt aus dem Leben zu scheiden», schrieb Marc Aurel seine Selbstermahnungen. Stoisches Philosophieren war eine Übung im Sterbenlernen: meditare mortem. «‹Denke an den Tod›: wer das sagt, heißt an die Freiheit denken. Wer zu sterben gelernt hat, Sklave zu sein hat er verlernt.»[37] Gleichgültig gegenüber einem gleichgültigen Tod versuchte der Stoiker, auch gegenüber der größten Schicksalsdrohung gelassen zu bleiben. Die Stoiker wußten von der Schwierigkeit dieser geistigen Übung, die manche durch die Art ihres Freitods unter Beweis stellten. Einen Anfänger mußte sie überfordern. Deshalb empfahlen sie einen einfacheren Weg. Sie begannen mit leichten Formen der praemeditatio und setzten beim Geringfügigsten an. «Fange dabei bei den unbedeutendsten Dingen an. Wenn du zum Beispiel an einem Topf hängst, dann sage dir: ‹Es ist ein einfacher Topf, an dem ich hänge.› Dann wirst du dich nämlich nicht aufregen, wenn er zerbricht.»[38] Ein wenig Öl wurde verschüttet, ein bißchen Wein gestohlen, so sage dir: «Das ist der Preis für Gleichmut und innere Ruhe. Umsonst bekommt man nichts.» Wer ins Bad geht, sollte sich bereits vorstellen, was dort geschehen könnte: wie Unfug getrieben, gelärmt und gestoßen, ja selbst gestohlen wird. Dann wird er mit größerer Ruhe und Sicherheit hingehen. Auch Marc Aurel befolgte diese mentale Strategie, wenn er sich selbst ermahnte: «Am Morgen sich vorsagen: zusammentreffen werde ich mit einem taktlosen, undankbaren, einem unverschämten, arglistigen, einem neidischen, unverträglichen Menschen.» (S. 43) Na und, was kümmert's mich! Von keinem dieser Menschen kann ich selbst geschädigt werden. Ihr Charakter steht nicht in meiner Macht. Also können sie mir doch gleichgültig sein! «So muß man das ganze Leben hindurch verfahren, und wo die Dinge allzu bestechend erscheinen, sie entblößen und ihre Wertlosigkeit ansehen und ihnen das Mitspracherecht, über das sie stolz sind, entziehen.» (S. 94)

Lebe im Augenblick. «Die edlen Römer haben daher nur das Negative bewiesen, diese Gleichgültigkeit gegen Leben, gegen alles Äußerliche; sie haben nur auf subjektive oder negative Weise groß sein können», resümierte Hegel in seinem philosophiegeschichtlichen Rückblick auf den Stoizismus.[39] Die geistige Vorwegnahme aller Übel, die wir als gleichgültig verachten und geringschätzen sollen, habe keine positive Bestimmung des Lebens ermöglicht. Ähnlich hat Schopenhauer das meditative Mittel beurteilt, «die Gegenwart unter der Einbildung anzusehen, sie sei Vergangenheit», und es als Rat eines «grämlichen Mentors»[40] verworfen, der immer nur verdrießliche Gesichter schneiden kann, auch wenn es ihm gutgeht. Doch diese Urteile nahmen die eigentliche Pointe des stoischen Konjunktivs nicht zur Kenntnis. Die gedankliche Vorwegnahme aller möglichen Übel, die dem Menschen als gleichgültige zustoßen könnten, diente der Steigerung des gegenwärtigen Lebens. Sie sollte das Bewußtsein für die Gunst des Augenblicks schärfen. Selbst die ständige Erinnerung an den Tod hat keinen anderen Sinn, als vom Bewußtsein des Todes her das Leben sinnvoll zu gestalten. Weil man auf die Wucht aller Schicksalsschläge vorbereitet ist, kann man das Glück des Lebens auskosten. Philosophisch «sterben lernen» heißt, das Leben zu genießen lernen, und zwar in jedem Augenblick. Denn er ist das einzige, was im Lauf der Zeit in unserer Macht steht. Die Vergangenheit hängt nicht von uns ab; und auch nicht die Zukunft. Deshalb müssen sie dem stoischen Menschen gleichgültig sein. Er kann sie ja nicht verlieren, «denn wie könnte man ihm nehmen, was er nicht hat.» Immer wieder hat Marc Aurel darauf insistiert, «daß ein jeder nur den gegenwärtigen Augenblick, den winzigen, lebt; das übrige ist entweder durchlebt oder liegt im Unbestimmten. (...) Und überhaupt: kurz ist das Leben; man muß aus dem Gegenwärtigen mit Bedachtsamkeit und Gerechtigkeit Gewinn ziehen. (...) Wenn du deshalb von dir, das heißt von deiner Denkkraft, abtrennst, was andere tun und sagen, oder was du selbst getan oder gesagt hast, oder was als Zukünftiges dich beunruhigt (...) und dich übst, einzig das Leben zu leben, das du lebst, das heißt das gegenwärtige, dann wirst du die bis zum Sterben übrigbleibende Zeit ruhig, wohlgemut und heiter gestimmt hinsichtlich deines Dämons durchleben.» (S. 49, 58, 69, 183) Wer sich gegenüber gleichgültigen Dingen gleichgültig verhält, ist mit dem zufrieden, was er selbst gegenwärtig hat. Das Glück der Stoiker ist in jedem Augenblick vorhanden, und nur in ihm. «Denke an den Tod» ist keine Anleitung zum Verzweifelt- oder Unglücklichsein. Das meditare mortem, diese größte Übung einer stoischen Vergleichgültigung, war nur die Kehrseite einer Lebensbejahung, die sich auch gegenüber der stärksten Bedrohung existentiell zu behaupten gelernt hat. Das wußte der kynisch-animalische Lebensbejaher Diogenes so gut wie der vom Tode bedrohte Kaiser Marc Aurel auf dem Schlachtfeld. Und auch Wittgenstein, einer der großen Stoiker und Kyniker des 20. Jahrhunderts, hat es im Sommer 1916, während er an der Front der allgegenwärtigen Gefahr des Sterbens ausgesetzt war, seinem Tagebuch anvertraut: «Wer glücklich ist, der darf keine Furcht haben. Auch nicht vor dem Tode. Nur wer nicht in der Zeit, sondern in der Gegenwart lebt, ist glücklich. Für das Leben in der Gegenwart gibt es keinen Tod.»[41]

Die stoische Lebensform, in der griechisch-römischen Antike zu einer ausgefeilten Praxis geistiger Übungen kultiviert, war der wohl philosophiegeschichtlich radikalste Lösungsversuch des Problems, wie es dem Menschen gelingen kann, sich in einer Welt, deren Gleichgültigkeit in ihren vielfältigen Schattierungen durchschaut worden ist, als Subjekt des Willens zu behaupten. «Diese Freiheit des Geistes, diese Inpassibilität, diese Gleichgültigkeit, Imperturbabilität, Ataraxie, Unerschütterlichkeit, Gleichheit des Geistes in sich, der durch nichts leidet, sich an nichts bindet»[42] entsprangen der Sorge um sich in einer Welt, die nicht in unserer Macht steht. Ihr galt es zu widerstehen und den subjektiven Anspruch nicht aufzugeben, glücklich, heiter und gelassen sein zu können. «Ich kann die Geschehnisse der Welt nicht nach meinem Willen lenken, sondern bin vollkommen machtlos. Nur so kann ich mich unabhängig von der Welt machen – und sie also doch in gewissem Sinne beherrschen – indem ich auf einen Einfluß auf die Geschehnisse verzichte», notierte sich Wittgenstein. Aber er ergänzte es mit dem stoischen Zusatz: «Man scheint nicht mehr sagen zu können als: Lebe glücklich! Die Welt des Glücklichen ist eine andere als die des Unglücklichen.»[43]

3

ALLES IST EINS

Die Gelassenheit der Mystiker

Du mußt wissen, daß sich noch nie ein Mensch zu diesem Leben so weitgehend gelassen hat, daß er nicht gefunden hätte, er müsse sich noch mehr lassen. Der Menschen gibt es wenige, die das recht beachten und darin beständig sind.[1]

Meister Eckhart

Gelehrter: Vielleicht verbirgt sich in der Gelassenheit ein höheres Tun als in allen Taten der Welt und in den Machenschaften der Menschentümer...
Lehrer: welches höhere Tun gleichwohl keine Aktivität ist.
Forscher: Demnach liegt die Gelassenheit, falls man hier von einem Liegen sprechen darf, außerhalb der Unterscheidung von Aktivität und Passivität...
Gelehrter: weil die Gelassenheit *nicht* in den Bereich des Willens gehört.[2]

Martin Heidegger

Stoiker haben nicht den besten Ruf. Innerhalb der Philosophiegeschichte haben Hegel, Schopenhauer und Nietzsche ihre vernichtenden Urteile gesprochen und nachhaltig das Bild bestimmt, das über den Stoizismus kursiert. Der Stoiker sei in seiner negativen Gleichgültigkeit gegen das Leben nur subjektiv groß, aber erreiche keine objektive Größe, um das Leben selbst positiv begreifen zu können (Hegel); er sei nur ein Maulheld, steifer Gliedermann und Griesgram, der weder Lebenslust noch wirkliche Verzweiflung kennt (Schopenhauer); seine Indifferenz sei nur eine moralisierende Lüge und Selbstbetrügerei, «behaftet mit dem Winkelgeruch alter Hausmittel und Altweiber-Weisheit». Vor allem Nietzsche hat über den Stoizismus seinen polemischen Spott ausgegossen. «‹Gemäß der Natur› wollt ihr *leben*? O ihr edlen Stoiker, welche Betrügerei der Worte. (...) Leben – ist das nicht gerade ein Anders-sein-wollen, als diese Natur ist? Ist Leben nicht Abschätzen, Vorziehn, Ungerecht-sein, Begrenzt-sein, Different-sein-wollen?» Stoische Lebensweisheiten galten ihm nur als Ausdruck einer langweiligen Moralphilosophie, die zu den Schlafmitteln gehörte, stoische Gleichgültigkeit erschien ihm nur als eine «Bildsäulenkälte gegen die hitzige Narrheit der Affekte».[3]

Der stoische Typus mit seiner Selbstbeherrschung und Seelenruhe, mit seiner Einheit von Wissen und Wollen und seiner Hochachtung für sich, war er nur – «*Der vollkommene Hornochs*»[4]? So mag es oberflächlich erscheinen, wenn man einige Formulierungen der Stoiker zu wörtlich nimmt und sie nur als moralisierende Hinweise für ein beschauliches, ruhiges und selbstzufriedenes Leben versteht. Man übersieht dabei leicht die Tiefendimension des Stoizismus, die vom «animalischen» Kyniker Diogenes bis zu Marc Aurel mit im Spiel war, der voller Bitterkeit, Abscheu und Ekel angesichts der menschlichen Existenz sich selbst ermahnte, um nicht zu zerbrechen. Denn bereits die scheinbar einfachsten stoischen Therapiemittel sind nicht ohne hintergründigen Doppelsinn und alles andere als einschläfernde Hausmittelchen. Sie beziehen ihre Kraft aus einer mystischen Dimension, die sich nur dem öffnet, der sich auf sie einzulassen bereit ist.

Bereits die Maxime Marc Aurels, «sich gleichgültigen Dingen gegenüber gleichgültig verhalten» (S. 174), war nicht ohne mystischen Hintersinn. Übernommen von Ariston von Chios, dem häretischen Stoiker aus dem 3. vorchristlichen Jahrhundert, erklärte sie zwar die «adiaphora» für sittlich neutral. Deshalb sollte der Mensch es auch unterlassen, zwischen ihnen Unterschiede zu sehen und in sie einen menschlichen Wert zu projizieren. Die gleichgültigen Dinge sind weder gut noch schlecht. Aber gerade diese Gleich-wertigkeit läßt uns alle Dinge auch gleichermaßen annehmen. Denn sie alle sind von der Allnatur geschaffen worden und werden von ihr geliebt. «Es liebt aber die Erde Regen, es liebt der hehre Äther; es liebt aber die Welt zu schaffen, was entstehen soll. Ich sage also zur Welt: ich liebe mit dir. Sagt man aber nicht auch ja dies: es liebt so zu gehen?» (S. 161) Eben war alles für Marc Aurel noch widerwärtig, «alles eklige Dinge, so auch jeder Abschnitt und jeder Gegenstand des Lebens.» (S. 128) Jetzt hat sich alles verändert. Es war ein gewaltiger Akt, alle Dinge unter dem Blickwinkel ihrer Gleich-gültigkeit zu sehen und «liebend» anzuerkennen. Gerade weil die gleichgültigen Dinge der Welt nicht vom Willen des Menschen abhängen, sondern vom Willen der Allnatur, die keinen Unterschied zwischen ihren Schöpfungen macht, soll sich der Mensch ihnen mit gleicher Aufmerksamkeit und Liebe zuwenden. Es geht hier um keine moralisierende Selbstverhärtung, sondern um das schwierige Üben eines neuen Blicks auf alles, was dem Menschen begegnet. Beansprucht wird, alle Dinge «mit denselben Augen zu betrachten, mit der die Natur sie sieht.»[5] Nur so ist die heitere Seelengröße eines Menschen zu erreichen, der kein Fremder mehr im Universum ist, sondern «in Übereinstimmung lebt».

Auch die stoische Zeiterfahrung, ganz konzentriert auf den begrenzten Augenblick und gleichgültig gegenüber Vergangenheit und Zukunft, lebte von dieser mystisch geschärften Aufmerksamkeit, die offen alles annimmt, was stets nur gegenwärtig da ist und sich im steten Jetzt als Totalität offenbart. Auch der antike Mensch trug schwer an der Last der Vergangenheit und den Befürchtungen hinsichtlich einer ungewissen Zukunft. Niederlagen, Krankheiten und Tod drohten jederzeit. Aber dennoch ist es, wie Marc Aurel immer wieder zu bedenken gab, stets nur der gegenwärtige Augenblick, auf den alles ankommt. Er allein ist es, dessen man beraubt werden kann. Alles konzentriert sich in einem gelebten «Jetzt», das unsere ganze Wachsamkeit (prosoche) erfordert. Ihm gegenüber verschwinden Vergangenheit und Zukunft in der gleichgültigen Leere unendlicher Dimensionen. «Bedenke oft die Schnelligkeit des Vorüberzugs und Entschwindens des Seienden und Geschehenden (...) und das dir nahe unendliche Gähnen der Vergangenheit und der Zukunft, in dem alles verschwindet. Wie ist also nicht ein Tor, wer unter solchen Umständen sich aufbläht oder abplagt oder sich wie bei etwas Dauerndem und auf die lange Zeit Quälendem beklagt.» (S. 87) Sich gegenüber gleichgültigen Dingen gleichgültig verhalten, das hieß stoisch: jeden Augenblick zu leben, als sei er der letzte, aber auch, als sei er der erste. Es bedeutete, alles in seiner Gegenwärtigkeit beim Schopfe zu packen.

Auch für diese stoische Zeiterfahrung spielte die Allnatur eine wesentliche Rolle. Denn wie sie alles liebt, das sie in ihrem dauernd strömenden Fluß schafft und ständig verändert, so bietet sie auch dem Subjekt der Gegenwart in jedem Moment die Gesamtheit ihrer ganzen Fülle. «Wer das Jetzige gesehen hat, der hat alles gesehen, was seit Ewigkeit geschah und was ins Unendliche sein wird. Denn alles ist wesensverwandt und gleichförmig. (...) Was dir begegnet, wurde für dich von Ewigkeit an vorbereitet, und die Verflechtung der Ursachen verkettete seit Urzeiten dein Entstehen und dieses Begebnis.» (S. 101, 155) Gerade die Tatsache, daß jeder seiner Augenblicke Übergang und Metamorphose ist, läßt den Menschen intensiv am Ganzen der kosmischen Wirklichkeit teilnehmen.

Noch ein dritter Gesichtspunkt sei hier erwähnt, um die Tiefe der stoischen Weltsicht zu verdeutlichen. Es ist jener «Blick von oben», der für die Stoiker so vieles gleichgültig erscheinen ließ, an dem der Mensch sich gefesselt sieht. Es war eine Art von Seelenflug, den Marc Aurel empfahl, um «Überflüssiges von den dir lästigen Dingen» (S. 148) abstreifen zu können. Es kommt darauf an, alles «weiträumig» zu betrachten, um sich nicht im bedrohlichen Schmutz des Erdenlebens fesseln zu lassen. «Der Sterne Bahnen rings beschauen gleichsam mit rings umlaufend, und die Wandlungen der Elemente ineinander fortgesetzt überdenken. Denn es waschen die Vorstellungen darüber den Schmutz des Erdenlebens weg. Und wo denn über die Menschen zu sprechen ist, muß man auch das Irdische gleichsam von irgendeinem oberen Punkt herab anschauen: Herden, Heere, Äcker, Heiraten, Scheidungen, Geburten, Todesfälle, Lärm der Gerichte, öde Länder, mannigfache Barbarenvölker, Feste, Trauergesänge, Märkte, den Mischmasch und das aus den Gegensätzen harmonisch Geordnete.» (S. 116) Aus der Perspektive der kosmischen Allnatur gesehen, werden alle «gleichgültigen» Dinge auf ihre wahren Proportionen zurückgeführt. Nur so können wir sie in ihrem wirklichen Wert erkennen, das verwerfliche Aufmarschieren der Heere und den anmaßenden Lärm der Gerichte ebenso wie die Schönheit eines harmonischen geographischen Wechselspiels.

Daß Marc Aurel kein Mystiker war, zeigt die innere Widersprüchlichkeit seiner Ermahnungen an sich selbst. Der Fall Marc Aurel bietet das Bild eines zerrissenen Menschen, der einen Weg suchte zwischen Weltekel und Weltannahme, ständiger Todesangst und augenblicklichem Lebensglück, verworrenem Erdenleben und befreitem Seelenflug. Seine Wege zu sich selbst boten keine stimmige Theorie. Es waren widerstreitende Anstrengungen, innerhalb einer katastrophalen Welt dennoch Seelenruhe und Glück finden zu können. Aber deutlich erkennbar ist, daß diese Wege zu etwas hinführen sollten, das in der mystischen Tradition als Telos imaginiert worden war. Neben dem existentiellen Kynismus war es vor allem die philosophische Mystik, an der sich der verzweifelte Stoiker orientierte. Dabei spielte die Welt- und Logoslehre des Herakleitos von Ephesos eine wegweisende Rolle. Von ihr haben die meisten Stoiker ihre grundsätzlichen Vorstellungen übernommen.

Zur gleichen Zeit, während der verbannte Beamte Konfuzius (etwa 551 bis 479 v. Chr.) in der chinesischen Provinz sein asketisches Wanderleben führte und nach der Rückkehr Schüler um sich sammelte, um ihnen seine Weisheitslehre zu vermitteln, und im nördlichen Vorderindien Gautama Siddhartha (etwa 560 bis 480 v. Chr.) seinen verschwenderischen Lebensstil aufgab und als Bettelasket herumzog, um schließlich als «Buddha» seine Erleuchtung zu finden, flüchtete Herakleitos (etwa 540 bis 480 v. Chr.), ein Mann aus vornehmstem Geschlecht, aus seiner Heimatstadt Ephesos in Kleinasien.[6] Er war «des Zusammenseins mit den Menschen völlig überdrüssig» (DL IX, 3) und floh in die Abgeschiedenheit der Berge. Allein in der Einsamkeit der Natur, die sich ihm auf Gebirgshöhen, im Strömen der Flüsse und am nächtlichen Sternenhimmel offenbarte, glaubte er, das Geheimnis der Allnatur entschlüsseln zu können. «Alles» war sein ungeheures Thema, die Einheit alles Seienden, das er durch einen Akt «mystischer Intuition»[7] in seiner Ganzheit zu erkennen versuchte. Eine Krankheit (Wassersucht) zwang ihn zur Rückkehr in die Stadt, mit dem Selbstbewußtsein, «alles zu wissen». Sein Lehrbuch über die Natur legte er schließlich im Artemistempel nieder, «absichtlich, wie einige meinen, in dunkler Sprache gehalten, damit nur die wirklich Berufenen sich mit ihm beschäftigten.» (DL IX, 6)

Die sprachliche «Dunkelheit» des Herakleitos bestand in ihrer Distanzierung von einer Beobachtungssprache, die sich auf sichtbare Tatsachen bezieht, und von einer logischen Argumentationsweise, die sich von Widersprüchen freizuhalten versucht. Zwar spielten auch Wahrnehmungen in seiner Weisheitslehre eine anregende Rolle. Herakleitos sprach auch die Sprache des Empirikers, der aufmerksam das Schauspiel der Natur beobachtete. «Wer in denselben Fluß steigt, dem fließt anderes und wieder anderes Wasser zu.» (Fr. 12)[8] Das war zunächst nur eine Feststellung über den Wandel der Dinge, die jedem einsichtig war. Man mußte kein Berufener sein, um sie verstehen zu können. Aber Herakleitos überstieg die sinnliche Erfahrungsbasis bereits, als er feststellte: «Wir steigen in denselben Fluß und doch nicht in denselben; wir sind es und wir sind es nicht.» (Fr. 49) Denn mit dieser Aussage befreite er sich von der empirischen Befangenheit und intendierte auf eine Einsicht, die bewußt gegen den Satz vom Widerspruch verstieß. Plötzlich wurden Veränderung und Einheit, Differenz und Identität zusammengedacht. Ja und Nein wurden durch ein verwirrendes «und» verbunden. Alles wandelt sich und bleibt in seinen Metamorphosen dennoch gleich. Intuitiv wurde der Bereich sinnlicher Erscheinungen transzendiert und ein allgemeines Weltgesetz geahnt.

Der nächste Schritt vollzog eine weitergehende Abstraktion. Alles, die Gesamtheit des Seienden überhaupt, wurde wie ein Fluß imaginiert, der sich ständig verändert und sich doch gleich bleibt. «Ein und dasselbe offenbart sich in den Dingen als Lebendes und als Totes, Waches und Schlafendes, Junges und Altes. Denn dieses ist nach seiner Umwandlung jenes, und jenes, wieder verwandelt, dieses.» (Fr. 88) Gegen das lebensverfallene und todesvergessene Verhalten der meisten Menschen stellte Herakleitos die mystische Einsicht, daß alles in jedem Moment sich der Welt öffnet und sich ihr verschließt, erwachend geboren wird und ermüdet abstirbt, sich jugendlich erneuert und alternd verdämmert. Und nun noch der letzte Schritt einer universellen Verallgemeinerung, den Herakleitos mit der ganzen Kühnheit seiner intuitiven Vorstellungskraft vollzog. Er war nicht mehr an die Meinungen und Erkenntnisse der Menschen gebunden, sondern versuchte, den Logos selbst zur Sprache zu bringen, die gültige Auslegung von allem, was ist, die Weltvernunft, das ewige, übersinnliche und absolute Wesen der Allnatur: «Herakleitos behauptet, daß das All *eins* ist: getrennt, ungetrennt, geworden, ungeworden, sterblich, unsterblich, Logos, Aion (Ewigkeit), Vater, Sohn, Gott und Gerechtigkeit. ‹Wenn ihr nicht auf mich, sondern auf den Logos hört, ist es weise, anzuerkennen, daß *alles eins* ist.›» (Fr. 50) Alle Widersprüche und Antinomien, alle scheinbaren Entgegensetzungen wurden, übereinstimmend mit dem Logos (homologeín), als «eins» gesehen.[9] «Alles ist eins» ist der allgemeinste Ausdruck einer mystischen Erleuchtung, die alle Differenzen im Licht einer gleich-gültigen Indifferenz erblickt, die wie das ewig lebende Feuer mit sich selbst spielt und in all ihren unterschiedlichen Erscheinungsformen doch stets das All-Eine bleibt. «Verbindungen: Ganzes und Nichtganzes, Zusammengehendes und Auseinanderstrebendes, Einklang und Mißklang und aus Allem Eins und aus Einem Alles.» (Fr. 10)

Die mystische Intuition sah in Allem das Eine, in seinem Werden und seinen Veränderungen gleich-gültig im Wissen des Logos. An ihr hat sich auch der Stoizismus zu orientieren versucht und daraus seine ethischen Schlüsse gezogen. Nur so ist verstehbar, woraus das stoische «homologumenōs zēn» seine Kraft und seinen Sinn bezog und worauf Marc Aurel intendierte, als er für seinen Lebensweg ein Ziel suchte: Es galt, alles gleichermaßen anzunehmen als

Manifestationen der einen Allnatur, die sich all ihren Werken gegenüber, so widerspruchsvoll sie auch erscheinen mögen, liebend verhält, dem Toten und dem Lebenden, dem Jungen und dem Alten, dem Gesunden und dem Kranken, dem Ruhm und der Ruhmlosigkeit, dem Auf und Ab des Lebens («Der Weg auf und ab ist ein und derselbe», Fr. 60); in jedem Augenblick ist die Totalität enthalten, gleichsam als ein ewiges Jetzt und eine momentane Ewigkeit, die sich im Wandel der Zeit als «eins» gleichbleiben, permanent erneuernd-sich-öffnend und absterbend-sich-verschließend; und der Blick von oben war nichts anderes als eine bildhafte Übersetzung, welche die Umlaufbahn der Sterne zum anschaulichen Blickpunkt einer mystischen Weltsicht wählte, um «die Wandlungen der Elemente ineinander fortgesetzt überdenken» zu können, die dennoch dem Weltgesetz folgen, daß alles eins ist und sich in seinen Veränderungen gleich bleibt.

Im stoischen Gleichmut, in dieser leidenschaftslosen Ruhe der Seele haben Elemente der Mystik, wie sie von Herakleitos entfaltet wurden, ihre Spur hinterlassen, wenngleich nur in abgeschwächter Form. Denn die Stoiker waren keine Mystiker, denen es gelungen wäre, ganz in jener erleuchteten Ruhe aufzugehen, die sich von allem befreit hat. Sie waren in der Welt tätig, als vornehmer Berater und politisch aktiv (Seneca), als Sklave, gefesselt durch seine Pflichten (Epiktet), oder als Kaiser eines riesigen Imperiums (Marc Aurel). Wie aber steht es um die reine Mystik selbst? Der Rückblick auf die Lehre des Herakleitos hat bereits einige Stichworte geliefert. Sie hat uns einem geistes- und kulturgeschichtlichen Grundphänomen konfrontiert, das eine universelle Bedeutung besitzt. Denn unabhängig von allen Differenzen, die einen mehr temporalen und lokalen Charakter besitzen, lassen sich vier grundlegende Merkmale jeder Mystik feststellen, die uns erkennen lassen, was es mit der Gelassenheit der Mystiker aller Zeiten und Völker auf sich hat.

Durch *mystische Intuition* soll Herakleitos zu seinem fundamentalen Glaubenssatz «alles ist eins» gelangt sein, dem wir in allen Formen religiöser oder philosophischer Mystik begegnen können mitsamt den immer wieder erneuten Versuchen, ihn besser auszudrücken. «Intuition» meinte hier den Akt einer Einsicht, die sich einerseits von der sinnlichen Anschauung gelöst hat, um zu einer tieferen Erkenntnis des All-Einen gelangen zu können, sich andererseits nicht mehr durch die Regeln einer verstandesmäßigen Logik binden läßt. Ob es sich nun um die frühesten Mysterienkulte handelt, die seit dem 7. vorchristlichen Jahrhundert in der griechischen Welt praktiziert wurden, um einen rauschhaften Zugang zum Heiligen zu finden, um die Versenkungsübungen der indischen Mystik, die der Erleuchtete (Buddha) seinen Schülern vermitteln wollte, um sie aus ihrer Unwissenheit und Verwirrung zu befreien, oder um die Visionen einer «unio mystica», welche die große Tradition der christlich-mittelalterlichen Mystik begründen, die prophetische Frauenmystik einer Hildegard von Bingen und Mechthild von Magdeburg ebenso wie die spekulative Mystik der großen Dominikaner Eckhart, Heinrich Seuse und Johannes Tauler[10] – stets handelte es sich um den Glauben an eine besondere Erkenntnismöglichkeit, die alle Sinneswahrnehmungen und analytischen Verstandestätigkeiten übersteigt. Alle großen Mystiker sprachen von Augenblicken der Erleuchtung und der Offenbarung, vom visionären Erblicken eines übersinnlichen Lichts und vom Gefühl eines enthüllten Geheimnisses. Auch alle möglichen Techniken der Askese, Kontemplation und Meditation zielen immer wieder auf diese «Erleuchtung», die sich von der trügerischen Scheinwelt der äußeren Erscheinungen und des analytischen Verstandes losgelöst hat. «Das also zunächst bezeichnet das Wesen der Mystik: das Vorherrschen einer Intuition, die über endliche Verstandeskategorien erhaben überall auf zusammenfassende Einheit dringt, das Endliche und Einzelne überspringend die absolute Totalität anticipiert und dann alles Einzelne in diesem Absoluten als integrierendes Moment mehr schaut, als aus demselben ableitet. (...) Das Absolute, welches als rein geistiges Princip die Grundvoraussetzung ihres Schauens bildet, kann nur in einer rein geistigen Auffassung erschaut werden.»[11]

Immer ist es die Einsicht in eine *absolute Einheit*, die jeder mystischen Erleuchtung zugrunde liegt. Gegensätze und Teilungen lösen sich auf in einer «All-Einheit»[12], die sich gegen jede atomistische Differenzierung in einzelne Dinge und Tatsachen wehrt, folglich auch gegen die teilende und atomisierende Form jeder Sprache, die mit ihren einzelnen Namen und Sätzen immer nur der weltlichen Zersplitterung nachfolgen kann. Im Unterschied zur sinnlich wahrnehmbaren Vielfalt und zur empirischen Beschreibung des Vielen offenbart sich «alles» dem mystischen Blick als «eins». Dieses Eine hat viele Namen: Auf es zielt das Urwort der chinesischen Philosophie, das «Tao» des Laotse, ebenso wie das «Hen» der griechischen Philosophen, der mystische Begriff «Gott» ebenso wie das metaphysische Grundwort «Sein», das von der Vielfalt des Seienden durch eine ontologische Differenz getrennt sein soll.[13] «Weil ungeboren, ist es auch unvergänglich, ganz in seinem Bau und unerschütterlich und endlos, und es war niemals und wird nie sein, weil es im Jetzt zugleich vorhanden ist als Ganzes, Eines, Zusammenhaltendes» (Fr. 8), hieß es bereits bei Herakleitos, und noch bei Ludwig Wittgenstein wurde dieses «All-Eine» dem mystischen Gefühl offenbar, dem sich die Welt als «begrenztes Ganzes» zeigt, ohne als solches ausgesagt werden zu können. Denn in einer Sprache als Menge von Sätzen, bestehend aus einzelnen Worten, kann nur gesagt werden, was bereits als zerteilt erfahren worden ist. Zeigen kann es sich nur in jenem Flug des Gedankens, der gleichsam aus einer verewigten Perspektive alles als eins erblickt, «sub specie aeterni».

Wie über alle Schranken der sinnlichen Wahrnehmung und der verstandesmäßigen Analyse der mystische Blick hinausschaut, so sieht er auch in der *zeitlichen* Differenzierung von Vergangenheit, Gegenwart und Zukunft nur einen vordergründigen Schein. Wenn alles eins ist, kann der Zeitverlauf nur eine Illusion sein. Das mystisch geschaute All-Eine entzieht sich jeder Veränderung. «Wenn es nämlich wurde, *ist* es nicht; auch nicht, wenn es zukünftig einmal sein wird. So ist Werden ausgelöscht und verschollen der Untergang»[14], ließ sich Parmenides von seiner Göttin über das «Sein» erleuchten. Herakleitos löste es auf in den Antinomien von geworden-ungeworden, sterblich-unsterblich. Buddha versuchte es durch den Akt einer vierfachen Verneinung vorscheinen zu lassen: «Entstehen trifft nicht zu; Nicht-Entstehen trifft nicht zu; Entstehen und Nichtentstehen trifft nicht zu; Weder-Entstehen-noch-Nichtentstehen trifft nicht zu.»[15] Und Wittgenstein hat es durch einen mystischen Blick zu schauen versucht, der die «Welt» in der Perspektive einer zeitlosen Ewigkeit und ewigen Präsenz offenbart.

Als letzten universalen Aspekt jeder Mystik können wir die Einsicht feststellen, daß auch *moralische* Differenzierungen nur ein Trugbild sind. Wenn alles eins ist, ist es nur konsequent, daß der Mystiker auch die Trennung zwischen Gut und Böse als vordergründigen Schein zurückweisen muß, ihr zumindest mißtraut und sich von moralischen Klassifikationen lösen will. «Gut und Übel ist eins» (Fr. 58), schrieb bereits Herakleitos, und dieser mystische Glaubenssatz findet sich in ähnlicher Form bei allen Mystikern, die sich aus den Begrenzungen des menschlichen Wollens und seinen Entzweiungen zu befreien versuchten. «Die Mystik behauptet nicht, daß Dinge, wie etwa Grausamkeit, gut seien, sondern sie leugnet, daß sie real seien: sie gehören in jene minderwertigere Welt der Phantome, aus der wir durch die Erleuchtung der Vision erlöst werden sollen. (...) Was in jedem Falle vom Ethischen her für die Mystik charakteristisch ist, das ist das Fehlen von Entrüstung und Protest, die freudige Zustimmung und der fehlende Glaube an die letzte Wahrheit einer Scheidung in zwei feindliche Lager, das des Guten und das des Bösen. Diese Einstellung ist eine direkte Folge der Natur der mystischen Erfahrung: mit dem Gefühl der Einheit verbindet sich ein Gefühl unendlichen Friedens.» [16]

Mit dieser Verknüpfung von Einheit und unendlichem Frieden hat Bertrand Russell den entscheidenden Hinweis auf die Antriebskraft jeder mystischen Erfahrung gegeben. Immer geht es darum, einen Zustand zu erreichen, in dem alle Differenzen und Oppositionen, die das menschliche Leben, Denken und Handeln beherrschen, überwunden oder aufgelöst worden sind; und immer wird in diesem erleuchteten Bewußtsein einer gleichartigen und gleichbleibenden Ununterschiedenheit zugleich die Quelle einer mystischen «Gelassenheit» gesehen, die sich von allen Auseinandersetzungen und Trennungen losgelöst und so ihre unerschütterliche Ruhe gefunden hat.

Mystische «All-Einheit» ist eine Form von Indifferenz, die sich weder begreifen noch aussagen läßt. Sie zeigt sich als Undenkbares und Unaussprechliches. Deshalb sprachen Wittgenstein und Russell vom «Gefühl» des Mystischen. Die visionäre oder «intuitive» Schau kann nicht in der sinnlichen Wahrnehmung begründet sein, der sich die Welt doch stets in ihrer differenzierten Vielfalt darbietet; sie kann nicht sprachlich artikuliert werden, ist jede Artikulation doch durch phonologische, syntaktische und semantische Differenzierung bestimmt; sie kann nicht gedacht werden, sofern jedes Denken durch die fundamentale Opposition zwischen den beiden Wahrheitswerten «wahr» und «falsch» bestimmt ist, deren Verknüpfungsmöglichkeiten durch logische Regeln gesteuert werden; sie kann nicht vorgestellt werden, sofern jede Vorstellung immer an ein Subjekt gebunden ist, das sich etwas vorstellt und dabei zwischen Ich und Nicht-Ich differenziert; und sie kann nicht einmal gewollt werden, weil jeder Willensakt noch beherrscht ist durch das, worauf er zielt, und das, wovon er sich abhebt. Das erhellt die Bedeutung jener besonderen Zustände, in die sich der Mystiker versetzen muß, um das «All-Eine» schauen zu können, sei es im Rausch einer Ekstase, in der der Mensch aus sich heraustritt, um wie ein «Feuer» sich in der Indifferenz von Verschlungenwerden und Verschlingen, Selbstvernichtung und Einheitserlebnis aufzulösen, sei es durch die sublimen und hochkultivierten Formen einer mühsamen Meditation, die Schritt für Schritt alle Differenzen wegzuwischen versucht, um schließlich eine Ebene zu erreichen, auf der alles «durchzogen ist von der Einstrahlung einer gleichbleibenden Ununterschiedenheit».[17]

Auf die unendlichen Schwierigkeiten einer ernsthaften Meditation mit dem Ziel einer definitiv entdifferenzierten Versenkung in das All-Eine kann ich nur hinweisen, ohne damit vertraut zu sein. Allen Anleitungen zu mystischen Kontemplationen läßt sich entnehmen, daß es sich hier um Akte eines Loslösens und Entdifferenzierens handelt, die alles hinter sich lassen, was im menschlichen Leben eine geregelte Orientierung verspricht. «Der Komtemplant z. B., der die Samadhistufe der völligen ‹Einfalt› erreicht hat, hat die entscheidenden Stufen erst vor sich: die der grenzenlosen Leere; und, sobald sich diese als seine Vorstellung (Raum) entpuppt, erst jenseits ihrer die des schrankenlosen inhaltslosen Wissens; und, sobald er dessen Seinscharakter (Zeit) durchschaut, die des alle Illusionen verwerfenden Nichtseins; und, da Leidenschaft und Verfinsterung sich auch an dieses hängen, jenseits seiner die Verneinung von Denken und Nichtdenken, Verneinen und Nichtverneinen usf.»[18]

All das läßt verstehen, warum alle Mystiker immer nur in Gleichnissen und Bildern sprechen konnten, wenn sie das mitzuteilen versuchten, was sich seiner Sag- und Denkbarkeit entzieht. Und es erklärt, warum es sich dabei immer um metaphorische Umschreibungen handeln mußte, die an Wahrnehmungen eines weitgehend Undifferenzierten anknüpften. Der heilige Herrscher des Taoismus ist einsam, unfaßlich und ungeformt, indifferent wie eine öde Wüste, wie ein endloses Meer. «Welche Einfalt! Das gemeine Volk strahlt. Ich allein bin wie verborgen. Dem gemeinen Volk ist alles unterschieden. Mir ist alles vermischt. Welche Ödnis! Sie ist wie das Meer. Welche Wüste! Als ob es nirgends ein Aufhören gäbe.»[19] Lao-tse strebte, «sich von allen Reizen der Welt loszuschließen, rein, offen und vollständig, in vollkommener Einung mit dem All, weit, schrankenlos, wie ein belebender Lufthauch, keinen Scheidungen des Menschentums untertan.»[20] Die großen mittelalterlichen Mystikerinnen entbrannten hinter den Mauern ihrer Klöster im fließenden «Licht» der Gottheit. Der Zen-Buddhismus versuchte, sein Ziel einer ursprünglichen Undifferenziertheit durch das paradoxe Bild auszudrücken: «das ursprüngliche Gesicht, das du vor der Geburt deiner Eltern hattest»[21]. Meister Eckhart suchte das absolute Eins durch den gelassenen Blick in den «einfaltigen Grund» zu erkennen, «in die stille Wüste, in die nie Unterschiedenheit hineinlugte»[22]. Und Peter Sloterdijk evozierte das Bild eines unmarkierten Gehirns, wie es «vor der Einschreibung radikaler Differenzen» gleichsam flüssig in der Schwebe ist, «vor seinem Kampf um die Identifizierung des Etwas, in dem es zum Aufenthalt wird.»[23]

Wüste, Ozean, Himmel, Licht, Feuer und Lufthauch sind die bevorzugten Metaphorisierungen des All-Einen, zu dem die Mystiker aller Zeiten und Völker einen Zugang suchten. An ihnen läßt sich zugleich ablesen, was der unendliche Friede bedeutet, den alle großen Mystiker als Endziel zu erreichen sich bemühten. Bereits das Adjektiv verweist darauf, daß es hier um mehr und anderes geht als um eine Gefühlslage aus dem Sortiment allgemein vertrauter Stimmungen. Intendiert wird auf das Kontinuum eines höchsten, absoluten, friedvollsten, unerschütterlichen und glücklichsten Zustands, der jeden überhaupt vorstellbaren Konfliktschauplatz verlassen hat, sich aus jeder empfindbaren und denkbaren Differenziertheit losgelöst hat und ganz eingetaucht ist in ein reines Eins-Sein. Keine Entzweiungen mehr und keine Unterschiede, keine Auseinandersetzungen mehr und kein Wollen, sondern nur noch eine ozeanische oder wüstenartige «Einfalt», auf der sich Differenzen nicht eindrucksvoller einprägen als Schriftzüge auf Wasser oder Spuren im Sand. Erst in ihr fand der Erleuchtete (Buddha) als «Losgelöster»[24] seinen erhabenen Frieden. Sein neunstufiger Aufstieg zum «Nibbānam», den Buddha lehrte, um jedes Leiden zu vernichten und immer friedvoller zu werden, bestand in einer fortschreitenden Auflösung differenzierter Spannungen: Die objektgebundene Sinnenlust wird verlassen; das Denken losgelassen; Freude und Leid zurückgelassen; auf der vierten Stufe der Schauungen wird eine von allen Gefühlsregungen befreite «Gleichgültigkeit» gegenüber der gesamten Formwelt, auch gegenüber dem eigenen Körper erreicht, der Zustand eines rein geistigen und besonnenen Gleichmuts; er wird überstiegen durch den Schritt in einen grenzenlosen Raum; es folgt der noch friedvollere Bereich des grenzenlosen Bewußtseins; dann der Zustand der «Nichtirgendetwasheit» («Nun ist nicht irgendetwas mehr (für mich) da»[25]); schließlich wird die Stufe der Weder-Wahrnehmung-noch-Nichtwahrnehmung erreicht, bis dann endlich das höchste Nibbānam erklommen ist, das Reich des absoluten Friedens, in dem jede Wahrnehmung und Empfindung überwunden worden ist: «Unerschütterlichkeit ist die Erlösung meines Geistes; das ist meine letzte Geburt, von nun an gibt es kein neues Werden mehr.»[26] Die höchste Schauung ist eine vollendete Beruhigung im «All-Einen», die sich aus allen wahrnehmbaren und denkbaren Differenzen gelöst hat und in höchster Loslösung zu sich selbst gekommen ist.

Dem buddhistischen «Erlöschen» und «Losgelöstsein» entspricht das «Lassen» und die «Gelassenheit», die Meister Eckhart als Ziel der mystischen Gotterkenntnis gepredigt hat. Durch ihn wurde zu Beginn des 14. Jahrhunderts das mittelhochdeutsche Partizip «gelāzen» (sich niederlassen) als Grundwort der deutschen Mystik eingesetzt. Sein unbändiger Drang in die Tiefe, der sich gegen die institutionalisierte Religion seiner Zeit richtete und 1329, zwei Jahre nach seinem Tod, durch die Bulle Papst Johannes XXII. als Häresie verdammt wurde, folgte allein dem mystischen Imperativ, alles zu «lassen», zunächst und vor allem sich selbst: «Darum fang zuerst bei dir selbst an und *laß dich*! Wahrhaftig, fliehst du nicht zuerst dich selbst, wohin du sonst fliehen magst, da wirst du Hindernis und Unfrieden finden, wo immer es auch sei.»[27] Durch ein mystisches Sterben, durch ein «Entwerden» und eine vollkommene «Willenlosigkeit», soll der Mensch von allem lassen, was ihn vom unterschiedslosen Licht des göttlichen Eins trennt. Alle äußeren Dinge, der Kerker des eigenen Leibs, die Ichsucht, alle Mittel und Gründe zweckgebundener Beziehungen, selbst Raum und Zeit sollen hinter sich gelassen werden, um den höchsten Zustand einer willenlosen und friedlichen Gelassenheit zu erreichen, die durch nichts mehr beunruhigt wird und ganz im «einfaltigen» Grund des Einen ruht, in seiner wüsten Einöde und unerhörten Stille, seinem schattenlosen Licht und «ewigen Nun».

Bis zu Schopenhauers Verneinung des Willens im Quietismus, wo der menschliche Wille frei sich aufhebt in einem ganzheitlichen «Quietiv», hat die Gelassenheit der Mystiker ihre Wirkung gezeigt. «Wenn also Der, welcher noch im *principio individuationis*, im Egoismus, befangen ist, nur einzelne Dinge und ihr Verhältniß zu seiner Person erkennt, und jene dann zu immer erneuerten *Motiven* seines Wollens werden; so wird hingegen jene beschriebene Erkenntniß des Ganzen, des Wesens der Dinge an sich, zum *Quietiv* alles und jeden Wollens. Der Wille wendet sich nunmehr vom Leben ab: ihm schaudert jetzt vor dessen Genüssen, in denen er die Bejahung desselben erkennt. Der Mensch gelangt zum Zustande der freiwilligen Entsagung, der Resignation, der wahren Gelassenheit und gänzlichen Willenslosigkeit.»[28]

Was auch immer man von der Gelassenheit der Mystiker halten mag, von ihrem Lassen und Loslösen, von ihrer Befreiung von der Last der Individuation und ihrem Versinken in die ununterschiedene «All-Einheit», und wie ungeheuerlich auch immer die Schwierigkeiten sein mögen, wenn der mystische Imperativ «laß dich!» lebenspraktisch verwirklicht werden soll und das mystische «Gefühl» alles durchdringt – jedenfalls hoffe ich deutlich gemacht zu haben, daß von den Stoikern bis Wittgenstein, von Buddha und Meister Eckhart bis zu Schopenhauer, von Laotse bis Sloterdijk stets die gleiche «Intuition» wirksam war. Im unmythischen und bildlosen Spruch des Herakleitos – «alles ist eins» – hat sie ihren frühesten und abstraktesten Ausdruck gefunden. Nur wer ihn als weise anzuerkennen bereit war, sollte mit dem Logos in Übereinstimmung sein können. Aber Herakleitos und alle, die diesem Pfad zur Weisheit folgen wollten, wußten auch, daß man ein «Weiser» sein muß, um die übermenschliche Mühe auf sich nehmen zu können, dieser «dunklen» Erleuchtung zu entsprechen. Mystik ist keine Empfehlung für alle. Sie steht jenseits gemeinsamer Erlebnisse und Willensanstrengungen in einer sozialen Welt. Der «unendliche Friede» des Mystikers läßt sich nur in der Wüste absoluter Einsamkeit finden. «All-Einheit» impliziert «Allein-heit». In ihrer Reinheit ist sie ein Abgrund. Wer sich in ihn losläßt, um mystisch gelassen zu werden, kennt die Gefahr. Er weiß, daß er jedes menschliche Maß überschreitet, das an Differenzen und Unterscheidbarkeiten gebunden ist. Er weiß, daß er nicht mitteilen kann, was ihn durchstrahlt, und daß er schweigen müßte, um nicht der Sprache der Vielen zu verfallen, die allem gewachsen ist, nur nicht dem Grund seiner unbegrenzten und ungeschiedenen «Einfalt». Die vollendete Gelassenheit der Mystiker droht eins zu sein mit einer vollkommenen Weltfremdheit, die durch nichts gebunden ist und nur in diesem Nichts ihren unmöglichen Ruhepunkt zu finden vermag.

4

ALLES IST LEER, ALLES IST GLEICH, ALLES WAR

Die Epoche des europäischen Nihilismus

Mephistopheles:
Nichts wirst du sehn in ewig leerer Ferne,
Den Schritt nicht hören, den du tust,
Nichts Festes finden, wo du ruhst.

Faust:
Du sprichst als erster aller Mystagogen,
Die treue Neophyten stets betrogen;
Nur umgekehrt. Du sendest mich ins Leere,
Damit ich dort so Kunst als Kraft vermehre;
Behandelst mich, daß ich, wie jene Katze,
Dir die Kastanien aus den Gluten kratze.
Nur immer zu! wir wollen es ergründen,
In deinem Nichts hoff' ich das All zu finden.[1]

Johann Wolfgang von Goethe

Stoizismus ist eine sittliche Form der Selbstbehauptung des Menschen in einer Welt, die sich seinem Willen entzieht. Er basiert auf der dihairetischen Unterscheidung zwischen Ich und Welt, zwischen dem, was in unserer Macht steht, und dem, was wir selbst nicht kontrollieren können. Mystik ist eine religiöse Form der Selbstauflösung, die sich in eine unterschiedslose All-Einheit versenkt, um absolute Ruhe zu finden. Mystische Gelassenheit bedeutet willenloses Eintauchen in die Entropie des All-Einen. In der höchsten Zumutung offenbart sich dem Mystiker das Paradies. Sehnsucht nach vollkommener Entropie ist das Erkennungsmerkmal jedes Mystikers. Seine Radikalität zielt auf einen Grund absoluter Indifferenz, in dem am Ende selbst die Intention noch ausgelöscht worden ist. Das mystische Lob der «Einfalt» weist jeden differenzierten Erkenntnisakt zurück und evoziert eine selige Unschuld vor dem Sündenfall, dem Essen vom Baum der Erkenntnis; die Ödnis, die Wüste und das Meer des Tao widersprechen dem Unterscheidungsvermögen des «gemeinen Volkes»; das buddhistische Nibbānam ist der Zustand einer unerschütterlichen Ruhe, für die es kein Werden mehr gibt, ein Erlöschen und Verwehen im ununterschiedenen Nirwana eines unendlichen Friedens; Schopenhauers «Quietiv» läßt alles und jedes Wollen hinter sich, um wahre Gelassenheit und gänzliche Willenlosigkeit zu erreichen. Für den Mystiker ist Entropie ein Glücksgefühl. In ihr hofft er das Eine, das Absolute, das Sein oder Gott zu finden.

Wo das höchste Glück zu sein scheint, droht die größte Gefahr. Was ist, wenn die ganze Fülle des All-Einen sich als völlige Leere entpuppt? Wenn die absolute Indifferenz, das reine Sein oder der einfaltige Grund Gottes ihre negative Kehrseite zeigen: das reine

Nichts? Man muß kein dialektischer Logiker sein, um analytisch ableiten zu können, daß das bestimmungslose und ununterschiedene All-Eine, das nicht wahrgenommen, vorgestellt, gedacht oder ausgesagt werden kann, als Absolut-Positives in sein Entgegengesetztes «umschlägt», ins Absolut-Negative. «Das Sein, das unbestimmte Unmittelbare ist in der Tat *Nichts* und nicht mehr noch weniger als Nichts.»[2]

Auch an den mystischen Metaphern selbst läßt sich ablesen, daß das hellste Licht der Erleuchtung zur Erblindung führen kann und alles in eine schwärzeste Finsternis versinken läßt, daß in der stillen Wüste nicht nur ein tiefer Friede herrscht, sondern auch eine unbegrenzte Einsamkeit und Leere, daß die letzte Geburt, nach der es kein Werden mehr gibt, auch ein endgültiges Sterben bedeutet, das aus den leidvollen Spannungen und Differenzen des Lebens befreit. Zwar haben die Mystiker stets die entropische Indifferenz als absoluten Reichtum beschworen und gegen die Armut des gewöhnlichen Lebens positiviert. Aber mit der Wahl ihrer Bilder und Gleichnisse haben sie immer auch zu erkennen gegeben, daß die Fülle ihres All-Eins in die Leere eines All-Nichts zu verschwinden droht. Mystische Gelassenheit zieht in den Abgrund schweigsamer und tödlicher Verlassenheit. Das mystische Radikal, das in allen Erlösungsreligionen und All-Einheitslehren seinen Platz hat, evoziert den Alptraum des radikalen Nihilismus.

«Woher kommt uns dieser unheimlichste aller Gäste?»[3] Nietzsches Frage läßt sich heute, mit dem Panoramablick auf eine zweihundertjährige Geistes- und Kulturgeschichte, beantworten durch eine widerstreitende Feststellung: Der europäische Nihilismus als fundamental erschreckende Sinnlosigkeitserfahrung war die Folge eines hochgezüchteten und übersteigerten Seinsgefühls und Gottvertrauens. Der tiefe Sturz ins Nichts, jenes Irren des «tollen Menschen»[4] durch ein unendliches Nichts und einen eisigen, leeren Raum, setzte den Glauben an den höchsten Wert eines All-Einen (Sein, Gott, Absolutes) voraus, der sich bei näherem Hinsehen als bloße Täuschung zu erkennen gab. Einzelne Dichter haben es zuerst bemerkt und erlitten. Während die idealistischen Philosophen noch an ihren Systemen des reinen Seins, des absoluten Geistes oder des absoluten Ich bastelten, in deren mystischem Sinnhorizont alles zu begreifen versucht wurde, war ihnen der Himmel bereits eingestürzt, das ununterschiedene Sein bereits zerbrochen und jede Absolutheit bereits fragwürdig geworden. Gestürzt waren die obersten Werte, und mit ihnen stürzten die Werte insgesamt. An die Stelle der mystischen Intuition «Alles ist eins» trat ihre nihilistische Negation: «Alles ist leer, alles ist gleich, alles war!»[5] Wo alles Einheit war, gibt es nur noch eine alles verschlingende Leere; wo alles absolut indifferent war, herrscht nur noch völlige Gleichgültigkeit; wo alles präsent war in einem ewigen Jetzt, lebt nur noch die nachträgliche Erinnerung an eine Illusion, die sich über den Zeitverlauf und die Endlichkeit alles Seienden hinwegzusetzen versuchte. Das war Nietzsches große Erkenntnis.

Romantische Alpträume

Der baltische Pfarrerssohn Reinhold Lenz, der sich nach abgebrochenem Theologiestudium als Hofmeister durchschlug, ist als einer der ersten unter der nihilistischen Drohung wahnsinnig geworden, erfaßt von einer unbegreiflichen Angst in Tagen aus lauter Nichts. Goethe, der stabile Jugendfreund des Sturm-und-Drang-Dichters, hielt das noch für eine etwas überspannte «Zeitgesinnung»[6], die es mit allen Mitteln zu verhindern galt. Aber kurz nach Goethes Tod machte Georg Büchner *Lenz*[7] bereits zu einer modernen mythischen Gestalt, deren Angst vor dem Nichts sich nicht mehr idealistisch besänftigen ließ. «Den 20. Jänner (1778) ging Lenz durchs Gebirg.» (S. 65) Der Himmel war von grauen Wolken überzogen, und Lenz ging gleichgültig seinen Weg, an dem ihm nichts lag. Auf der Höhe des Gebirges, allein im Weiß eines Schneefeldes, «wurde ihm entsetzlich einsam; er war allein, ganz allein. Er wollte mit sich sprechen, aber er konnte nicht, er wagte kaum zu atmen; das Biegen seines Fußes tönte wie Donner unter ihm, er mußte sich niedersetzen. Es faßte ihn eine namenlose Angst in diesem Nichts: er war im Leeren! Er riß sich auf und flog den Abhang hinunter.» (S. 65) Wo die Weisen einst ihre Erleuchtung fanden, in der Einsamkeit einer erhabenen Natur, gab es für Lenz keinen Halt mehr.

Auch Pfarrer Oberlin konnte diesem Vereinsamten keinen Trost und keine Sicherheit mehr bieten, dem die Religion nur noch eine vergebliche Quälerei war, um die erloschene Glut des verlorengegangenen Glaubens in sich zu wecken. «Das Zimmer im Pfarrhause mit seinen Lichtern und lieben Gesichtern, es war ihm wie ein Schatten, ein Traum, und es wurde ihm leer, wieder wie auf dem Berg; aber er konnte es mit nichts mehr ausfüllen, das Licht war erloschen, die Finsternis verschlang alles. Eine unnennbare Angst erfaßte ihn. Er sprang auf, er lief durchs Zimmer, die Treppe hinunter, vors Haus; aber umsonst, alles finster, nichts – er war sich selbst ein Traum.» (S. 67) So wurde ihm alles langweilig und öde, und nur in einer abgrundtiefen Gleichgültigkeit fand er ab und zu noch einen Rest von kalter Stärke. «Seine Tränen waren ihm dann wie Eis, er mußte lachen.» (S. 76) Es war ein schreckliches Lachen, trostlos in einer Welt, die sich nicht mehr nutzen ließ und Lenz zu keinem Haß, keiner Liebe und keiner Hoffnung mehr herausforderte. «Er hatte *nichts*.» (S. 81)

Am Ende hat man ihn mit dem Wagen nach Straßburg gefahren. Es war ihm «einerlei», wohin man ihn bringen wollte. «Er war vollkommen gleichgültig. (...) Am folgenden Morgen, bei trübem, regnerischem Wetter, traf er in Straßburg ein. Er schien ganz vernünftig, sprach mit den Leuten. Er tat alles, wie es die andern taten; es war aber eine entsetzliche Leere in ihm, er fühlte keine Angst mehr, kein Verlangen, sein Dasein war ihm eine notwendige Last. – So lebte er hin...» (S. 84)

Einsamkeit, Ichverlust, Leere, Nichts, Angst, Langeweile und Gleichgültigkeit waren 1835, als Büchners Krankengeschichte des «wahnsinnigen» Lenz erschien, bereits allgemein vertraute Bestandteile der kulturgeschichtlichen Semantik. Vor allem die Romantiker hatten die Vorarbeit geleistet. Aber sie konnten noch hoffen, aus ihren Angstträumen zu erwachen. Sie imaginierten das Schlimmste, um in der tiefsten Erschütterung einen Weg zur Rettung zu finden. Für Büchner, den Realisten, waren die Alpträume der literarischen Romantik zur existentiellen Wahrheit geworden. Atheismus und Nihilismus hatten seinen Helden ganz sicher und fest in den Griff genommen. Es gab keine Beschwichtigungen mehr, mit denen man ihnen hätte entkommen können. Werfen wir mit diesem Bewußtsein einen Blick zurück auf das Jahrzehnt des Umbruchs, in dem der Nihilismus als der unheimlichste aller Gäste die Szene betrat, um verstehen zu können, woher er kam.[8]

1794 kam der vierundzwanzigjährige Friedrich Hölderlin nach

Jena, um Fichte zu hören und Schiller nahe zu sein. Er hatte sich in Klosterschulen und im Tübinger Stift auf ein Predigeramt vorbereitet, aber der christliche Glaube war nicht mehr in der Lage, seinen unbändigen Wunsch zu erfüllen, «Eines zu sein mit Allem, was lebt, in seliger Selbstvergessenheit wiederzukehren ins All der Natur»[9]. Aus ihm tönten «mystische Sprüche» (S. 460), aber sie fanden keinen Widerhall mehr in der Welt und in den Lehren der institutionalisierten Religion. Er hatte von den Freiheitsidealen der Französischen Revolution geträumt, aber der Terror der Schrekkensherrschaft (1793/94) hatte ihn ernüchtert. Er hatte sich auf das wissenschaftliche Studium geworfen, doch der analytische Verstand hatte ihm alles verdorben. «Ich bin bei euch so recht vernünftig geworden, habe gründlich mich unterscheiden gelernt von dem, was mich umgibt, bin nun vereinzelt in der schönen Welt, bin so ausgeworfen aus dem Garten der Natur, wo ich wuchs und blühte, und vertrockne in der Mittagssonne.» (S. 298)

Hyperion, Hölderlins Briefroman, den er 1794 zu schreiben begann, ist das große Klagelied dieses Einsamen, Enttäuschten und Zerrissenen, der auch in Jena nicht fand, wonach er suchte. Die Abstraktheit von Fichtes Philosophie versperrte ihm den Weg in die Konkretheit einer mystisch empfundenen All-Natur. Schiller wandte sich von ihm ab, weil er in ihm nur die Fehler seiner eigenen schwärmerisch-subjektivistischen Jugend entdecken konnte. So ergriff Hölderlin die Flucht aus Jena und beschwor in seinem Eremitenroman den gescheiterten Versuch eines großgesinnten Jünglings, dessen Träume von freiheitlicher Humanität, naturseliger All-Einheit, mystischer Religiosität und kultureller Erneuerung keine weltliche Deutung mehr finden können. Auch Griechenland ist nur noch eine Traumwelt. Wo er sucht, «das Eins ist und Alles» (S. 339), findet Hyperion nur «armselige Mitteldinge von Etwas und Nichts» (S. 440); wo er die Freiheit und die Verbrüderung mit Menschen zu finden hofft, herrschen plündernde Ungeheuer; und wenn er auf heiligen Bergeshöhen der ewigeinenden Natur nahe zu sein scheint, wirft ihn ein Moment des Besinnens wieder hinab in eine schmerzhafte Einsamkeit, «und ich stehe, wie ein Fremdling, vor ihr, und verstehe sie nicht.» (S. 298) – Und hier, am Ende des Ersten Buchs im ersten Band des *Hyperion*, findet sich auch, gerichtet gegen die Jenaer Freunde, der schreckliche Verdacht, daß all ihr Wissen und ihr hochgeschraubter philosophischer Erkenntnisanspruch nur eine «unendliche Leere» (S. 333) entdecken lassen, die nichts mehr mit dem Leben der Gottheit, diesem mystischen «Eines zu sein mit Allem», verbindet. Das Nichts ist zur schreienden Wahrheit geworden, der sich auch Hyperion nicht mehr entziehen kann. «Wenn ich hinsehe ins Leben, was ist das Letzte von allem? Nichts. Wenn ich aufsteige im Geiste, was ist das Höchste von allem? Nichts.» (S. 333) Auch Diotima, deren Schönheit und Liebe noch einmal das «All-Eine» zu verkörpern scheint, muß schließlich sterben.

1795/96 erschienen anonym die drei Briefroman-Bände über das Leben des *William Lovell*[10], des ersten Nihilisten in der deutschen Literatur. Das Nichts hatte seinen Autor gefunden. Der zwanzigjährige Ludwig Tieck hatte, ebenfalls durch die Philosophie Fichtes beeinflußt, 1793 dieses schonungslose Bekenntnis eines gebildeten Jünglings zu schreiben begonnen, der nur noch ein einziges Lebensideal zu verwirklichen sucht: Als atheistischer und libertinärer Freigeist will er das Leben bis zur Neige auskosten und durch alle Empfindungen gehen, zu denen der Mensch fähig ist. Sinnlicher Genuß, sexuelle Ausschweifung und rauschhafte Trunkenheit sind das einzige, was er begehrt. Nur noch so scheint ihm das Leben lebenswert zu sein. «Das Leben ist nichts, wenn man es nicht auf die sinnlichroheste Art genießt.» (S. 235) Kein religiöser Glaube und keine gesellschaftliche Moral fesseln dieses zynische und nihilistische Ich, das sein ganzes Leben wie einen wollüstigen Traum inszeniert, «dessen mancherlei Gestalten sich nach meinem Willen formen. *Ich selbst* bin das einzige Gesetz in der ganzen Natur, diesem Gesetz gehorcht alles.» (S. 169) In den europäischen Metropolen, in London, Paris und Rom, jagt Lovell dem sinnlichen Genuß hinterher, wüster Müßiggang ist sein einziges Geschäft, Vergnügen der Sinne sein einziges Credo. Nichts Göttliches oder Mystisches beseelt diesen Süchtigen, der mit kaltem Zynismus alles und jeden nur nach seinem eigengesetzlichen Maß betrachtet und benutzt. Das gesellschaftliche Leben erscheint ihm nur wie ein lächerliches Schauspiel, dessen Marionetten er für seine Wollust tanzen läßt.

Doch jeder Rausch verfliegt, und hinter jeder neuen Steigerung werden nur die Kälte und die Leere um so schmerzhafter empfunden, die Lovell zu überwinden sucht. Alles beginnt ihn anzuekeln und versinkt in eine öde Nacht, eine einsame Leere und eine unendliche Langeweile. «Ich verliere mich in eine weite, unendliche Wüste.» (S. 169) Alle Freuden sind nur Maskierungen einer Langeweile, die auch den stärksten Genuß ins Nichts eines sinnlosen Dahinlebens zieht. Lovell hat alles auf die Karte der Sinnlichkeit, Wollust und Libertinage gesetzt. Am Ende steht er als Verlierer da. Wie ein leckes Gefäß hat sich sein Leben entleert. Jetzt ist ihm alles fürchterlich, vor allem der Lauf der Zeit, die er durch nichts mehr zu füllen vermag. «Wenn ich einen Tag vor mir habe, ohne zu wissen, was ich mit ihm anfangen soll, – o, und dann der Blick über die leere Wüste von langweiligen Wochen hinaus! Und wieder eine Stunde nach der andern von der Zeit zu betteln, sich vor dem Gedanken des Todes zu entsetzen.» (S. 525) In einem Duell findet er schließlich seine tödliche Ruhe, vor sich verwirrte Reden hinsprechend.

In der leeren Wüste des Wüstlings gab es keine humanistischen Ideale mehr und keine ganzheitlichen Naturerlebnisse. Das gesellschaftliche Leben war nur noch ein Tummelplatz, auf dem sich die Menschen wie klappernde Marionetten bewegten. Vor allem gab es keinen Glauben mehr, weder an einen strafenden noch an einen gütigen Gott. Der Atheismus hat sich bereits etabliert, und ein selbstherrliches Ich hat sich als einziger Gesetzgeber inthronisiert. Doch Lovell wußte auch, daß dieses leere Spielwerk des Lebens nur ein großer Betrug war: «alles ist maskiert, um die übrige Welt zu hintergehn, wer ohne Maske erscheint, wird ausgezischt: was ist es denn mehr?» (S. 190) Die Frage wurde zwar nicht beantwortet, aber sie hielt die Ahnung fest, daß es eine Wahrheit hinter all den Betrügereien geben könnte. Auch in dieser Wüste gab es noch die Hoffnung auf eine Oase. Das erschütternde Schicksal Lovells reizte seine Leser zum Widerspruch. Es mußte «mehr» geben als den bloßen Sinnengenuß, der sich in einer kalten Langeweile und desillusionierten Gleichgültigkeit erschöpft.

Diese ungelöste Spannung zwischen leerer Immanenz und einer stillen Sehnsucht nach Wahrheit, Werthaftigkeit, Sinn und erfüllter Transzendenz hat in Jean Pauls *Rede des toten Christus vom Weltgebäude herab, daß es keinen Gott gibt*[11] ihren unheimlichsten Ausdruck gefunden. Bereits 1789 geschrieben, wurde sie als «Erstes Blumenstück» in die Lebensgeschichte des Armenadvokaten *Siebenkäs* (1795/96) eingefügt. In ihr hat der Sohn aus einer mittellosen ländlichen Predigerfamilie die apokalyptische Vision eines Atheismus entworfen, der das ganze geistige Universum zersprengt und in zahllose «quecksilberne Punkte von Ichs» zerschlägt, «welche blinken, rinnen, irren, zusammen- und auseinanderfliehen, ohne Einheit und Bestand. Niemand ist im All so sehr allein als ein Gottesleugner.» (S. 270) Für ihn ist die Natur nur noch ein unermeßlicher Leichnam, das All nur noch «die kalte eiserne Maske der gestaltlosen Ewigkeit.» (S. 271) Es ist ein schrecklicher Traumtext, den der Autor erzählte, um seine Leser in Furcht zu setzen. Auf einem Friedhof träumte er zu erwachen, wo die Schatten der Toten aus ihren Gräbern stiegen, um dem toten Christus, der mit einem unvergänglichen Schmerz sich ihnen zeigte, die fürchterliche Frage zu stellen: «Christus! ist ein Gott?» Und er antwortete: «Es ist keiner. (...) Ich ging durch die Welten, ich stieg in die Sonnen und flog mit den Milchstraßen durch die Wüsten des Himmels: aber es ist kein Gott.» (S. 273) Überall nur ein starres, stummes Nichts! Kalte, ewige Notwendigkeit! Wahnsinniger Zufall!

Zum Glück erwachte der Träumer, und seine Seele weinte vor Freude, daß sie wieder Gott anbeten konnte. Auch der Autor Jean Paul hat in einer Anmerkung zu seinem Blumenstück auf die kathartische Wirkung hingewiesen, die dieser Alptraum nicht nur auf die aufgeklärten Leser und kritischen Philosophen seiner Zeit ausüben sollte, sondern auch auf ihn selbst: «Wenn einmal mein Herz so unglücklich und ausgestorben wäre, daß in ihm alle Gefühle, die das Dasein Gottes bejahen, zerstört wären: so würd' ich mich mit diesem meinem Aufsatz erschüttern und – er würde mich heilen und mir meine Gefühle wiedergeben.» (S. 270) (1804 hat Jean Paul in der *Vorschule der Ästhetik* sein Gottvertrauen literaturkritisch gegen die poetischen Nihilisten ins Feld geführt, die der gesetzlosen Willkür des Zeitgeistes folgen und ichsüchtig die Welt und das All vernichten, um sich einen «freien *Spiel*-Raum im Nichts»[12] zu schaffen, und dabei in eine immer gesetzlosere Wüste und kraft- und formlose Leere geraten.)

Nicht als literarischen Alptraum, sondern essayistisch hat Novalis 1799 seine Kritik an einem wissenschaftlich aufgeklärten Weltbild formuliert, demzufolge die Erde nur ein «unbedeutender Wandelstern» sein soll und der Mensch das eingeschränkte Wissen über eine entzauberte Welt dem unendlichen Glauben an ein göttliches Wunderwerk vorzuziehen habe. Die Aufklärung habe Europa vom Glauben entfremdet und in die «Wüsten des Verstandes» verführt. Aus der unendlichen schöpferischen Musik des Weltalls wurde das einförmige Klappern einer «sich selbst mahlenden Mühle»[13]. Die Poesie wurde vernichtet durch das helle Licht einer Aufklärung, die alles Heilige zerstörte und den christlichen Glauben zersetzte. Dagegen beschwor Novalis die gewaltige Ahnung einer neuen Religiosität, die allein Europa wieder aufzurichten vermag und die Christenheit wieder mit neuer Herrlichkeit in ihr gottgläubiges Amt setzen kann.

Im gleichen Jahr scheint auch der Begriff «Nihilismus» zum ersten Mal aufgetaucht zu sein. 1799 schrieb Friedrich Heinrich Jacobi, in seinem Kopf schon atheistisch infiziert, aber in seinem Herzen noch Christ geblieben, an Fichte: «Wahrlich, mein lieber Freund, es soll mich nicht verdrießen, wenn Sie, oder wer es sei, *Chimärismus* nennen wollen, was ich dem Idealismus, den ich *Nihilismus* schelte, entgegensetzte.» Die idealistische Hochschätzung des Subjekts, von der kritischen Philosophie Kants und Fichtes in Szene gesetzt, führt nur zu einem «unendlichen Nichts». So hat Jacobi intellektuell auf den Begriff gebracht, wogegen schon Hölderlin und Tieck ihre Klage angestimmt hatten, als sie die Selbstvergötterung des Subjekts als Zeichen einer atheistischen Entfremdung verurteilten, die den Zugang zum Kosmos, zur Natur und zu den Göttern verbaute. «Weggewischt aus jedem Auge die Träne der Sehnsucht: es wird lauter Lachen sein unter den Menschen. Denn jetzt hat die Vernunft ihr Werk an sich vollendet; die Menschheit ist am Ziele.»[14]

In keinem anderen Werk aus dem Umkreis der Romantik hat das nihilistische Lachen seinen so närrischen und tollen Ausdruck gefunden wie in den *Nachtwachen*[15], die 1804 unter dem Pseudonym «Bonaventura» erschienen. Man schrieb sie Schelling zu, auch seiner Frau Caroline, geschiedene Schlegel, ebenfalls Brentano, auch von Arnim und E. T. A. Hoffmann; heute setzt man auf den vergessenen Theatriker August Klingemann als Autor. In diesen sechzehn Nachtwachen hat der romantische Nihilismus seinen literarischen Höhepunkt gefunden. Bereits in der ersten lugt der

Nachtwächter durch den Spalt eines Fensterladens auf das Sterbebett eines «Freigeists», der blaß und ruhig in das «leere Nichts» (S. 6) blickt und stumm und starr die kalte Eisrinde des Todes zu seinem Herzen hinaufziehen fühlt, während neben ihm ein Pfaffe tobt und glühend vor Zorn den Atheisten zu bekehren sucht. «Dieser lächelte nur und schüttelte den Kopf.» (S. 8) Von Nacht zu Nacht steigert sich die Tollheit, und das Lachen wird peinigender in einer gottlosen Welt, die nur noch ein ungeheures Tollhaus zu sein scheint. Hinter der Maske des Hanswursts schreiben Dichter über die Tragödie «Mensch», durch dessen liebäugelnde Maske der Totenkopf grinst, «und das Leben ist nur das Schellenkleid, das das Nichts umgehängt hat, um damit zu klingeln und es zuletzt grimmig zu zerreißen und von sich zu schleudern.» (S. 75) Gott offenbart sich nur noch als ein wahnsinniger Weltschöpfer, der über die Sinnlosigkeit und Langeweile seiner Schöpfungen monologisiert und den Menschen nur wie ein Sonnenstäubchen betrachtet, das auf der verrückt gewordenen Erdkugel herumkriecht. «Beim Teufel! Ich hätte die Puppe ungeschnitzt lassen sollen! – Was soll ich nur mit ihr anfangen? – Hier oben sie in der Ewigkeit mit ihren Possen herumhüpfen lassen?» (S. 81) In der Irrenanstalt rasseln die Wahnsinnigen an ihren Ketten, und der Nachtwächter glaubt zu träumen, als er an ihrem Gitter steht, in das Nichts der Nacht starrt und sich in die Phantasmagorien eines fichteanischen Ich verliert. «Da sah ich mich selbst mit mir allein im Nichts. (...) Ich hatte jetzt aufgehört alles andere zu denken, und dachte nur mich selbst! Kein Gegenstand war ringsum aufzufinden, als das große schreckliche Ich, das an sich selbst zehrte, und im Verschlingen stets sich wiedergebar. Ich sank nicht, denn es war kein Raum mehr, ebensowenig schien ich emporzuschweben. Die Abwechslung war zugleich mit der Zeit verschwunden, und es herrschte eine fürchterliche ewig öde Langeweile.» (S. 122) Das letzte Wort dieses hebephrenen Alptraums hat sein Autor hervorgehoben. Es ist gezeichnet vom wilden Erkenntnisgelächter des Atheisten, der keine Transzendenz, keinen Sinn und keinen Glauben mehr anzuerkennen bereit ist. Alles nur täuschende Geisterseherei, die nur Phantome zu entdecken vermag. Kein Betteln mehr um die Ewigkeit in einer Welt, in der alles zu Staub wird, «und ein paar genährte Würmer schleichen sich heimlich weg, wie moralische Leichenredner, die sich beim Essen übernommen haben. Ich streue diese Handvoll väterlichen Staub in die Lüfte und es bleibt – Nichts! Drüben auf dem Grabe steht noch der Geisterseher und umarmt – Nichts! Und der Widerhall im Gebeinhause ruft zum letzten Male – *Nichts!* –» (S. 143)

Zum ersten Mal in der europäischen Kulturgeschichte haben die Romantiker das Nichts in seiner unheimlichen Gewalt zur Sprache gebracht. Sie haben es poetisch beschworen und in ihren Angstträumen lebendig werden lassen. Man merkt ihnen die rauschhafte Trunkenheit noch an, mit der sie in den Abgrund blickten, der sich vor ihnen auftat. Es war zwar ein Alptraum, unter dem sie litten. Aber sie poetisierten und romantisierten ihn durch einen schöpferischen Sprachgebrauch, der in seiner evokativen Beschwörung des Nichts ebenso mächtig war wie in seiner Imagination des All-Einen, der göttlichen Natur, des unaussprechlichen Mysteriums der Welt und der musikalischen Harmonie des Universums, dieses ewigen tausendstimmigen Gesprächs. Der romantische Nihilismus war ein Mystizismus mit negativem Vorzeichen. Wo alles eins sein sollte, war das Nichts entdeckt worden. Alle traditionsmächtigen Bilder mystischer Erfahrung: Wüste, Leere und Ödnis, hatten einen beängstigenden Bedeutungsgehalt angenommen, der beschworen wurde, um ihn bewältigen zu können. Nicht nur die Welt wurde romantisiert, um als Wunder geträumt werden zu können; auch das All-Nichts wurde visionär als eine leere Transzendenz geschaut. Man kann es drehen, wie man will: Die Träumerei, durch die es den romantischen Künstlern so «unaussprechlich» zumute wurde, weil sie darin das Göttliche zu sehen glaubten, ließ einerseits auch das Nichts in seiner Absolutheit imaginieren; andererseits besaß der romantische Umgang mit dem Nichts eine mystische Qualität, die alle möglichen konkreten Erfahrungen zu einer nihilistischen Apotheose übersteigerte und von ihrem sozial- und geistesgeschichtlichen Gehalt reinigte.

Es waren vor allem drei konkrete Gründe, welche den romantischen Widerstreit, dieses ständige Taumeln zwischen Alles und Nichts, gleichermaßen motivierten, sei es in positiver oder negativer Hinsicht. Die Romantikergeneration bestand aus Zeugen der Französischen Revolution. Sie hatten den Tod des Ancien régime und den Untergang des Sonnenkönigtums erlebt und die damit verbundene Hoffnung auf ein Leben in Freiheit, Gleichheit und Brüderlichkeit. Aber auch die Nachtseite dieser revolutionären Wende war für sie nicht mehr zu übersehen. Die geschichtliche Mobilmachung hatte die soziale und politische Welt in einen «Friedhof der Enthusiasmen»[16] verwandelt. Kaum waren sie proklamiert, hatte die Revolution ihre Ideale vernichtet. Nicht nur der Kopf König Ludwigs XVI. geriet unter die Guillotine; auch Danton, der 1792 Massenverhaftungen und ein Blutbad in den Gefängnissen veranlaßt hatte, wurde 1794 hingerichtet, auf Befehl Robespierres, der, kaum hatte er den Vernunftkult des «Höchsten Wesens» eingeführt, zusammen mit der ganzen Commune enthauptet wurde. 1797 wurde Babeuf als kommunistischer Verschwörer hingerichtet. Was war von den Freiheits- und Humanitätsidealen übriggeblieben? Nichts, nur ein unendlich multiplizierter Egoismus und eine permanente Wertrelativierung, die jede Einheit zerstörten.

Auch die philosophischen und wissenschaftlichen Ideale der Aufklärung, die den Menschen aus seiner selbstverschuldeten Unmündigkeit befreien wollten, hatten im Bewußtsein der Romantiker nur in eine ungeheure Leere verführt: In den Wissenschaften hatte sich ein Materialismus breitgemacht, der das gesamte Weltgeschehen, den Menschen inbegriffen, auf Materie und Bewegung zurückzuführen versuchte und Zweckmäßigkeit, Schönheit, Vollkommenheit und Harmonie nur als menschliche Projektionen entlarvte, die in Wirklichkeit nicht vorhanden sind; die Welt war entzaubert und in ihrer «objektiven Gleichgültigkeit» grund-, zweck-, wert- und vernunftlos geworden; und der religiöse Glaube an einen Gott war ideologiekritisch als eine subjektive Illusion entlarvt worden, mit der sich der Mensch, dieses Eintagswesen auf einem kleinen Erdball innerhalb der unermeßlichen Wüste des Alls, über seine Unbedeutendheit hinwegzutäuschen versuchte. Was blieb? Nichts als die gottlose Wüste eines Verstandes, der in der klappernden Weltmühle seinem Geschäft nachging. – Selbst der Idealismus, der am Ende des Jahrhunderts noch einmal versucht hatte, die Welt als Ganzes zu erklären und dem Geist eine absolute Stellung und selbsttätige Schöpferkraft zuzuschreiben, konnte diesen Sturz ins Nichts nicht aufhalten. Er war in seiner hochgezüchteten Abstraktheit so leer wie der atheistische Materialismus und hatte nur noch ein «schreckliches Ich» übriggelassen.

Vor diesem Hintergrund läßt sich die romantische Weltverklärung als Manifestation eines gebrochenen Weltvertrauens deuten. Noch einmal wollten die Romantiker die Welt als Symphonie erklingen lassen. Aber Geschichte, Philosophie und Wissenschaft waren über diese Erlebnisfähigkeit bereits hinweggeschritten. Alle Bezugsgrößen waren relativiert, der Glaube an transzendente Positionen war bereits zerrieben und der wissenschaftliche Verstand auf ein reines Nützlichkeitsprinzip eingeschworen worden. Hinter allem zeigte ein «nichtiges Gespenst»[17] sein schauerliches, höhnisch lachendes Gesicht. Der romantische Nihilismus hat es in all seinen Erscheinungsweisen ausgemalt, in seiner gottlosen Profanität, seiner entleerten Sinnlichkeit, umherirrenden Einsamkeit, gesellschaftlichen Maskerade, unendlichen Langeweile und leidenschaftslosen Gleichgültigkeit. Als die großen Wunschträume, im göttlichen All-Einen seine Erfüllung zu finden, auf keinen gesellschaftlichen und weltlichen Grund mehr stießen, tauchten die nihilistischen Alpträume auf, die alles in ihren nichtenden Abgrund zogen.

Nietzsches Diagnose: «Gott ist tot»

Das romantische Bewußtsein lernte sich zu arrangieren. Der Schock des Nichts verlor seine unheimliche Gewalt. Statt Verzweiflung und Erschrecken machten sich Langeweile und Gleichgültigkeit breit. Während für die Generation der Romantiker der Umgang mit dem Nihil noch in einer mystischen Dimension stattfand, wurde er für die Post-Romantiker zunehmend zu einer realistischen Existenzerfahrung. L'ennui, eine tiefe Langeweile und Lebensmüdigkeit, beherrschte viele Helden der nachromantischen Literatur, die sich durch nichts begeistern ließen, weil ihnen alles nur noch lau erschien. Hyperion, der das Ein-und-Alles gesucht hatte, verzweifelte noch angesichts all der Mitteldinge von Etwas und Nichts, die ihn umgaben. Doch selbst dieser Schmerz wurde auf die Dauer langweilig. Büchners Lenz hat dem Pfarrer Oberlin seine Langeweile geklagt, die ihn überfiel, nachdem er seinen Glauben verloren hatte, und sie als Zeichen der Zeit interpretiert. «Die Langeweile! die Langeweile! o, so langweilig! Ich weiß gar nicht mehr, was ich sagen soll.» (S. 80) Am Ende lebte er, völlig gleichgültig in seiner Leere, so vor sich hin. Was Tiecks zynischer Lovell bereits vorweggenommen hatte, diesen Lebenslauf in der leeren Wüste langweiliger Wochen, hat Büchners närrischer Prinz Leonce (1836) als allgemeines Lebensgesetz erkannt. «Was die Leute nicht alles aus Langeweile treiben! Sie studieren aus Langeweile, sie beten aus Langeweile und sterben endlich aus Langeweile, und – das ist der Humor davon – alles mit den wichtigsten Gesichtern, ohne zu merken, warum, und meinen Gott weiß was dazu.»[18]

Müßiggang zwischen alltäglichem Etwas und bedeutungslosem Nichts charakterisiert die Nachfahren der romantischen Nihilisten. Der Jungdeutsche Theodor Mundt ließ 1835, in seiner *Madonna,* die Menschen aus Ennui ins Ennui stürzen. Karl Gutzkow schilderte im gleichen Jahr, in *Wally, die Zweiflerin,* das «ewige Selbstennui» als das wichtigste moderne Laster. Sören Kierkegaard hat es in *Begriff der Angst* 1844 reflektiert: Langeweile ist das beherrschende Merkmal der Zeit und Sinnbild einer Leere, die dort gähnt, wo ein Platz im Leben der Menschen freigeworden ist – der Platz Gottes. Vor allem innerhalb der russischen Literatur wurden Langeweile und Gleichgültigkeit zu beherrschenden Motiven. Von Alexander Puschkin bis Fjodor Dostojewski bevölkern «nihilistische» Helden die epische Szene. Meist sind es Adelige, Gutsbesitzer und Gutsbesitzersöhne, die «nichts» zu tun haben, «nichts» arbeiten und nicht ans Ziel kommen, wenn sie sich einmal nach etwas sehnen. Die Langeweile macht sie gleichgültig oder apathisch. Puschkins romantischer *Eugen Onegin* (1825–1827) ist bereits völlig durch ein westliches Ennui vergiftet. In Michail Lermontows *Held unserer Zeit* (1840) wird Petschorin von einer tödlichen Langeweile befallen, die ihn überallhin begleitet. Iwan Turgenjews *Rudin* (1855) führt ein ermattetes, gleichgültiges Leben. *Oblomow,* der antriebslose Held in Iwan Gontscharows gleichnamigem Roman (1859), läßt sich treiben im Hinfließen eines Nichtstuns, dem er sich ganz überläßt. Fjodor Dostojewski hat in den *Dämonen* (1871) Nikolai Stawrogin als einen Fürsten in der Gleichgültigkeit dargestellt, der sich durch Provokationen nur über seine Lauheit hinwegzutäuschen sucht …[19]

Tiefe Langeweile und Gleichgültigkeit waren die psychologischen Zustände eines Nihilismus, der zunächst und vor allem in der Literatur zu einer beherrschenden Macht und Bewegung geworden war. Sie waren Ausdruck eines Lebensgefühls, das keine Ideale mehr kannte und desillusioniert alles in eine kontinuierliche Indifferenz zog, in der sich die Gegensätze aufgelöst hatten. Das Leben hatte zwar keinen besonderen Wert mehr, aber man mochte sich deshalb nicht umbringen. Die Wahrheit war kein idealer Wert mehr, aber es war der Mühe nicht wert, deshalb ständig zu lügen. Zwar hatte nichts, was man tat, einen besonderen Sinn, aber deshalb war es dennoch nicht völlig sinnlos, sondern bloß langweilig oder beliebig. Das «leere Nichts» ließ alle diese gleichgültigen Helden nicht mehr wahnsinnig werden, sondern nur noch müde. «Mein Kopf ist ein leerer Tanzsaal, einige verwelkte Rosen und zerknitterte Bänder auf dem Boden, geborstene Violinen in der Ecke, die letzten Tänzer haben die Masken abgenommen und sehen mit todmüden Augen einander an.» [20]

Was in der Literatur seit dem späten 18. Jahrhundert als existentielles Lebensgefühl beschrieben worden war, wurde von Friedrich Nietzsche in seiner metaphysischen Dimension philosophisch entfaltet. Die Stimmungen der Entfremdung, Einsamkeit, Angst, Langeweile und Gleichgültigkeit wurden als Oberflächenphänomene einer geschichtlichen Bewegung dechiffriert, deren Wesensgrund in der Metaphysik selbst ruhte. Sie wurden als Folgen des Nihilismus reflektiert, den Nietzsche 1882, in seiner Anekdote vom «tollen Menschen», durch den kurzen Fundamentalsatz charakterisierte: «Gott ist tot.» Mit ihm sprach er nicht nur seine persönliche Meinung als Atheist aus. Er zog vielmehr aus der Geschichte der abendländischen Metaphysik das nihilistische Resümee. Die befremdliche Rede vom Tod eines Gottes deutete den Gang der Philosophiegeschichte in der Perspektive eines sich entfaltenden Nihilismus, der sich aus der inneren Logik der Metaphysik selbst ergeben mußte. Denn der Nihilismus als Entwertung der obersten Werte setzte deren einstige Macht und Existenz voraus. «Gott» war für Nietzsche die Chiffre für all das, was seit den Anfängen der griechischen Philosophie zum zentralen und alles beherrschenden Thema gemacht worden war: der übersinnliche Bereich der Ideen und Ideale, des Seins, des Absoluten, der wahren Welt, des Ordo, der Vernunft. «Gott ist tot» hieß: Alle metaphysischen Kategorien, mit denen der sinnlichen Welt ein höherer Wert zugedacht worden war, sind als Fiktionen durchschaut und aus ihr wieder «herausgezogen»[21] worden. Vom Sterben Gottes zu reden war ein dekonstruktiver Akt. Er destruierte alle metaphysischen Konstruktionen, mit denen der Vielfalt und Mannigfaltigkeit des weltlichen Geschehens ein überempirischer Zweck, ein idealer Sinn oder eine ganzheitliche Systematik eingelegt worden war. Daß der Nihilismus nicht nur auf einen psychologischen Zustand zielte, sondern auf den Grund der europäischen Philosophie als Geschichte der Metaphysik, zeigt die Art und Weise, in der Nietzsche über das «größte neuere Ereignis – daß ‹Gott tot ist› –»[22] erzählte. Er griff auf die Laternen-Anekdote des kynischen Diogenes von Sinope zurück, der gegen die Ideenlehre Platons sein existentialistisches Veto eingelegt hatte.

Der tolle Mensch. – Habt ihr nicht von jenem tollen Menschen gehört, der am hellen Vormittage eine Laterne anzündete, auf den Markt lief und unaufhörlich schrie: «Ich suche Gott! Ich suche Gott!» – Da dort gerade viele von denen zusammenstanden, welche nicht an Gott glaubten, so erregte er ein großes Gelächter. Ist er denn verlorengegangen? sagte der eine. Hat er sich verlaufen wie ein Kind? sagte der andere. Oder hält er sich versteckt? Fürchtet er sich vor uns? Ist er zu Schiff gegangen? ausgewandert? – so schrien und lachten sie durcheinander. Der tolle Mensch sprang mitten unter sie und durchbohrte sie mit seinen Blicken. «Wohin ist Gott?» rief er, «ich will es euch sagen! *Wir haben ihn getötet* – ihr und ich! Wir alle sind seine Mörder! Aber wie haben wir das gemacht? Wie vermochten wir das Meer auszutrinken? Wer gab uns den Schwamm, um den ganzen Horizont wegzuwischen? Was taten wir, als wir diese Erde von ihrer Sonne losketteten? Wohin bewegt sie sich nun? Wohin bewegen wir uns? Fort von allen Sonnen? Stürzen wir nicht fortwährend? Und rückwärts, vorwärts, nach allen Seiten? Gibt es noch ein Oben und ein Unten? Irren wir nicht wie durch ein unendliches Nichts? Haucht uns nicht der leere Raum an? Ist es nicht kälter geworden? Kommt nicht immerfort die Nacht und mehr Nacht? Müssen nicht Laternen am Vormittage angezündet werden? Hören wir noch nichts von dem Lärm der Totengräber, welche Gott begraben? Riechen wir noch nichts von der göttlichen Verwesung? – auch Götter verwesen! Gott ist tot! Gott bleibt tot! Und wir haben ihn getötet!»[23]

Während für die meisten Menschen der Atheismus bereits zu einem alltäglich vertrauten Zustand geworden ist, der gedankenlos hingenommen wird, hat dieser verrückte Mensch noch einmal den metaphysischen Wesensgrund zur Sprache gebracht und mit ihm die größte menschliche Tat, ihn als solchen vernichtet zu haben. «Verwesung» meint den Wesenszerfall alles Übersinnlichen, das seit Platon den Geschichtsraum der Philosophie als Metaphysik besetzt hat. Mit dem Bewußtsein, daß Gott getötet worden ist, ist mehr ausgesprochen als die bloße Leugnung: Es gibt keinen Gott. Nietzsches Diagnose bedeutete Ärgeres. Sie ließ erkennen, daß es der Mensch selbst war, der alles beseitigt hat, was einst für den Sinn, Zweck und Wert seines Lebens und seiner Welt bürgen sollte. Die Art, in der Nietzsche die Frage «Aber wie haben wir das gemacht?» bildhaft erläuterte, läßt die Ungeheuerlichkeit dieser Tat ermessen. Das Austrinken des Meeres bedeutete, die unerschöpfliche Größe Gottes oder das unermeßliche Ganze des Seienden in die subjektive Endlichkeit und Immanenz des menschlichen Daseins hineinzunehmen; das Wegwischen des Horizonts meinte die Zerstörung jedes metaphysischen Gesichtskreises, der alles Seiende in seinen Grenzen hielt und ihm seinen erkennbaren Ort zuwies; und das Losketten der Erde von ihrer Sonne spielte nicht nur auf die kopernikanische Wende in der neuzeitlichen Kosmologie an, sondern erinnerte auch an Platons Gleichnis, in dem die Sonne für die höchste Idee des Guten stand, die sowohl auf die wahre Erkenntnis als auch auf das übersinnliche Sein alles Seienden ausstrahlte. Die Tat der Tötung Gottes war für Nietzsche das zentrale Ereignis von epochaler Bedeutung, in seiner Ungeheuerlichkeit nur dem Entstehungsakt der Metaphysik und dem Eintritt Gottes in die Geschichte vergleichbar. Den herumstehenden Schwätzern, welche nicht mehr an Gott glaubten und über den Gottsucher nur lachen konnten, wollte der tolle Mensch ein Licht aufgehen lassen. Er stieß nur auf Unverständnis und befremdliche Ignoranz. «Endlich warf er seine Laterne auf den Boden, daß sie in Stücke sprang und erlosch.»[24]

In den 80er Jahren kreiste Nietzsches Denken um diese ungeheure Logik des Schreckens, die er in der Tötung Gottes am Werke sah.[25] – Er zeigte auf, daß der radikale Nihilismus die notwendige Konsequenz einer Inthronisierung oberster Werte und absoluter Ideale war, die das Leben von oben oder von außen bestimmten. Weil die extremen Wertschätzungen und Idealisierungen, die in der platonischen Philosophie und im christlichen Glauben entwikkelt worden waren, ihre Macht verloren, mußte es scheinen, «als ob es gar keinen Sinn im Dasein gebe, als ob alles *umsonst* sei. (...) Das Mißtrauen gegen unsere früheren Wertschätzungen steigert sich bis zur Frage: ‹sind nicht alle Werte Lockmittel, mit denen sich die Komödie in die Länge zieht, aber durchaus nicht einer Lösung näherkommt?› Die *Dauer*, mit einem ‹Umsonst›, ohne Ziel und Zweck, ist der *lähmendste* Gedanke, namentlich noch, wenn man begreift, daß man gefoppt wird und doch ohne Macht ist, sich nicht foppen zu lassen.» (S. 445) – Er decouvrierte den «*unvollständigen* Nihilismus» (S. 213), der dem nihilistischen Umsonst auf Schleichwegen zu entgehen versuchte, aber das Problem nur verschärfte, weil er die leer gewordene Stelle Gottes als solche nicht beseitigte, sondern nur durch neue götzenhafte Absolutheiten besetzte: die Klasse, die Nation, den historischen Fortschritt, das sozialistische Ideal des irdischen Glücks für alle. – Und er versuchte den «Stärksten» einen Weg aus der Krise zu zeigen und sie von den nihilistischen Stimmungen der Schlechtweggekommenen zu heilen, von ihrer Langeweile und Gleichgültigkeit, ihren trostlosen Vergeblichkeits- und Sinnlosigkeitsgefühlen. «Welche werden sich als die *Stärksten* dabei erweisen? Die Mäßigsten, die, welche keine extremen Glaubenssätze nötig haben, die, welche einen guten Teil Zufall, Unsinn nicht nur zugestehn, sondern lieben, die, welche vom Menschen mit einer bedeutenden Ermäßigung seines Wertes denken können, ohne dadurch klein und schwach zu werden.» (S. 448) Zu diesen Stärksten, die in eine höhere Geschichte eintreten sollten, weil sie der Größe der Tat der Tötung Gottes gewachsen waren, ohne sie durch falsche Göttlichkeiten zu verdrängen, hat Nietzsche nicht gehört. Am 3. Januar 1889 brach er in Turin zusammen, wurde selbst zu einem «tollen Menschen» und verrückte aus der gesellschaftlichen Welt, deren Verdüsterung und Sonnenfinsternis er für das kommende Jahrhundert prophezeit hatte. Als es begann, am 25. August 1900, starb er in Weimar.

Nietzsche war nicht nur der scharfsichtige Diagnostiker der nihilistischen Katastrophe, durch die alles leer und gleichgültig geworden war und alle höheren Werte nur noch als nostalgische Erinnerungen existierten. Er hatte auch ein therapeutisches Mittel verschrieben, um dem lähmendsten Gedanken eines alles beherrschenden «Umsonst» standhalten zu können. Es war die Kunst. Weder Moral noch Religion, weder Philosophie noch politische Weltbeglükkungslehren waren ihm zufolge in der Lage, den Nihilismus zu überwinden. Nur im *«Nihilismus der Artisten»*, der keine Gerechtigkeit in der Geschichte mehr sah und allein in der «großartigen *Indifferenz* der Natur gegen Gut und Böse» (S. 209) sein Vorbild erblickte, glaubte Nietzsche ein Gegenmittel gefunden zu haben, das der nihilistischen Bedrohung an Widerstandskraft ebenbürtig war. Mit einer faustischen Gebärde hoffte er, als Künstler dem teuflischen Nichts standhalten zu können. Bereits 1871, gerichtet an Richard Wagner, hatte er die Kunst – und nicht die Moral – als die eigentlich metaphysische Tätigkeit des Menschen hingestellt und sein Artisten-Evangelium entworfen: «daß nur als ästhetisches Phänomen das Dasein der Welt *gerechtfertigt* ist.»[26] Das war bereits un-moralisch und anti-christlich gedacht und wurde in den späten 80er Jahren zu einer rein ästhetischen Weltauslegung und Weltrechtfertigung entfaltet. 1886 hat Nietzsche im «Künstler-Gott» den Einzigen gefeiert, der sich von den Werten der Metaphysik, Religion, Moral und Wissenschaft gelöst hat und nur durch diesen Befreiungsakt die ungeheure Aufgabe lösen kann, das Leben vor seiner nihilistischen Entleerung und Vergleichgültigung zu retten: «Die Kunst und nichts als die Kunst! Sie ist die große Ermöglicherin des Lebens, die große Verführerin zum Leben, das große Stimulans des Lebens. Die Kunst als einzig überlegene Gegenkraft gegen allen Willen zur Verneinung des Lebens, als das Antichristliche, Antibuddhistische, Antinihilistische *par excellence*.» (S. 284)

1886 wurde Gottfried Benn geboren. Was Nietzsche prophezeit und gedanklich entworfen hatte, wurde von ihm erlebt, erlitten und ästhetisch gestaltet. Seine geschichtlichen Erfahrungen – die Menschenmaterial-Schlachten des Ersten Weltkriegs, die Terrorsysteme des Stalinismus und des Nationalsozialismus, die Vernichtungsorgien des Zweiten Weltkriegs und die Abwürfe der Atombomben, dieser nihilistischen Produkte der wissenschaftlichen Neugier[27] – hatten ihm den Nihilismus als Weltgesetz des 20. Jahrhunderts vor Augen geführt. Alles drohte «umsonst» zu sein und jede religiöse oder moralische Wertsetzung nur eine völlig vergebliche Illusion. Aber Benn, wie Nietzsche großgeworden in einer protestantischen Pfarrersfamilie, setzte gegen den universal gewordenen Nihilismus die einzige Kraft, die ihm geblieben war: die schöpferische Energie des Künstlers. «Innerhalb des allgemeinen europäischen Nihilismus aller Werte, erblicke ich keine andere Transcendenz als die Transcendenz der schöpferischen Lust.» Die Religion der Götter ist zunichte gegangen, und auch das Ideal eines humanitären Sozialismus kann längst nicht alle Tränen trocknen. *«Nur die Kunst»* bleibt bestehen «als die eigentliche Aufgabe des Lebens, seine Idealität, seine metaphysische Tätigkeit, zu der es uns verpflichtet.» (P, S. 289)[28] – Der Fall Benn kann uns als Paradigma dienen, um den Widerstreit zu erläutern, der im 20. Jahrhundert zwischen einer nihilistischen Weltgeschichte und einem ästhetischen «Nihilismus» als Gegenstrategie ausgetragen wurde.

Nach dem Besuch eines humanistischen Gymnasiums begann Benn in Berlin die Fächer zu studieren, die seiner intellektualistischen Neigung entsprachen: Medizin und Naturwissenschaften (1905–1911). Das wissenschaftliche Denken mit seiner Nüchternheit, Begriffsschärfe, gedanklichen Kälte und abwägenden Skepsis hatte ihn erfaßt. Die Welt ist alles, was der Fall ist. Auch der menschliche Körper gehörte zur Gesamtheit natürlicher Tatsachen. Benn hatte gelernt, ihn zu sezieren und in seiner anatomischen Struktur zu erkennen. Aber es war ihm auch bewußt geworden, daß ihm etwas verlorengegangen war. In den *Morgue*-Gedichten hat er für seine Erfahrungen den expressionistischen Ausdruck gefunden, hin- und hergerissen zwischen kühlem Intellekt und poetischer Passion. Mit einer Sprache, in der die Erinnerung an religiösen Sinn und metaphysische Transzendenz nachwirkte, wurde die objektive «Indifferenz der Natur» beschworen, die alles in ihren ewigen Kreislauf von Zeugung und Zerstörung zieht.

REQUIEM

Auf jedem Tisch zwei. Männer und Weiber
kreuzweis. Nah, nackt, und dennoch ohne Qual.
Den Schädel auf. Die Brust entzwei. Die Leiber
gebären nun ihr allerletztes Mal.

Jeder drei Näpfe voll: von Hirn bis Hoden.
Und Gottes Tempel und des Teufels Stall
nun Brust an Brust auf eines Kübels Boden
begrinsen Golgotha und Sündenfall.

Der Rest in Särge. Lauter Neugeburten:
Mannsbeine, Kinderbrust und Haar vom Weib.
Ich sah, von zweien, die dereinst sich hurten,
lag es da, wie aus einem Mutterleib.[29]

1914 bis 1917 war Benn Stationsarzt im Kriegsdienst, schweigend und verloren auf isoliertem Posten in Brüssel. Er hing an keinem, während die Kanonaden auf den Schlachtfeldern dröhnten und die Materialschlachten tobten. Die europäische Zivilisation versank in Blut und Asche. Mit dem jungen Arzt Dr. Werff Rönne hat Dr. Benn sich sein literarisches Double geschaffen. 1916 erschienen die Rönne-Novellen *Gehirne*. Sie dokumentieren den Riß, der Benn erschreckte. Die psycho-physische Einheit des Menschen war Rönne zerfallen. Auf der einen Seite stand der menschliche Körper als eine physikalische Tatsache der Welt, die zu Bruch ging. Auf der anderen Seite gab es die phänomenalen Erlebnisse und Gefühlsqualitäten des Subjekts. Der Faden war gerissen. Welt und Ich, Physikalismus und Humanismus, die reine Kontingenz objektiv gleichgültiger Sachverhalte und das innere Sein des sensiblen Subjekts standen sich fremd gegenüber. Daran drohte Rönne zu zerbrechen. Auch sein eigenes Gehirn sah er nur noch mit den Augen des Mediziners. «Oft fing er etwas höhnisch an: er kenne diese fremden Gebilde, seine Hände hätten sie gehalten. Aber gleich verfiel er wieder: sie lebten in Gesetzen, die nicht von uns seien und ihr Schicksal sei uns so fremd wie das eines Flusses, auf dem wir fahren.» (P, S. 22) Es gab nur einen Ausweg, die Flucht in den Traum und die Kunst. Sie allein waren in der Lage, den Bruch zwischen Ich und Welt in Augenblikken einer poetischen Imagination zu überwinden. Imaginäre Assoziationen, mythische Bildfluten und lyrisches Ausdrucksverlangen verdichteten sich zu einem «Irrealitätsprinzip», mit dem Rönne der leeren Gleichgültigkeit weltlicher Tatsachen standzuhalten versuchte. Weil er die Tatsachenwelt verachtete, die sich ihm als körperliches Dasein und zerstörerische Zivilisationsmaschine aufdrängte, floh er in poetische Halluzinationen und regredierte in ein mythisch empfundenes Naturgeschehen. «Er, als der Blüten eine, er, als der Tiere Beischlaf, unter einem Himmel, unter einer Nacht. (...) Er wühlte sich in das Moos, am Schaft, wasserernährt, meine Stirn, handbreit, und dann beginnt es.» (P, S. 29)

Und Benn selbst? In den 20er Jahren führte er in Berlin sein Doppelleben als Facharzt für Haut- und Geschlechtskrankheiten und als Dichter. Zunehmend gleichgültig gegenüber dem Chaos der Welt, versuchte er, die Souveränität eines lyrischen Ichs zu bewahren. Seine personelle Psychologie war ermattet, er lebte vor sich hin, und es war eine entsetzliche Leere in ihm, «schon im Alter des Entgleitens mit dem prämorbiden Auge für die Züge des Vergehns.» (P, S. 273) Die Gesellschaft und die sozialen Bewegungen? Ewige Wiederkehr des Gleichen, eine schaurige Welt, weder gut noch böse, nur phänomenal und kontingent. «Die Armen wollen hoch und die Reichen nicht herunter.» (P, S. 280) Die Geschichte? Ein Ablauf ohne Sinn, über den man sich keine Illusionen mehr machen sollte. Das Volk nur Marionetten in einem zwecklosen und wertlosen Spiel. Und die politischen Führer? Nichts tun sie um des Volkes willen. «Alles nur aus Eitelkeit, aus Machtgier, im idealsten Fall aus Fanatismus zu einer fixen Idee.» (P, S. 282) Indifferent stand der Dichter der Welt gegenüber, die er aus der Perspektive einer leeren Transzendenz an sich vorbeiziehen sah. Benns Reden und Essays um 1930 zogen daraus die intellektualistische Konsequenz, kühl im Menschlichen und mit schneidender Begrifflichkeit. Die Figur dessen, der das alles noch innerlich erlebt und sprachhalluzinatorisch gestaltet hatte, trat zurück hinter einen zunehmend abstrakter und schneidiger werdenden Essayismus. Ein erzählbares Ich gab es nicht mehr. Es löste sich auf in den Perspektiven und Programmen abstrakter geistiger Visionen.

In seiner Festrede zu Heinrich Manns 60. Geburtstag (1931) feierte Benn den Einbruch der artistischen Sprachkunst. Ihr allein sollte es gelingen, innerhalb des europäischen Nihilismus, den Nietzsche diagnostiziert hatte, die elevatorischen Kräfte des Wortes zur Geltung zu bringen. Die artistische Sprachkunst wurde beschworen als die letzte Transzendenz in einer sinnentleerten, nihilistischen Welt. «Das Letzte also war die Kunst. Die neue Kunst, die Artistik, die nachnietzschesche Epoche, wo immer sie groß wurde, wurde es erkämpft aus der Antithese aus Rausch und Zucht. Auf der einen Seite immer der tiefe Nihilismus der Werte, aber über ihm die Transzendenz der schöpferischen Lust. Hierüber hat uns nichts hinausgeführt, keine politische, keine mythische, keine rassische, keine kollektive Ideologie, auf den *Ecce-homo*-Schauern, auf den Romanen der Herzogin von Assy liegt weiter unser Blick. Die *Ecce-homo*-Schauer: Nihilismus ist ein Glücksgefühl.» (E, S. 435)[30]

1932, in die Preußische Akademie der Künste gewählt, vollzog Benn eine neue Wendung. Jetzt schlug das Nichts ins Affirmative, ins Konstruktive um. Hier sprach er öffentlich aus, was den meisten Zuhörern rätselhaft erscheinen mochte. Er formulierte das «Gesetz von der formfordernden Gewalt des Nichts: dies scheint mir das Gesetz der Produktiven zu sein. Die formfordernde Gewalt des Nichts; also vor allem etwas Formales, seine Wucht bestimmt durch die Tiefe, sein Inhalt durch die zeitgeschichtlich wechselnden Gründe dieses Nichts.» (E, S. 454) Das war etwas Neues, die gesamte Ästhetik wurde zurückgeführt auf diesen einsilbigen Begriff, gehämmert und unantastbar gemacht. Das Nichts war nun selbst fordernd geworden, nicht mehr der verneinende Mensch.

Wie auch immer man diese Wendung zum substanzialisierten «Nichts» interpretieren mag, die Benn als überhistorische Konstitution eines Geistes thematisierte, der sich schon immer zwischen den Formen und dem Nichts herausdifferenzierte, so war sie jedenfalls nicht mehr rein nietzscheanisch. Denn Nietzsches Diagnose, daß gerade die Inthronisierung oberster Werte den Nihilismus als unheimlichsten aller Gäste kommen ließ, hielt das «Leben» im Auge. Seiner von allen Illusionen und Foppereien befreiten Steigerung galt seine artistische Kunstmetaphysik. Benn dagegen wollte auch das Leben nicht mehr. Er flüchtete sich ganz ins Kunstwerk. Er wollte die sakralisierte Formalität. Das Nichts fordert Form. Leben ist nichts, Form alles.

Also keine Süchte mehr, keine Rönne-Räusche und wüsten Rätsel. 1932, in seinem Essay *Der Nihilismus und seine Überwindung*, beschwor Benn das Nichts als Grund und Antriebskraft reiner Form.

Gegen Nietzsches biologisch-positive Überwindung des Nihilismus, die auf Lebenssteigerung zielte, setzte er das «bionegative» Gesetz der Form und des Geistes. Dem Leben übergeordnet wurde eine transzendente Einstellung beschworen, der das Nichts zugrunde liegt. «Alle die verlorenen Werte verloren sein zu lassen, alle die ausgesungenen Motive der theologischen Epoche ausgesungen sein zu lassen und alle Wucht des nihilistischen Gefühls, alle Tragik des nihilistischen Erlebnisses überzuführen in die formalen und konstitutiven Kräfte des Geistes: bildend zu züchten eine für Deutschland ganz neue Moral und Metaphysik der Form.» (E, S. 212) Gezüchtete Absolutheit der Form – formfordernde Gewalt des Nichts. In dieser Verschränkung gewann Benns absolute Kunstmetaphysik Anfang der 30er Jahre den Charakter einer volkhaften Verpflichtung.

1933 dann der «Fall Benn», ein atemberaubender Vorgang. Benn begann, auf die Geschichte zu hören. Plötzlich füllten sich seine Abstraktionen mit zeitgeschichtlicher Realität. Der Künstler sah den neuen Machtstaat rein formal als souveräne Stoffbeherrschung. «Nachdem er sich jahrelang gegen die Politisierung der Kunst gewehrt hatte, ästhetisierte er jetzt die Macht.»[31] War Benn zum Nationalsozialisten geworden? Gegen den Vorwurf einiger Weimarer Linksintellektueller, Faschist zu sein, hatte er schon 1931 darauf hingewiesen, daß er mit «den geistigen Schwammigkeiten des parteimäßig organisierten Somnambulismus» (P, S. 287) nichts zu tun hat. Aber sein Gesetz der Form, vom Nichts gefordert und durch keine inhaltlichen Rücksichten mehr gebunden, bot, verbunden mit politischem Dilettantismus und Desinteresse, zumindest eine Disposition, die ihn 1933 zum Befürworter des «neuen Staates» werden ließ. Klaus Theweleit hat in seinem voluminösen *Buch der Könige, Band 2x, Orpheus am Machtpol*, den Fallbericht dieses großen Irrtums geschrieben. Es war nicht der Nihilist, der den neuen Herren auf den Leim ging. Es war der verzweifelte, gekränkte und isolierte Dichter, der nun plötzlich glaubte, seine metaphysischen Visionen auf ein «geschichtlich Elementares» umschreiben zu können, das Macht und Führer hieß. «Man *muß* es so sagen: im Moment, wo Benn der Geschichte einen *Sinn* gibt, 1933, schlüpft der Faschist heraus. Nicht aus dem ‹Nihilisten›, dem die ‹Anfälligkeit› für so was so gern angehängt wird. (...) Benn sieht *Ziele*, will was werden, will eine *Funktion* im Neuen Staat. Der Mann des Nichts, der Mann des Un-Sinns, der *nichts* wollte, konnte hinsehen, sein Bier trinken, Leute treffen, seine Arbeit betreiben und *nicht* auf den Staat sehen. *Faschist* wird ein *Triple*: der Journalist (aus Fallenlassen des Kunstpols), der Politiker (der einen Sinn sieht in der Geschichte aus Fallenlassen des Nihilisten) und der Mann der Institution (aus Fallenlassen des Pols ‹Einzelner›, isoliertes Individuum). (...) Die Pole des sog. *Ästhetizismus*, des *Individualismus* und des *Nihilismus* schützten vor Faschismus, auch 1932 noch; jedenfalls schützten sie einen *Artisten*.»[32]

Die Desillusionierung kam bald. Schon 1934 war Benns Position völlig unhaltbar. Schauerliche Tragödie! «Die Fresse von Cäsaren und das Gehirn von Troglodythen.»[33] Die Verbindung von Kunstpol und Machtpol war mißglückt. Geist und Politik konnten nicht zusammenkommen. Möglich ist allein die Verbindung der Macht mit den Ingenieuren, der technischen Intelligenz. Mit dem Denken, dem Geist, der Kunst aber kann der Machtstaat nichts anfangen. Er will sie nicht. 1934 hat Benn endgültig erkannt, daß es für ihn nur den betrachtenden und leidenden Geist gibt, der sich an keine Macht und geschichtliche Bewegung ankoppeln kann.

Nach der politischen Katastrophe ließ die formfordernde Gewalt das Nichts auf sich beruhen. Sie suchte Stillung ihres Anspruchs in einer Sphäre, die darüber, die dagegen steht, in einer «Sphäre, die ruht, die nie aufgehoben werden kann, die abschließt: die ästhetische Sphäre.» (P, S. 467) In sie zog Benn sich nun zurück, in den einsamen und geschlossenen Raum des monologischen Wortkunstwerks.

Die Transzendenz der schöpferischen Lust blieb bis zuletzt sein ästhetisches Bekenntnis. Denn nichts ging verloren an poetischer Leidenschaft und artistischer Intensität. Endgültig verloren aber sind nun alle substanzialisierten Inhalte, auch die des Volkes oder irgendeines anderen Kollektivs. «Kollektiv, das war eine reine Illusion, eine Fabel, um die unsägliche Leere unserer Roboterexistenzen zu füllen.» (P, S. 463)

Die nationalsozialistischen Greuel, Holocaust und Vernichtungskrieg, stalinistische «Säuberungen», Hiroshima und Nagasaki – angesichts dieser Ereignisse war für Benn jeder moralische Inhalt zunichte gegangen. Geschichtlicher Sinn war nicht mehr festzustellen. Der humanistische Traum vom Menschen war ausgeträumt, das Dogma vom Homo sapiens zu Ende. «Es ist überhaupt kein Mensch mehr da, nur noch seine Symptome» (E, S. 503), durcheinandergewirbelt auf den Mattscheiben eines fragmentarisierten Bewußtseins.

In dieser Situation, die keinen archimedischen Punkt mehr kannte, sondern nur noch den fortwährenden Sturz nach allen Seiten und das Irren durch einen leeren Raum, betraten der *Ptolemäer* (1947) und der *Radardenker* (1949) die Szene. Sie kannten keine Wahrheiten mehr. Jede allgemeine Idee erschien ihnen als Bluff. Eine moralische Bewertung von Todesfällen war in dieser Welt des Ungeheuerlichen gänzlich abwegig. Es war nun «wirklich gleichgültig, ob einige Menschen einige Tage länger lebten oder einige Nächte mehr schliefen, man beende endlich dieses konfuse Gerede von Leben und Glück.» (P, S. 194) Das Intellektuelle war hoffnungslos, die Humanität ohne Gehäuse, der Staat völlig wesenlos, das Leben nur noch absurd. Hatten wenigstens die Dinge noch irgendeinen Ernst? «Tragen sie eingegrabene Züge, Befehlsbestimmungen, Kaperorders –, nein, sie sind eine fremde Welt, verschlossen, indifferent, sogar mit kalten Schultern.» (S. 217) Jetzt blieb nur noch der punktuell erhellende Strahlenblick des Ptolemäers, sein prismatisch-infantiler Stil, zu sehen: in sich hinein, um dort ein leeres Ich zu entdecken; und nach außen in die chaotische, phantomartige Turbulenz von Erscheinungen ohne Sinn. «An den Dingen bleiben, sie genau erkennen und dann zersprengen – und in gewissen Stunden erschien es mir sehr leicht. Das war eine Fontaine von notierten Sachen, studierten Einzelheiten und dann schleuderte ich sie hin. Das war Leben!» (S. 227) Es blieb der Seelenzustand des Radardenkers, der sich im Schatten still hielt und mittels eines allseitig offenen Empfangsorgans die Leere auszuloten und zu füllen versuchte, die ihn umwehte.

In der unübertroffen epochalen Prosa des *Ptolemäer* und des *Radardenker* ist über den Endzustand des Nihilismus, über seine Auflösung in nichts, mehr zu erfahren als in allen theoretischen Exkursen und kulturkritischen Essays. Aber diese Figuren besaßen keine Existenz mehr wie Rönne. Es waren hochstilisierte Konstruktionen eines auktorialen Essayismus, der zu zeigen versuchte, worauf es allein noch ankam, nämlich darauf, «*was man aus seinem Nihilismus macht.*» (S. 467) Benn, der letzte Kämpfer auf dem Schlachtfeld des europäischen Nihilismus, wandte nun endgültig die Aufmerksamkeit vom «was schreiben» zum «wie schreiben». Stil blieb das einzige, was in sich den Beweis seiner Existenz trug. Die Aussagestruktur, in sich bereits antithetisch und antisynthetisch, wurde bearbeitet und durchkreuzt durch eine stilistische Vehemenz, in der das «Wie» des Schreibens nur seiner eigenen rauschhaften Bahn folgte. Am arbeiten war die Wollust eines Schreibens, das an den prismatischen Brüchen und Kollisionen der Wortfelder zu glühen begann. Verbale Lust, zugleich revolutionär und asozial, von keiner Kollektivität mehr mit Beschlag und Bedeutung belegt, «Böen aus Nirvana» (S. 232) atmend, steigerte sich zu einer diabolischen Wortartistik, in der allein das Nichts seinen künstlerischen Widerpart zu finden vermochte. «Denn mit einem allerdings muß man rechnen; es gibt kein Halten auf diesem Weg, er ist das Alles oder Nichts – das All im Nichts.» (S. 231)

Das war, an Goethes Faust erinnernd, Selbstlegitimation und Existenzstabilisierung zugleich. Der prismatische Infantilismus der späten Prosa Benns widersetzte sich trotzig dem universal gewordenen Nihilismus. «Zugegeben: Panoptikum, Bilder, Fragmente.» (S. 210) Aber ohne Pessimismus, sondern als Neinsagen. «Nein, ich bin kein Pessimist –, woher ich stamme, wohin ich falle, das ist alles überwunden. Ich drehe eine Scheibe und werde gedreht, ich bin Ptolemäer.» (S. 233) Und hier endet auch mit seinem letzten großen Verfechter das Thema Nihilismus, das die europäische Diskussion 150 Jahre durchzogen hat, jene spätabendländische Atmosphäre, «in der wir alle lebten, von der wir alle bis zur Bitterkeit und bis zur Neige tranken.» (E, S. 210) Am Ende nur noch eine Müdigkeit von hohen Graden, eine tiefe Apathie und abgeklärte Indifferenz, eine undurchsichtige Stellung des Geistes in der Welt und eine uneuphorische Haltung ihm gegenüber, weder militant noch nihilistisch, sondern ernst, einsam und mit einem Rest von stoischer Tapferkeit.

NUR ZWEI DINGE

Durch so viel Formen geschritten,
durch Ich und Wir und Du.
Doch alles blieb erlitten
durch die ewige Frage: wozu?

Das ist eine Kinderfrage.
Dir wurde erst spät bewußt,
es gibt nur eines: Ertrage
– ob Sinn, ob Sucht, ob Sage –
dein fernbestimmtes: Du mußt.

Ob Rosen, ob Schnee, ob Meere,
was alles erblühte, verblich.
Es gibt nur zwei Dinge: die Leere
und das gezeichnete Ich.[34]

5

PHÄNOTYPEN DER GLEICHGÜLTIGKEIT

Sieben Helden der modernen Literatur

Wir sehen ein kompliziertes Netz von Ähnlichkeiten, die einander übergreifen und kreuzen. Ähnlichkeiten im Großen und Kleinen. Ich kann diese Ähnlichkeiten nicht besser charakterisieren als durch das Wort «Familienähnlichkeiten».[1]

Ludwig Wittgenstein

Der gleichgültige Mensch, der keine abstrakten Ideen und hoffnungsfrohen Utopien mehr anerkennt und der Welt, die für ihn keinen metaphysischen Sinn mehr besitzt, seine leidenschaftliche Aufmerksamkeit entzogen hat; der moderne Mensch, der nach dem Schock des Glaubensverlusts widerstandslos das Dasein lassen will, wie es ist, mit dem Wissen, daß es auch nicht oder anders sein könnte; der sich weigert, mehr anzuerkennen als das, was ihm augenblicklich widerfährt; kurzum der Mensch, der es ablehnt, ständig zu differenzieren und aus den wertenden Unterscheidungen seine Schlüsse zu ziehen – dieser eigenartige Charakter, der zwischen teilnahmsloser Indifferenz und stoischer Akzeptanz seinen Weg in der Faktizität des Daseins sucht, ohne ein Ziel zu kennen, hat vor allem in der modernen Literatur seine reflektierte Gestalt gefunden. Seit die Literatur die subjektiven Folgen zu beschreiben und zu erkunden versucht, die der Zusammenbruch der Metaphysik und des Glaubens mit sich bringt, sind gleichgültige Helden zu ihrem Thema geworden. Im romantischen Ironiker, der nur noch in der ästhetisierbaren Langeweile, dem «ennui», eine Kontinuität sah, mit der er der ungeheuren Weltironie standhalten konnte, mögen sie ihren Vorläufer haben. Doch erst in der Epoche des Nihilismus, in der das Nichts zu einer unheimlichen Macht geworden ist, bilden die Gleichgültigen ihre typischen Physiognomien aus. Richtig zu erkennen geben sie sich im 20. Jahrhundert.

Wir werden in diesem Kapitel sieben Helden der modernen Literatur als Phänotypen der Gleichgültigkeit vorstellen. Sie entwickelten sich in unterschiedlichen historischen Situationen, stammen aus verschiedenen Kulturen und sind von Schriftstellern erdichtet worden, die auf den ersten Blick nur wenig zu verbinden scheint.

Sie alle besitzen eine unverwechselbare Eigenart und Individualität. Was hat Dostojewskis atheistischer, von Dämonen beherrschter *Stawrogin* mit Becketts solipsistischem *Murphy* zu tun, diesem Clown der Indifferenz, was der Dandy *Des Esseintes,* den Huysmans in die Krankheit der Décadence führt, mit dem philosophierenden Historiker *Roquentin,* den Sartre durch das Erlebnis der Kontingenz heimsuchen läßt, was Moravias verzweifelter apathischer Junge *Michele* mit *Meursault,* dem Fremden Camus', der gleichgültig unter südlicher Sonne zu leben versucht und für sich nichts anderes beansprucht als das elementare Recht, da zu sein? Gibt es hier eine Gemeinsamkeit? Dürfen wir diese Individuen in ein gemeinsames Bild pressen?

Die *Philosophischen Untersuchungen* Ludwig Wittgensteins haben uns gelehrt, daß wir die Frage, was denn das Wesentliche einer Sache sei, nicht durch die Angabe eines allgemeinen Merkmals beantworten können. Auch wenn wir einen bestimmten Begriff benutzen, der allem, was wir mit ihm bezeichnen, seine wesentliche Eigenschaft zuzusprechen scheint, so müssen wir doch immer feststellen, daß wir kein identisches Wesen finden können, sondern stets nur Phänomene, die miteinander in vielen verschiedenen Weisen «verwandt» sind. Wie können wir erklären, was ein Gleichgültiger ist? Gibt es ein allgemeines Erkennungszeichen, das allen Gleichgültigen gemeinsam ist? Jeder Versuch, hier eine klare begriffliche Fixierung anzubieten, wird scheitern angesichts der Mannigfaltigkeiten, die um so unübersichtlicher zu werden drohen, je genauer wir hinsehen. Deshalb sind wir gezwungen zu exemplifizieren. An einzelnen ausgewählten Beispielen können wir Verwandtschaften und Ähnlichkeiten sichtbar machen, ohne daß den sieben Helden der modernen Literatur Eines gemeinsam ist.

Sie alle haben mit ähnlichen Problemen zu kämpfen. Es sind Menschen, die nicht mehr glauben können, weder an die Existenz Gottes noch an die Sinnangebote ihrer Gesellschaft. In der Welt sehen sie keinen Sinn mehr, sondern nur noch vorgespiegelte Fiktionen, die sie zurückweisen. Doch zugleich weigern sie sich, in die Transzendenz zu springen und einen höheren Sinn anzuerkennen. Wie in einer Welt leben, in der Gott tot ist und die gesellschaftlich eingespielten Wertigkeiten keine verläßliche Orientierung mehr bieten?

Auf diese Frage geben unsere gleichgültigen Helden und ihre Schöpfer unterschiedliche Antworten. Sie flüchten ins Exil vollkommener Tatenlosigkeit oder spielen das lächerliche Spiel ihrer Umwelt mit, dem sie keine Wahrhaftigkeit und Authentizität mehr zugestehen; sie suchen das unmittelbare Glück einer Existenz, die in ihrer begriffslosen Selbstverständlichkeit das einzige ist, was ihnen bleibt, oder ziehen sich zurück ins Schneckenhaus eines solipsistischen Bewußtseins, das die Notwendigkeiten der äußeren Welt zu ignorieren versucht; sie stürzen sich in die obszönen Kontingenzen des bloßen Daseins oder leiden an der Gleichgültigkeit der anderen, der sie mit einer noch größeren und selbstbewußten Indifferenz zu widerstehen trachten. In ihrer Gleichgültigkeit sind sie heroisch oder niedergeschlagen, unangreifbar oder lächerlich. Zu den Siegern gehören sie nie. Oft sind sie nur Verlierer ohne erlittene Niederlage. Sie glauben, Gleichgültigkeit sei ihnen angeboren, oder sie reagieren mit abwehrender Gleichgültigkeit, weil sie nur so in einer Gesellschaft überleben können, die ihnen gegenüber ohne Interesse ist. Sie empfinden ihre Indifferenz als Glücksgefühl oder als Schuld, für die sie büßen wollen. Und immer wieder ist es der Tod, der ihre Haltung auf die letzte und größte Probe stellt, sei es durch den Akt des Selbstmords, mit dem sie selbstzerstörerisch ihrer Gleichgültigkeit entkommen wollen, sei es durch eine mörderische Tat, weil sie allein in ihr noch zu finden hoffen, was ihnen an Entschlußkraft und Tatwille mangelt.

Das Ergebnis unserer literaturkritischen Betrachtung wird lauten: Wir sehen ein kompliziertes Netz von Ähnlichkeiten im Großen und Kleinen, die einander überschneiden und kreuzen. Wir sehen den modernen Menschen hinter den Janusgesichtern seiner Gleichgültigkeit, die in der Literatur der Moderne ihre reflektierten Profile erhalten haben. Wir können uns selbst erkennen im Spiegel der Literatur.[2]

Nikolai Stawrogin, der Zar in der Gleichgültigkeit

> Und dem Engel der Gemeinde zu *Laodicea* schreibe: Das sagt, der da Amen heißt, der treue und wahrhaftige Zeuge, der Anfang der Schöpfung Gottes: Ich weiß deine Werke, daß du weder kalt noch warm bist. Ach, daß du kalt oder warm wärest! Weil du aber lau bist und weder warm noch kalt, werde ich dich ausspeien aus meinem Munde.[3]

Niemand hat sich der metaphysischen Herausforderung des Nihilismus so eindringlich gestellt wie Fjodor Dostojewski. Er hat sie nicht als ein Philosoph angenommen, um sie mit kühlem Kopf zu untersuchen. Er hat sich ihr als Mensch ganz ausgeliefert, als Kind seiner Zeit, ihres Unglaubens und Skeptizismus. Er hat die Gewalt der nihilistischen Verneinung existentiell erlitten und sich in ihren Abgrund geworfen. Er irrte durch ein unendliches Nichts in der verzweifelten Hoffnung, doch noch ein Licht oder einen Halt zu finden, die Rettung in einer Glaubensgewißheit, die ihn vor der drohenden Zerstörung bewahren sollte. Das existentielle Dilemma fand seinen künstlerischen Ausdruck in Dostojewskis Werk.

In seinen Erzählungen und Romanen hat er ein Bild der Folgen gemalt, die Nihilismus und Gottverleugnung für den Menschen haben können. All seine großen literarischen Werke kreisen um dieses eine tiefste Problem: wie sinnvoll zu leben sei in einer Zeit, die von wissenschaftlichem Materialismus, ungläubigem Atheismus und revolutionärem Aufruhr geprägt ist. Wir werden uns hier nur auf einen Roman konzentrieren, dessen Held die rätselhafteste und reflektierteste Gestaltung eines Gleichgültigen ist. Sein Charakter und sein Schicksal zeugen von der Größe und dem Fall einer nihilistischen Indifferenz, die von Dostojewski nicht individualpsychologisch analysiert wurde, sondern in ihrer ganzen seelischen und metaphysischen Tiefe realistisch dargestellt worden ist.[4]

Um das Klima zu verstehen, in dem Nikolai Stawrogin, dieser «Zar in der Gleichgültigkeit»[5], auftauchen konnte, muß man sich Dostojewskis Situation vergegenwärtigen. 1844 hatte er, dreiundzwanzig Jahre alt, seinen Abschied als Offizier genommen, um freier Schriftsteller zu werden. Er lernte den Literaturkritiker Belinski kennen, von dem er den Glauben an den Sozialismus übernahm, und Alexander Herzen, der sich an die Spitze der geistigen Bewegung der «Westler» gesetzt hatte, beeinflußt vom deutschen und französischen Sozialismus und seiner Philosophie. 1846 trat er einer revolutionären geheimen Petersburger Gesellschaft bei, die von dem jungen Beamten Petraschewski ins Leben gerufen worden war. Die radikale Gruppe wurde 1849 verhaftet, Dostojewski wegen staatsfeindlicher Aktivität zum Tode verurteilt. Am 22. Dezember, bereits an die Pfähle gebunden, wurden die Verurteilten im letzten Moment aufgrund eines kaiserlichen Gnadenakts vor der Exekution bewahrt. Vier Jahre lebte Dostojewski in Festungshaft, und dieser Aufenthalt im «Totenhaus» konfrontierte ihn mit den zentralen Fragen, um deren Beantwortung er lebenslang rang: Gibt es einen Gott? Welchen Sinn kann das Leben haben, falls es ihn nicht gibt? Stürzt die Welt ins Chaos, wenn Gott tot und deshalb alles erlaubt ist? Er dürstete nach Glauben, der um so stärker in ihm wurde, je mehr Argumente er gegen ihn ins Feld führte. Er durchdachte den Nihilismus, Sozialismus und Materialismus in ihren äußersten Möglichkeiten, um mit ihnen fertig zu werden. Später, in den 60er Jahren, in denen er den Westen auch durch ausgedehnte Reisen kennengelernt hatte, verschärfte sich seine Kritik des westlich geprägten revolutionären und sozialistischen Denkens der russischen Intelligenzia, auch wenn er weiterhin die Entwürfe eines Lebens ohne Gott brauchte, seine Angriffe auf den Sinn des Glaubens, weil er nur so hoffen konnte, seinen eigenen ehrlichen Willen zur Religion auf keinem schwankenden Fundament aufbauen zu können.

Schließlich, Ende 1869, entwarf er einen fünfteiligen Romanzyklus unter dem gemeinsamen Titel *Das Leben eines großen Sünders*. Da wurde am 21. November 1869 auf Initiative des anarchistischen Bakunisten Netschajew, gerechtfertigt durch die Pflicht, alles zu beseitigen, was der revolutionären Sache schadet, der Student Ivanow als «Dissident» seiner terroristischen Gruppe ermordet. Aus dem geplanten Zyklus entwickelte sich die Idee eines Romans, in dem diese Ermordung einen zentralen Platz einnehmen sollte. 1871 hat Dostojewski das Manuskript *Besy* (die Dämonen, Teufel,

Besesssenen) abgeschlossen, während in St. Petersburg Netschajew der Prozeß gemacht wurde.

Dostojewskis unsichere Entwürfe[6] zu *Die Dämonen*[7], die er als «Pamphlet» gegen die Westler verstand, haben so lange nichts Rechtes werden wollen, als er die Gestalt des Nikolai Stawrogin noch nicht als Hauptheld bestimmt hatte. Erst die politische Affäre Netschajew hat ihm die Perspektive eröffnet, in der er das Syndrom des russischen Revolutionsgeistes klar zu sehen glaubte. Die großen Themen – Atheismus, Nihilismus und Revolution – wurden fokussiert auf die Geschichte einer Gruppe revoltierender Provinzakteure, die 1869 das friedliche Städtchen Twar durch Provokationen, Feuer und Morde in Unruhe versetzen. Im Mittelpunkt stand Nikolai Stawrogin, der Sohn der Aristokratenwitwe Warwara Stawrogina. Um ihn waren vier junge Männer gruppiert, die wie Trabanten um die Sonne ihres Helden kreisten. Man kann sie auch als Folien, Doppelgänger oder Personifikationen Stawrogins verstehen, durch die dieser widersprüchliche Charakter in seiner differenzierten Vielfalt Profil gewinnt.

Pjotr Werchowenskij ist der radikale Anarchist und Nihilist, wie sein reales Vorbild Netschajew besessen von der Idee der Zerstörung, ein unglücklicher und unerbittlicher Geist, der am Ende seiner Revolte nur einen Sinn zu geben vermag, indem er den Genossen Iwan Schatoff brutal ermordet. Schatoff, der Sohn eines verstorbenen Dieners der Stawrogins, ist leidenschaftlicher Anhänger eines messianischen Slawophilismus. Er hat paradoxerweise das russische Volk zu seinem Gott erhoben, ohne an einen Gott glauben zu können. Schigaljoff glaubt, Philanthrop zu sein, aber seine Liebe zu den Menschen, die er zu unbeschränkter Freiheit führen will, schlägt um in einen unbeschränkten Despotismus, da ihm zufolge nur die totale Diktatur ins ersehnte Reich der Freiheit und Gleichheit führen kann. Der Ingenieur Alexei Kirilloff schließlich ist ein hochherziger Logiker des Atheismus, der seine Konsequenzen absurd zu Ende denkt und sich aus logischen Gründen selbst erschießt: Wenn Gott nicht existiert, so ist der Mensch Kirilloff in seiner Freiheit selbst Gott; wenn die Vorstellung Gottes aber nur verstehbar ist aus dem Schmerz der Angst vor dem Tod, so muß man, um wirklich göttlich frei zu sein, die Angst vor dem Tod verneinen; also muß sich Kirilloff umbringen, um seine göttliche Freiheit in einer Welt ohne Gott durch die Tötung der Angst vor dem Tod zu beweisen.

Sie alle sind Besessene, und Dostojewski ließ keinen Zweifel daran aufkommen, daß er den Nihilismus, der hier zum terroristischen Mord, zum blasphemischen Slawophilismus, zur grenzenlosen Despotie und zum logischen Selbstmord führte, als Symptom eines Glaubensverlustes diagnostizierte, der den russischen Menschen toll werden ließ, wurzellos und ziellos. Denn mit dem Motiv der Dämonen spielte er auf die bösen und unreinen Geister an, von denen im Neuen Testament die Rede war. Die Heilung des besessenen Geraseners (Matthäus 8,28–34; Markus 5,1–10; Lukas 8,26–39) hat er seinem Roman als Motto vorangestellt: Um einen Besessenen von der Legion seiner bösen Geister zu befreien, ließ Jesus sie in Schweine fahren, die sich vom Abhang in den See stürzten und ersoffen. Am Ende des Romans hat er dem alten sterbenden Stepan Werchowenskij, dem Vater des Terroristen Pjotr und ehemaligen Lehrer Nikolais, die politische Interpretation dieser Geschichte in den Mund gelegt: «Sehen Sie: das ist genau so wie in unserem Rußland. Diese Teufel, die aus dem Kranken hervorkommen und in die Säue fahren, das sind all die schlechten Säfte, all diese Miasmen und aller Schmutz, eben alle Teufel und kleinen Teufelchen, die sich in unserem großen und geliebten Kranken, in unserem Rußland, angesammelt haben. (...) Ja, und vielleicht sind sie schon in diese Säue gefahren! Das sind wir (...) und ich vielleicht als der erste an der Spitze, und wir werden uns, wir Vernunftlosen und Tobsüchtigen, vom Abhang ins Meer stürzen und alle ertrinken, und dorthin gehören wir auch, denn das ist doch alles, wozu wir fähig sind.» (S. 960)

Im Zentrum dieses Werks steht Nikolai Stawrogin. Er ist die kalte Sonne, deren dämonisches Licht alle bestrahlt, die wie zerborstene Teile seines Selbst um ihn kreisen. Er ist zugleich der dominierende Held, in dessen Selbstbewußtsein alles wie in einem Schmelztiegel zusammenkommt und seine Kraft und Tiefe gewinnt. Es geht hier nicht um Psychologie, gegen die Stawrogin selbst sich vehement zur Wehr setzt: «Ich mag keine Spione und Psychologen, wenigstens nicht solche, die sich in meine Seele eindrängen wollen. Ich rufe niemanden herein, ich brauche niemandes Hilfe, ich verstehe es, allein mit mir auszukommen.» (S. 602) Auch Dostojewski hat sich gewehrt, ein Psychologe zu sein und die menschliche Seele als Gegenstand einer Wissenschaft oder sicheren Erkenntnis zu verobjektivieren. Kein festes Bild einer bestimmten Person wird hier gezeichnet, sondern der mühsame Prozeß einer Bewußtwerdung gestaltet, die zu keinem Ende kommt und in immer neuen Wendungen auch den Vorstellungen widerstreitet, die sich andere von Stawrogin machen. Doch einige Elemente kristallisieren sich in diesem verwirrenden Spiel zwischen Selbsterkenntnis und -täuschung, äußerlichen Bewertungen, verfehlten Projektionen und öffentlichen Mißverständnissen. Sie alle lassen die Gleichgültigkeit durchscheinen, von der dieser zerrissene Held in seinem Innersten beherrscht wird. Sie ist das verwerflich «Laue», weder heiß noch kalt, das das Lamm Gottes ausspeien wird.

Die Lebensgeschichte Nikolai Stawrogins scheint dem zu widersprechen. Was hat er nicht alles getan! Seine Biographie ist abenteuerlich und voller Aufruhr. Der Erzähler der *Dämonen* hat sie in seinem Bericht über die «merkwürdigen Ereignisse» (S. 9), die sich unlängst (1869) in seiner Kleinstadt zugetragen haben, raffiniert zerstreut. Doch ihre Chronologie bleibt erkennbar. Stawrogin wurde 1840 geboren. Als Kind wurde er vom liberalen Westler Stepan Werchowenskij erzogen. Sechzehnjährig wurde er auf das Lyzeum in St. Petersburg gebracht, schwächlich, blaß, seltsam still und nachdenklich. Als er die Schule absolviert hatte, trat er ins Militär ein und wurde bald zu einem vielversprechenden Offizier. Doch plötzlich begann er wie toll und zügellos zu leben und wurde zu einem herausfordernden Raufbold. Nach zwei Duellen wurde er zum Gemeinen degradiert, doch 1863 gelang es ihm, sich auszuzeichnen und wieder Offizier zu werden. Da nahm er plötzlich seinen Abschied und schloß sich «dem Abschaum der Petersburger Bevölkerung» (S. 58) an. Er hatte mehrere Geliebte, trank viel und führte das ausschweifende Leben eines begüterten Offiziers außer Dienst. «Ungefähr um dieselbe Zeit wollte ich mich umbringen aus dem krankhaften Gefühl völliger Teilnahmslosigkeit; ich weiß eigentlich nicht warum.» (S. 609) Statt dessen verführte er aus einer Laune heraus Matrjoscha, die zwölfjährige Tochter seiner Vermieter, die sich, ohne von ihrem Verführer zurückgehalten zu werden, umbringt mit dem Bewußtsein, «daß sie Gott getötet habe» (S. 611). Aus Lust an unvernünftigen Provokationen heiratete Stawrogin

Marja, eine arme, hinkende und schwachsinnige Frau. 1865 kam er für ein halbes Jahr nach Hause, um sich in der Provinz zu zerstreuen. Er war ein schöner Mann geworden, von großer sinnlicher Ausstrahlung und außergewöhnlicher Kraft, ein eleganter Gentleman und Charmeur. Doch bald «zeigte das Tier seine Krallen.» (S. 60) Mit verrückten kleinen Tollheiten überraschte er seine Umgebung. Plötzlich trat er auf einen bejahrten Mann zu, der die Angewohnheit hatte, seinen Behauptungen «Man wird mich nicht an der Nase führen!» bekräftigend hinzuzufügen, und «faßte ihn unerwartet, aber fest, mit zwei Fingern an der Nase und zog ihn ein paar Schritte weit in den Saal hinter sich her.» (S. 62) Auf einem Ball küßte er überraschend seine verheiratete Tanzpartnerin. «Die arme Frau fiel vor Schreck in Ohnmacht.» (S. 66) Während einer klärenden Aussprache mit dem Provinzgouverneur biß er diesem plötzlich ins Ohr. Man war froh, daß diese Scherze bald ein Ende nahmen und Stawrogin sich auf Reisen begab. Vier Jahre war er unterwegs. In dieser Zeit träumte er oft von glücklichen Inseln, die er nicht erreichen konnte, und wurde zunehmend von Halluzinationen gepeinigt, in denen das verführte Mädchen ihn heimsuchte, dessen Tod er nicht verhindert hatte. 1869 kam er zurück und stürzte nun, zusammen mit seinen vier Freunden, die Kleinstadt ins Chaos. Am Ende wußte er keinen Ausweg mehr und beging, seinen Charakter erkennend, Selbstmord. Er erhängte sich, auf einem Zettel die Nachricht hingekritzelt: «Niemanden beschuldigen. Ich selbst.» (S. 991)

Wer war dieser rätselhafte Mensch, der das Geheimnis seiner Seele hinter Scherzen, Provokationen, Skandalen und Ausschweifungen verbarg, auch vor sich selbst? Die Menschen, die ihm begegneten, gaben darauf unterschiedliche Antworten. Einige Frauen liebten und vergötterten ihn wegen seiner Eleganz und Intelligenz, andere haßten ihn bis zum Blutdurst wegen seiner Kälte. Manche sahen seine Schönheit und Stärke als Zeichen einer großen Seele, andere nur als Masken, hinter denen sich verführerische Wollust verbarg. Sein alter Lehrer Stepan glaubte an den hohen Rang seiner Seele und seiner Berufung und hielt die meisten seiner Taten für vorübergehenden jugendlichen Übermut. Seine Mutter dagegen glaubte darin den «Dämon der Ironie» (S. 257) zu erkennen, der ihren Sohn sein Leben lang peinigte und sich in Spottlust und einem unersättlichen Durst nach dem Kontrast äußerte. Der Erzähler und Chronist verglich ihn mit Petschorin, jenem dämonisch-romantischen Helden, der in Lermontows Roman *Ein Held unserer Zeit* (1840) geschildert worden war. Seine vier Genossen bewunderten ihn und übernahmen von ihm das, was er ihnen gleichsam experimentell als unterschiedliche Ideologien eingepflanzt hatte, nur um zu sehen, was sich daraus entwickelte. Am treffendsten hat ihn vielleicht der Logiker Kirilloff charakterisiert, der in Stawrogin einen radikalen Skeptiker sah, der alle Wahrheit verloren hatte: «Wenn er glaubt, so glaubt er nicht, daß er glaubt. Wenn er aber nicht glaubt, so glaubt er nicht, daß er nicht glaubt.» (S. 904)

Und Stawrogin selbst? Wie erschien ihm die Welt, wie erschien er sich selbst? Wenn er sich über eins klar zu sein schien, so über die Dämonen, die seinen Charakter in Widersprüche stürzten. «Ich bin es selbst, in verschiedenen Gestalten und weiter nichts.» (S. 597) Er konnte sich mit nichts identifizieren und war hin- und hergerissen zwischen den Gegensätzen, denen er sich ausgeliefert sah oder die er provozierte. Er glaubte über eine angeborene «tierische Sinnlichkeit» (S. 608) zu verfügen, aber war stets Herr seiner selbst und konnte sich auch vorstellen, als asketischer Mönch zu leben. Er liebte den Rausch, verlor jedoch nie sein klares und volles Bewußtsein. Sein Verstand war nüchtern, aber zugleich gegen jede gesunde Vernunft. Er war grenzenlos hochmütig und zugleich beseelt vom Wunsch nach Demut und Buße. Jede außergewöhnliche Lage, in der er dominierte, bereitete ihm ein unglaubliches Lustgefühl, aber ebenso jede lächerliche Demütigung, die er über sich ergehen lassen mußte. Er verführte die Frauen durch seine Liebe, aber konnte niemanden lieben. Jede Idee, die er geistreich vertrat, wurde durch eine entgegengesetzte Idee konterkariert. Die ideologischen Satelliten seiner Persönlichkeit vertraten Positionen, mit denen er nur sein Spiel spielte. Er dürstete nach Gegensätzen und hat Vergnügen an seinen guten ebenso wie an seinen schlechten Taten, ohne dabei sicher zu sein, was gut und böse ist.

Aber dieser widersprüchliche Charakter, der ihm als solcher bewußt ist, war nicht die ganze Wahrheit. War sein Ich nur gespalten, zersplittert in die Experimente mit Menschen und Ideen, am meisten mit ihm selbst? Es ist ein Priester, der Stawrogin mit einer tieferen Einsicht konfrontiert. Denn die Widersprüche seines Wesens sind nur Symptome einer fundamentalen Indifferenz, die Stawrogin durch seine makabren, ausschweifenden und todbringenden Inszenierungen zu verdecken sucht. Er verstrickt sich in Widersprüche und Differenzen, um die teilnahmslose Gleichgültigkeit vor sich selbst zu verbergen. Sie ist der eigentliche Grund, der seine Dämonen beseelt und ihn zu seinen Taten antreibt. Sie ist das fundamental Böse, das als Grundthema die polyphonen Stimmen seiner Geschichte durchzieht und hinter den Masken von Nihilismus und Revolte, Atheismus und Despotie, Materialismus und Zerstörung hervorblickt.

Das 9. Kapitel des 2. Buches der *Dämonen – Bei Tichon –*, das zunächst nicht veröffentlicht werden konnte, weil der Verleger sein Veto gegen die Beichte Stawrogins einlegte, und erst bei der Nachlaßeröffnung 1921 zutage trat, stellt das Herzstück dieses Lebensromans eines großen Sünders dar. – In tiefer Versunkenheit, zugleich ergriffen von einer unbestimmten, jedoch heftigen Unruhe macht sich Stawrogin auf den Weg zum Bischof Tichon, der sich im nahe liegenden Kloster zur Ruhe gesetzt hat. Er berichtet ihm von den Halluzinationen, unter denen er leidet, und glaubt in ihnen den Teufel am Werk zu sehen. Aber wie kann Stawrogin an den Teufel glauben, «an einen persönlichen Teufel und nicht an eine Allegorie» (S. 598), wenn er nicht an Gott glaubt? Ist das überhaupt möglich, fragt Stawrogin lachend.

«Oh, durchaus, das findet man ja auf Schritt und Tritt», antwortete Tichon aufblickend, und er lächelte gleichfalls.

«Und ich bin überzeugt, daß Sie einen solchen Glauben immerhin achtbarer finden als völligen Unglauben ... Oh, Pope!» meinte Stawrogin auflachend. Tichon lächelte ihm wieder zu.

«Im Gegenteil, vollständiger Atheismus ist achtbarer als weltliche Gleichgültigkeit», fügte er heiter und treuherzig hinzu.

«Oho, also so sind Sie?»

«Ein vollständiger Atheist steht auf der vorletzten Stufe zum vollständigsten Glauben (ob er nun auch die höchste betritt oder nicht, gleichviel); der Gleichgültige jedoch hat überhaupt keinen Glauben, außer einer üblen Furcht.»

«Aber dann sind Sie ja ... Sie haben doch die Apokalypse gelesen?»

«Ja.»

«Erinnern Sie sich an die Stelle: ‹Und dem Engel der Gemeinde zu Laodicea schreibe ...›?»

«Ja, ich weiß. Herrliche Worte.» (...) Tichon wußte die Stelle auswendig, Wort für Wort:

«Und dem Engel der Gemeinde zu Laodicea schreibe: Das sagt Amen, der treue und wahrhaftige Zeuge, der Anfang der Kreatur Gottes. Ich weiß deine Werke, daß du weder kalt noch heiß bist. Ach, daß du kalt oder heiß wärest! Weil du aber lau bist und weder kalt noch heiß, werde ich dich ausspeien aus meinem Munde. Du sprichst: Ich bin reich und habe gar satt und bedarf nichts! und weißt nicht, daß du bist elend und jämmerlich, arm, blind, und bloß...»

«Genug!» unterbrach Stawrogin. (...)

Tichon blickte ihm fest ins Gesicht.

«Es hat Sie betroffen gemacht, daß das Lamm den Kalten lieber hat als den bloß Lauen», sagte er. «Sie wollen nicht *bloß* lau sein.» (S. 601 f)

Da zieht Stawrogin aus seiner Rocktasche ein dünnes Päckchen bedruckten Papiers und gibt es Tichon zu lesen. Es ist seine Beichte, in der er seine verwerflichen Taten schilderte, vor allem seine Verführung der jungen Matrjoscha und die Untätigkeit, als sie sich erhängte. Stawrogin will diese Beichte veröffentlichen. Er will Bußrichter seiner Taten sein, sich öffentlich anklagen, um sich selbst richten zu können und so von seinen Halluzinationen frei zu werden. Um seine Dämonen zu bezwingen, sucht er unendliches Leid, um sich in der größten Selbstanklage zugleich verzeihen zu können. Doch wieder ist es Tichon, der ihn durchschaut: «Dieser Gedanke ist gewaltig - tiefer könnte auch ein Christ nicht fühlen. Noch weiter, über ein so erstaunliches Wagnis hinaus kann die Reue nicht gehen, wenn nur...» «Wenn nur was?» «Wenn es nur eine wirkliche Reue wäre, ein wirklich christlicher Gedanke.» (S. 623) Denn Tichon erkennt, daß Stawrogin seine Leser nur durch seine Gefühllosigkeit in Erstaunen setzen will, ohne sich wirklich von ihr zu befreien. Er bleibt wurzellos, ungefestigt in seinem Glauben, «lau» in seinen Gefühlen. Er ist weder überzeugter Atheist noch wirklich gläubig. Er spielt nur mit Schuld und Sühne, mit Buße und Richterspruch. Das kann für Tichon nur «lächerlich» (S. 627) sein. Fluchtartig verläßt Stawrogin, ohne sich umzusehen, die klösterliche Zelle.[8]

Doch den Stachel, den Tichon in ihn gesetzt hat, wird er nicht mehr loswerden. Nur im Selbstmord glaubt er am Ende einen Ausweg aus der Empfindungslosigkeit und lauen Gleichgültigkeit finden zu können, die seinen widersprüchlichen Charakter beherrscht und ihn zu seinen Taten antreibt, mit denen er sich über sich selbst zu täuschen versucht. Bevor er diesen letzten Schritt vollzieht, hofft er zwar noch, im Schweizer Kanton Uri Zuflucht zu finden, wie einst Alexander Herzen. Aber er ahnt bereits, daß er durch diese Reise nicht der Indifferenz entkommen kann, die ihn zerstört. In einem langen Abschiedsbrief an Schatoffs Schwester Darja Pawlowna Schatowa, die ihn liebt und wie eine «Krankenschwester» umsorgt, legt er Rechenschaft über sich selbst ab. Es ist der Dämon der Indifferenz, der sein Herz beherrscht.

Ich erhoffe nichts von Uri; ich fahre nur einfach hin. Ich habe nicht mit Absicht einen düsteren Ort gewählt. In Rußland bin ich durch nichts gebunden – hier ist mir alles ebenso fremd wie überall. Allerdings habe ich hier noch weniger als anderswo gern gelebt; aber selbst in Rußland habe ich nichts zu hassen vermocht! Ich habe überall meine Kraft auf die Probe gestellt. (...) Aber an was diese Kraft anwenden – das ist es, was ich nie gesehen habe, auch jetzt nicht sehe, trotz Ihrer Beifallsbezeugungen und Ihres Zuspruchs in der Schweiz, denen ich Glauben schenkte. Ich kann auch jetzt noch ganz so, wie auch früher immerzu, eine gute Tat begehen wollen, und empfinde es als eine Befriedigung; daneben aber habe ich gleichzeitig auch Lust zu Bösem und empfinde dabei gleichfalls Befriedigung. Aber sowohl das eine wie das andere Empfinden ist, ganz wie früher, immer zu flach, sehr stark aber pflegt es nie zu sein. Meinen Wünschen fehlt die Kraft aus der Tiefe; sie können nicht zielstrebig mitreißen. Auf einem Balken kann man über einen Fluß schwimmen, auf einem Holzspan aber nicht. Ich sage das nur, damit Sie nicht denken, ich führe mit irgendwelchen Hoffnungen nach Uri.

Ich beschuldige nach wie vor niemanden. Ich habe es mit großer Ausschweifung versucht und in mir die Kräfte erschöpft; aber ich liebe Ausschweifung nicht, noch wollte ich sie. Sie haben mich die ganze Zeit beobachtet. Wissen Sie auch, daß ich sogar auf unsere radikalen Verneiner mit Grimm geblickt habe, weil ich sie um ihre Hoffnungen beneidete? (...)

Sie sollten vorsichtiger sein: meine Liebe wird ebenso flach sein, wie ich es selbst bin; Sie aber werden unglücklich sein. Ihr Bruder hat mir einmal gesagt: wer die Verbindung mit seiner Heimaterde verliert, der verliere auch seine Götter, das heißt alle seine Ziele. Über alles kann man endlos streiten, aber aus mir ist einzig und allein Verneinung hervorgegangen, ohne jede Hochherzigkeit und ohne jede Kraft. Selbst nicht einmal Verneinung! Alles ist immer flach und schlaff. (S. 687 f)

Kirilloff fand seinen Ausweg in der hochherzigen Tat seines logischen Selbstmords. Er glaubte an eine Idee der Freiheit in gottloser Zeit, für die er absurderweise mit seiner Tat den Beweis liefern wollte. Stawrogin aber kann an keine Idee glauben. Deshalb scheut er auch den Selbstmord, der für ihn nur ein weiterer Betrug in der endlosen Reihe seiner Betrügereien wäre, mit der er seine laue Gleichgültigkeit verdeckte. «Was hätte es für einen Nutzen, sich selbst zu betrügen, nur um einmal Hochherzigkeit zu mimen. Unmut und Schamgefühl kann es niemals in mir geben; folglich auch keine Verzweiflung.» (S. 989) Sein Selbstmord wird keine Größe haben. Er wird ganz einfach unbemerkt stattfinden. Nikolai Stawrogin, der Zar in der Gleichgültigkeit, hat auch im Moment seines Sterbens keine Erlösung gefunden. Die Ärzte, die seinen Leichnam untersuchen, stellen nur die Möglichkeit, «daß die Tat in geistiger Umnachtung oder im Irrsinn geschehen sein könnte, vollständig und mit aller Entschiedenheit in Abrede.» (S. 991)

Gegen das Leben: Floressas Des Esseintes

> Eine einzige Leidenschaft, die für die Frau, hätte ihn vor der allumfassenden Verachtung, die ihn würgte, zurückhalten können, doch auch sie war schon verbraucht. Er hatte die Mahlzeiten des Fleisches mit dem Appetit eines launischen Mannes angerührt, den krankhafte Eßsucht heimsucht und dessen Gaumen rasch abstumpft und Ekel empfindet.[9]

Hinter der Maske Stawrogins hat Dostojewski, seiner Zeit voraus, das Geheimnis der modernen Indifferenz entdeckt. Diesem weltlich Gleichgültigen fehlte die Kraft aus der Tiefe. Sein Atheismus war so unvollkommen wie sein persönlicher Teufelsglaube. Alles war «lau» und leidenschaftslos in ihm. Er litt unter dem krankhaften Gefühl völliger Teilnahmslosigkeit, ohne es überwinden zu können. Während Iwan Turgenjew (in *Väter und Söhne,* 1862) seinen Helden Basarow nicht ohne Sympathie als einen Menschen der Sehnsucht dargestellt hatte, der trotz seines vollkommenen Nihilismus und schneidigen Materialismus noch alle Anzeichen eines großen Herzens besaß, und Iwan Gontscharow (in *Die Schlucht*, 1869/70) den philosophischen Zyniker und aktiven Nihilisten Mark Wolocholow als einen Arbeiter des Geistes und Anhänger der Wahrheit gestaltet hatte, welcher bedingungs- und kompromißlos seine neuen radikalen Ideen in die Tat umzusetzen versuchte, hat Dostojewski am Ende des nihilistischen Jahrzehnts die Schlaffheit und Flachheit zu entlarven begonnen, die jede Substanz zu zerstören, alle Werte zu nivellieren und jede traditionelle Bindung aufzulösen drohte. Stawrogin glaubte diese Situation nur durch den Selbstmord überwinden zu können, Dostojewski durch die breit angelegte Entfaltung eines gesellschaftlichen Konflikts, der in der polyphonen Struktur seines Romans seine literarische Form fand. Beiden war noch jener Ausweg versperrt, den die nächste Generation favorisieren wird: Flucht in die künstlichen Stimulanzien und nervösen Sensationen der Décadence.

Es war vor allem Nietzsche, der den hintergründigen Zusammenhang zwischen Nihilismus und Dekadenz erkannte und philosophisch reflektierte: Die nihilistische Bewegung diagnostizierte er als Ausdruck einer physiologischen Décadence ohne Lebenskraft, die nur noch beherrscht von der «langueur» war, von Mattigkeit, Schlaffheit, Kraftlosigkeit und Leere, die gleichgültig machten und die Menschen von jedem Miteinander ausschlossen; und die Kunst der Dekadenz analysierte er als eine nihilistische Absage an das Leben, die sich neue Hilfsmittel erfinden mußte, um sich über die erfahrene Apathie und Indifferenz hinwegretten zu können. Indifferent zu sein – das war in der Epoche der europäischen Décadence ein Zeichen der Schwäche und des Niedergangs, die sich nur noch in artifiziellen Fiktionen vor sich selbst verbergen konnten. Seit Mitte der 80er Jahre kreiste Nietzsches Denken um diesen Zusammenhang, den er vorwärts und rückwärts buchstabierte, um sich als Philosoph dagegen wehren zu können und seine Zeitgenossen vor dieser verführerischen Allianz zu warnen. In seinem Brief vom 18. Oktober 1888 an Malwida von Meysenburg hat er es nicht ohne verzweifelten Hochmut bekannt: «Verehrte Freundin, das sind keine Dinge, worüber ich Widerspruch zulasse. Ich bin, in Fragen der *décadence*, die höchste Instanz, die es jetzt auf Erden gibt: diese jetzigen Menschen mit ihrer jammervollen Instinkt-Entartung, sollten sich glücklich schätzen, jemanden zu haben, der ihnen in *dunkleren* Fällen reinen Wein einschenkt.»[10] «Instinkt» war für Nietzsche Chiffre für das Leben in seiner dynamischen Aktivität und Stärke, das durch den Nihilismus, der zunächst nur metaphysische und transzendente Götzen zerstören wollte, vergiftet und zerfressen worden ist. In die Leerstelle des getöteten Gottes nistete sich eine verkünstelte und überreizte Dekadenz ein. Der Mangel an instinktiver Leidenschaft wurde supplementiert durch das Übergewicht hypersensibler Fiktionen, die sich gegen das Leben stellten. «Nichts ist etwas wert, das Leben ist nichts wert»: Auf dem morbiden Boden der Gesellschaft wucherte dieses Urteil aus dem Munde des Décadent «zu tropischer Begriffs-Vegetation empor. (...) Unter Umständen vergiftet eine solche aus Fäulnis gewachsene Giftbaum-Vegetation mit ihrem Dunste weithin, auf Jahrtausende hin *das Leben*.»[11]

Vor allem französische Künstler waren es, die sich, wenn man Nietzsches Polemik zu folgen bereit ist, in die dekadente Überreiztheit künstlicher Sensationen flüchteten, um ihre nihilistische Lebensverdrossenheit ästhetisch zu kompensieren. Frankreich, für Nietzsche noch immer «der Sitz der geistigsten und raffiniertesten Kultur Europas und die hohe Schule des Geschmacks»[12], wurde zum Spielfeld der Décadence, die zu einer Tugend erklärte, was man ihr vorwarf. «Je suis l'empire à la fin de la Décadence», sagt, in einem Gedicht Paul Verlaines, die «Langueur» als Königin der Künstlichkeit. Théophile Gautier hatte den Weg geebnet, Charles Baudelaire hatte den Dandy als eine Form des Aristokraten gefeiert, der als eine ästhetisch hergestellte Figur gegen die vordringende Flut gesellschaftlicher Demokratisierung ebenso opponierte, wie er alles Natürliche haßte.[13] Gott ist tot, die Gesellschaft nivelliert und amerikanisiert, das Leben nichts wert, die Natur hat ihre Zeit gehabt: Jetzt lebe die Künstlichkeit! Wenn das Leben gleichgültig ist und nicht gelebt werden kann, muß es gespielt und zu künstlichen Exzessen gesteigert werden. Künstlichkeit war als Heilmittel gegen den Lebensüberdruß entdeckt worden. Man glaubte, sein Glück nur noch finden zu können, indem man der Wirklichkeit mit überheblicher Gleichgültigkeit aus dem Wege ging. Aus dem Geist des Nihilismus entstanden die künstlichen Paradiese der modernen Dekadenz.

Im herzoglichen Dandy Jean Floressas Des Esseintes hat sie ihre herausragende Gestalt gefunden. 1884 fiel wie ein Meteor *A rebours – Gegen den Strich* – auf den literarischen Rummelplatz und wurde mit Staunen und Wut zur Kenntnis genommen. Joris Karl Huysmans, großgeworden in der Schule des Zola-Naturalismus, hat mit diesem Roman das antinaturalistische «Brevier der Dekadenz»[14] geschrieben. Die traditionellen gesellschaftlichen Intrigen handelnder Subjekte vor dem Hintergrund sozialer Konflikte interessierten ihn nicht mehr. «Natürliche» Leidenschaften sollten keine Rolle mehr spielen in dieser Geschichte, deren Lichtstrahl nur noch auf die überreizte Giftbaum-Vegetation einer einsamen Seele fiel, die als Typus eine ganze Epoche vertrat.

Zu Beginn des Romans, der zunächst «Seul» heißen sollte, hat Des Esseintes bereits alles hinter sich, den biologischen Niedergang seines inzestuösen Adelsgeschlechts und die Abenteuer seines früheren Lebens. Er ist «blutarm und nervös, hohlwangig und mit Augen von einem kalten Stahlblau.» (S. 8) Er verachtet die Menschheit und wird durch einen teilnahmslosen Überdruß beherrscht, aus dem ihn auch sexuelle Ausschweifungen nicht mehr retten können. Alles ist verbraucht und abgestumpft. «Als wären sie befriedigt, alles ausgeschöpft zu haben, als wären sie zerschlagen vor Müdigkeit, verfielen seine Sinne in Erstarrung, und die Impotenz war nahe. Ernüchtert, allein und erbärmlich leergepumpt fand er sich wieder und erflehte ein Ende, das die Feigheit seines Fleisches ihm verwehrte.» (S. 15)

Also verläßt er Paris und verkriecht sich, weitab von der Welt, in einen nachbarlosen Elfenbeinturm, den er als einen Kunstpalast gegen die Natur errichtet. Hier beginnt er die Wirklichkeit, die ihn nicht mehr interessiert, durch ihren Traum zu ersetzen. Alles in seiner dekadenten Abgeschlossenheit ist subtil, erlesen, künstlich, und selbst die Schildkröte, diesen letzten Rest natürlichen Lebens, der ihn umgibt, läßt er mit einer tödlichen Goldglasur überziehen. «Er befühlte sie; sie war tot. Weil sie zweifellos an ein ortsgebundenes Dasein, an ein bescheiden unter ihrem armen Panzer verbrachtes Leben gewöhnt war, hatte sie den gleißenden Luxus, den man ihr aufzwang, den funkelnden Chormantel, den man ihr umlegte, die Edelsteine, womit man, gleich einer Monstranz, ihren Rücken bepflasterte, nicht ertragen können.» (S. 67) Des Esseintes kennt nur noch einen Wunsch: mit den Weltzugewandten nichts mehr gemein zu haben, «die für ihn Verfechter des Nützlichkeitsprinzips und Schwachköpfe waren.» (S. 85)

Jedes Kapitel seines artifiziellen Lebens wird zum Extrakt einer Sonderheit, zur Essenz einer besonderen Kunst: Edelsteine, Parfüms, Malerei, Botanik, Dekadenzliteratur. Der Speisesaal gleicht der Kabine eines Schiffs, und hinter den Scheiben ist ein kleines Aquarium mit künstlichen Fischen. Er umgibt sich mit künstlichen Blumen, welche die echten nachäffen, und ersetzt sie, auf der Suche nach neuen Reizen, durch natürliche, die falsche nachahmen. Die Nahrung, auf die er nicht verzichten kann, bereitet ihm zunehmend Ekel und bleibt ihm im Halse stecken. Die Katastrophe ist schließlich nicht mehr aufzuhalten: Gleichgültig gegenüber der natürlichen Welt und der gesellschaftlichen Wirklichkeit, solipsistisch ganz in seinen Hyperästhetizismus eingeschlossen, versinkt Des Esseintes in eine krankhafte Benommenheit, die all seine Willenskraft zerbricht und ihn Alpträumen ausliefert, die er untätig erdulden muß. Geruchshalluzinationen, Sehstörungen, lautes Herzpochen, kalte Schweißausbrüche und Hörtäuschungen stürzen auf ihn ein. Er ahnt, daß er zu weit gegangen ist und sein künstliches Ästhetentum ihn aus der Welt fallen ließ. Auch die Gedankengänge des Pessimismus, angelesen bei Pascal und Schopenhauer, retten ihn nicht mehr und werden von seinem Überdruß zersetzt. Er muß etwas tun; denn es ist ihm unmöglich, seinem Leiden, dieser Rache der Natur, die er hinter sich lassen wollte, weiterhin gleichgültig gegenüberzustehen. «Ein Wutanfall fegte wie ein Orkan seine Versuche, sich abzufinden, seine Bemühungen, gleichgültig zu bleiben, hinweg. Er konnte es sich nicht verhehlen: es gab nichts mehr, gar nichts mehr, alles lag am Boden.» (S. 261)

In seinem Ästhetizismus haltlos geworden, entschließt sich Des Esseintes, in das gesellschaftliche Leben der Hauptstadt zurückzukehren. Voller Ekel flieht er in die Haltlosigkeit eines enttäuschten Kunstgläubigen, der aus seinen schönen Träumen erwacht ist. Der größte Décadent seiner Zeit ist am tiefsten gestürzt, am Ende nur noch «ein Galeerensklave des Lebens, der sich einschifft, allein in der Nacht, unter einem Firmament, das die tröstlichen Leuchtfeuer der alten Hoffnung nicht mehr erhellen!» (S. 261)

Des Esseintes war gescheitert. Huysmans suchte die Lösung

dort, wo sie sein Romanheld nicht finden konnte: Er begann, den dekadenten Ästhetizismus im Licht der Sünde zu betrachten, empfand Reue und ging 1892 zur Bekehrung in ein Trappistenkloster. Barbey d' Aurévilly hatte es bereits 1884 prognostiziert: «Nach einem solchen Buch bleibt dem Verfasser nur noch die Wahl zwischen der Mündung einer Pistole und den Füßen des Kreuzes.»[15] Doch weder das Schicksal des dekadentesten aller Dandys noch die religiöse Wende seines Autors haben verhindert, daß Des Esseintes zum Typus einer literarischen Epoche wurde, in der eine hochgezüchtete Künstlichkeit mit einer tiefgreifenden Gleichgültigkeit gegenüber den Ansprüchen der Natur, des Lebens und der Gesellschaft verbunden war.

In England werden sich George Moore und Oscar Wilde (vor allem in seinem *Dorian Gray,* 1890) von dem Duft betäuben lassen, den *A rebours* ausströmte, in Frankreich werden Paul Valéry, Maurice Barrès, Paul Bourget, Maurice Maeterlinck, Rémy de Gourmont und der junge Marcel Proust (in *L'Indifférent,* 1896) den Spuren Huysmans folgen. Auch der eher durchschnittliche Jurastudent Daniel Prince, der in Edouard Dujardins Roman *Les Lauriers sont coupés (Die Lorbeerbäume sind geschnitten,* 1887) in seiner Gleichgültigkeit von Gedanken zu Gedanken schweift und verzweifelt versucht, seinen inneren Monolog[16] auf einen Punkt zu heften, lebt in dieser Atmosphäre der Décadence, obwohl ihm die aristokratische Attitüde fehlt, die Des Esseintes charakterisiert. Vor allem durch die Vermittlung Hermann Bahrs wird auch die deutschsprachige Literatur des Fin de siècle unter dem Zeichen der Décadence stehen. Stefan George, Peter Altenberg, Kurt Martens, Stanislaw Przybyszewski und Hugo von Hofmannsthal – sie alle sind sich, trotz aller internen Differenzierungen, einig in ihrer Gleichgültigkeit gegen das Leben, die sie mit der Glasur einer hochgereizten und hypersensiblen Künstlichkeit überziehen. Man litt an der Wirklichkeit und versuchte, sich aus ihr zu befreien. Mit physiologischer Überreizbarkeit wollte man die Indifferenz verdecken, mit der man das Leben betrachtete.

«Indifferent zu sein – auch das ist eine Form der Stärke», hatte Nietzsche 1888 in Erinnerung an die stoische Ataraxia bemerkt und hinzugefügt: «dazu sind wir gleichfalls zu alt, zu spät.»[17] Deshalb mußte sich die Gleichgültigkeit der Décadence vor sich selbst verbergen. Sie wurde maskiert durch das idealisierende Bild eines neuen, modernen Menschen. Er achtet das Denken, das Fühlen und das Wollen gering und verschmäht nicht nur die äußere Welt, sondern auch am inneren Menschen alles, was nicht ästhetisierbare Stimmung ist. Er erlebt nur noch, als Ich unrettbar verloren, mit den Nerven, reagiert nur noch nervös von den Nerven aus. «Der Inhalt des neuen Idealismus ist Nerven, Nerven, Nerven und – Kostüm.»[18] Er ist beherrscht von seinem Hang nach dem raffiniert Künstlichen, das um so höher geschätzt wird, je weiter es sich vom Natürlichen entfernt. Und schließlich zieht es ihn unersättlich ins Ungeheure und Schrankenlose. Alles Gewöhnliche, Häufige, Alltägliche verneint er.

Doch hinter all seinen Nervenkostümen, seinen Künstlichkeiten und Exaltationen verstecken sich dekadente Gleichgültigkeit und Leere, die als solche nicht begriffen werden konnten. Man war auf der Flucht vor ihnen und träumte davon, ihnen entkommen zu sein. «Es ist ein Rosiges, ein Rascheln wie von grünen Trieben, ein Tanzen wie von Frühlingssonne im ersten Morgenwind – es ist ein geflügeltes, erdenbefreites Steigen und Schweben in azurne Wollust, wenn die entzügelten Nerven träumen.»[19] Der Rausch wird bald verflogen sein. Die erdenbefreite Gleichgültigkeit gegenüber dem Leben wird ihre Kostüme ablegen. Im 20. Jahrhundert wird sie in ihrer Nacktheit sichtbar sein.

Michele Ardengo, ein gescheiterter Existenzialist

DACIA: Du bestreitest also, daß das Gefühl der Gleichgültigkeit überhaupt zu Deiner Jugend gehört hat?

ALBERTO: Ich wollte als Romane verkleidete Dramen schreiben. Das Grundthema war die Tragödie, die Mordtat war die Ausgangsbasis. Aber für den Mord haben die Bürger kein Gespür, denn die Tötung ist der physische Vollzug einer aufs äußerste angespannten Situation, die eins wird mit der Tat. Die Mordtat ist in bürgerlichen Verhältnissen gar nicht möglich.

DACIA: Willst Du damit sagen, Michele konnte keinen Mord begehen, weil er ein Bourgeois war und er deshalb gleichgültig wurde, oder aber daß er nicht töten konnte, weil er gleichgültig war und also ein Bourgeois sein mußte?

ALBERTO: In meinen Augen ist Gleichgültigkeit eine Todsünde.[20]

1929, im Jahr des Konkordats zwischen dem Vatikan und der faschistischen Staatsmacht, die sich damit im katholischen Italien endgültig konsolidiert hatte, erschien der erste Roman des jungen Schriftstellers Alberto Pincherle, der sich, um nicht mit einem gleichnamigen Professor verwechselt zu werden, Moravia nannte: *Gli Indifferenti – Die Gleichgültigen*.[21] Es handelte sich um das kühle Psychogramm der verarmten vaterlosen römischen Familie Ardengo, die von einem scheinbar großzügigen Hausfreund, dem usurpatorischen Aufsteiger und korrupten Geschäftemacher Leo Merumeci, in den Ruin getrieben wird, finanziell, moralisch und sexuell. Die verwitwete Familienmutter Mariagrazia ist eine verbitterte ältliche Theatralikerin, die in einer bourgeoisen Scheinwelt dahinlebt und ihrem verflossenen Liebhaber Leo noch nachläuft, als dieser schon längst ihre vierundzwanzigjährige Tochter Carla zum Objekt seiner Begierde gemacht hat; Carla ist ein stumpfes und dumpfes Mädchen, das am Ende den alternden Leo heiraten wird, um die Fassaden des bürgerlichen Lebensstils nicht einstürzen zu lassen; Michele, ihr jüngerer Bruder, durchschaut zwar die falschen Gefühle in diesem geheuchelten Spiel, aber er ist zu sehr in seiner Gleichgültigkeit und einem müden, illusionslosen Konformismus gefangen, um gegen die Lebenslügen seiner Umgebung revoltieren zu können; und dann gibt es noch Lisa, die Freundin und Rivalin der Mutter, eine abgelegte Geliebte Leos, die vergeblich hofft, ihre ramponierte Attraktivität durch eine sexuelle Verführung des jungen Michele reaktivieren zu können. Schein und Wirklichkeit, Lüge und Wahrhaftigkeit, Illusion und Hellsichtigkeit, Gleichgültigkeit und Tat sind die widerstreitenden Pole in diesem bürgerlichen Trauerspiel, das Moravia in der Form eines «Kammerromans» erzählt hat, dessen Handlung genau 48 Stunden dauert.

In der theatralischen Welt dieser fünf «Gleichgültigen» ist alles zugleich tragisch und komisch, ernst und lächerlich, tiefsinnig und oberflächlich. Die schonungslose Desillusionierung der bürgerlichen Lebensform und ihres Maskenspiels führt dem Leser die karnevaleske Zwiespältigkeit einer bourgeoisen Dekadenz vor Augen, die sich in eine haltlos verworrene Situation verstrickt hat, aus der es kein Entkommen gibt. Denn alle Gefühlsausbrüche, Streitereien und Aktionen der Protagonisten sind nur oberflächliche Anstrengungen, die tiefgreifende Indifferenz und Leere zu verbergen, mit der sie wie Marionetten ihr Leben weiterspielen, gefangen im engen Raum ihrer wirtschaftlichen, emotionalen und sexuellen Ausweglosigkeit. Alles, was hier getan, gesagt und gedacht wird, ist bestimmt durch eine Gefühlslage, deren Gleichgültigkeitssymptome als Zeichen eines gesellschaftlichen, familiären und psychischen Verfalls diagnostiziert werden.

Die zeitgenössische Literaturkritik hat diesen Roman des zweiundzwanzigjährigen Alberto Moravia bewundernd zur Kenntnis genommen: Er durchbreche die kultivierte Gesinnung und deklamatorische Noblesse der italienischen Erzähltradition, die von den Neuerungen des modernen europäischen Romans, von Kafka, Proust und Joyce, kaum Kenntnis genommen hatte. Seine Erzählweise wurde als eine Art von narrativem Jazz gelobt. Der junge Autor habe vor allem aus den Disharmonien seiner Hauptfiguren eine Kontrapunktik präziser psychologischer Beschreibungen entwickelt, die dem modernen Leben angemessen sei. – Entschieden verurteilt wurden *Die Gleichgültigen* dagegen von der faschistischen Kritik: Ihr Autor habe ein völlig falsches Bild der gesellschaftlichen Wirklichkeit Italiens gezeichnet, die vor allem seit der «mussolinizzazione» (zwischen 1925 und 1929) durch die unverbrauchte Vitalität des Faschismus beherrscht sei. Es war nicht allzu überraschend, daß Anfang der 30er Jahre *Gli Indifferenti* verboten wurde. Aber hatten die Faschisten wirklich erkannt, worum es in diesem Familienroman des jungen Moravia ging, der sich damals kaum mit Politik, sondern ausschließlich mit Literatur beschäftigte und erst durch die faschistische Kritik an seinem Erstlingswerk zu begreifen begann, «daß auch die Literatur Ärger machen konnte»?[22]

In einer Hinsicht hatten seine Kritiker ganz sicher recht: Auch wenn Moravia sich seit seinen ersten Arbeiten nur als ein Künstler verstand, der als solcher gegen jede Form einer politisch engagierten Literatur opponierte (denn der Staat, egal welcher, «kann jemandem, der sich für das Engagement ausspricht, immer sagen: Schlag dich auf meine Seite. Wenn die Literatur sich engagiert, läuft sie beständig Gefahr, zur Propaganda zu werden»), so bestand das Ärgernis der *Gleichgültigen* doch darin, daß seine dekadenten Romanfiguren Kontrastbilder waren zu den Leitfiguren faschistischer Staats- und Parteipropaganda. Mariagrazia, Carla und Lisa besaßen nichts von jener Fruchtbarkeit, Natürlichkeit, Einfachheit, Heiterkeit und Lebenskraft, die für das faschistische Frauenideal typisch sein sollten. Michele war gefangen in seiner antriebslosen Gleichgültigkeit und erbärmlichen Handlungsunfähigkeit, völlig unbehelligt von all jenen Tugenden, die Mussolini zufolge ein Mann zu verkörpern hat: Mut, Kühnheit, Liebe zur Gefahr, Abscheu gegen alles, was biedermännisch ist. Nein, der Faschismus, der das Privat- und Gemeinschaftsleben der italienischen Gesellschaft besetzen wollte, fand in dieser römischen Bürgerfamilie nicht statt. Und Leo Merumeci, dieser brutale Weiberheld, genußsüchtige Lebemann und geldgierige Egoist? Wenn er einem faschistischen Typ entsprach, dann nur als Karikatur. Unübersehbar war nämlich seine physiognomische Ähnlichkeit mit dem Duce; und daß er skrupellos über die Familie Ardengo herfiel, sie physisch beherrschte und finanziell in den Ruin trieb, konnte als Widerspiegelung der Gewalt gesehen werden, mit der der Führer des Faschismus über das ökonomisch krisengeschüttelte Italien hereingebrochen war. Doch es widersprach ganz und gar jener positiven Führergestalt, die durch die Propaganda gezeichnet worden war, dem Bild des kämpferischen Staatsmanns, selbstlosen Helden und vorbildlichen Familienvaters Benito Mussolini.[23]

Moravias Roman war nicht frei von zeitgeschichtlichen Anspielungen. Aber er war nicht mit der Absicht geschrieben worden, politisch aufklärend oder aktuell zu sein. Die literarische Einbildungskraft des Autors speiste sich aus anderen Quellen. Das Grundthema von *Gli Indifferenti* war tiefer angesiedelt: Im Dilemma der Gleichgültigkeit, dieser unverzeihlichen «Todsünde», drückt sich die existentiell erfahrene Krise einer Lebenssituation und -stimmung aus, die vor allem im Bewußtsein Michele Ardengos, der jungen Zentralfigur dieser karnevalesken Tragödie, ihre subjektive Resonanz gefunden hat. Um sie verstehen zu können, empfiehlt sich ein kurzer Blick auf die Situation des «*Jungen* Alberto», über die der fast achtzigjährige Moravia 1986 im Gespräch mit Dacia Maraini Auskunft gegeben hat: «Allen meinen Büchern liegt eine wesentliche eigene Erfahrung zugrunde, nämlich das Erlebnis der Familie. (...) Aber die einzelnen Figuren und Situationen sind frei erfunden.»[24]

1907 in einer römischen Familie geboren, die sich in ihrer gesellschaftlichen Umwelt nie richtig heimisch fühlte, war seine Kinderzeit von einem ständigen Gefühl des Unbehagens überschattet. Zu seinem mürrischen und schroffen Vater lebte er auf Distanz. Noch schlechter war das Verhältnis zur Mutter, mit der er nichts gemeinsam zu haben glaubte. Die Enge und Beschränktheit des bürgerlichen Milieus weckte in dem Kind ein Gefühl des Erniedrigtseins, und an den familiären Ritualen nahm es nur unbeteiligt teil, weil es sie als Fassaden empfand, um die mangelnde Liebe zu verbergen. Alberto fühlte sich einsam, fremd, abgeschnitten vom normalen Leben. Er wurde zu Hause unterrichtet, ohne Schulkameraden und Kinderfreundschaften.

Je mehr er sich von der Familie psychisch abhängig fühlte, desto unerträglicher erschien ihm das familiäre Leben. Alberto Pincherle wurde zum widerborstigen Einzelgänger, der allein in der Phantasiewelt der Literatur, die er verschlang, einen Freiheitsraum erkunden konnte. Bereits als Fünfjähriger träumte er davon, Erzähler zu werden, und bereits 1919, im Alter von zwölf, entwarf er das Grundgerüst des Romans, der *Die Gleichgültigen* werden sollte. Dann brach auch noch seine schwere Krankheit aus, die ihn jahrelang ans Bett fesselte. Er erkrankte an Hüftknochentuberkulose und zog sich immer mehr in die Welt seiner literarischen Träumereien zurück. Er las vor allem Romane des 19. Jahrhunderts, außer sich vor Schmerz und Einsamkeit: Dostojewski, Tolstoi, Balzac, Dickens und die französischen Autoren des Fin de Siècle, Dujardin, Huysmans und Proust. Es waren grauenhafte Jahre ohne jede Zuneigung und Liebe. «Es gab eine Zeit in meinem Leben, die Jahre zwischen meinem fünfzehnten und zwanzigsten Lebensjahr, da litt ich an einer hypertroph entwickelten Übergewichtung alles Gedanklichen, an einer inneren Überempfindlichkeit, die mit spärlich entwickelten Beziehungen zur Außenwelt einherging und einer fast schon pathologischen Unfähigkeit zu handeln. Damals bildete ich mir ein, gleichgültig zu sein. Aber das entsprach nicht der

Wahrheit. In meiner Unfähigkeit zu handeln, verhielt ich mich wie der Fuchs mit den Trauben: unfähig zu Beziehungen mit der Realität, verachtete ich diese eben.»[25]

Von März 1924 bis Oktober 1925 kam er endlich in ein Sanatorium, wo seine Krankheit behandelt werden konnte. Mit einem Streckverband lag er ans Bett gefesselt und las und las. Die Literatur ließ ihn erkennen, daß sein Schicksal eingebunden war in die Entfremdungstendenzen einer nihilistischen Zivilisation, die sich nur durch scheinhafte Inauthentizität über ihre eigene Leere hinwegtäuschen konnte. Als er 1925 aus der Klinik entlassen wurde und mühsam, gestützt auf Krücken, wieder zu gehen lernte, begann er mit der Arbeit an *Die Gleichgültigen*. Er war achtzehn Jahre alt und konnte sich nun endlich schreibend von all dem befreien, was ihn gefangenhielt und seine Gedanken beherrschte. Literarisches Erzählen war Selbstreflexion und Selbsttherapie für ihn, Michele Ardengo sein Alter ego, auch wenn er ihn in seinem späten Rückblick als «eine ganz und gar frei erfundene Figur»[26] von sich auf Distanz zu halten versuchte.

Die Geschichte Micheles handelte vom existentiellen Aufstand eines Jungen, der aus der Wüste seiner Einsamkeit entkommen wollte. Er wollte, daß alles anders wird, und ist dabei gescheitert. Als einziger durchschaute er den Reigen der Gleichgültigen, die wie Reklamepuppen etwas vorspiegelten, was ihnen fremd war. Immer wieder erschienen ihm in «grausamer Hellsichtigkeit» (S. 291) die Gestalten und Geschehnisse dieser elenden Komödie, in der alles nur ein müßiges, verlogenes Spiel war. Aufgeregt täuschte sich seine Mutter Mariagrazia über ihre hohle Existenz hinweg; Leo heuchelte Fürsorge, obwohl er mit seiner verderbten Gier nur an Carla und dem Besitz der Familienvilla interessiert war; Carla lebte in der Illusion, durch eine Heirat mit Leo ihrer ziellosen Langeweile zu entkommen, verborgen hinter der Maske einer glücklichen Ehefrau; Lisa glaubte, Michele zu lieben, obwohl sie sich damit nur in einem unerfüllbaren Wahn verfing. Es war eine «bitter-groteske Welt, die einem den Mund zusammenzog wie ein saurer Apfel; für ihn, für seine Hellsichtigkeit gab es keinen Platz darin.» (S. 232) Es gab keine Aufrichtigkeit in diesem Leben, in «dieser Welt voller Tantalusqualen, voll sinnlosen Lärms, voller falscher Gefühle» (S. 236), für das Michele nicht geschaffen schien.

Also rettete er sich in eine scharfsichtige Gleichgültigkeit. Nur so war es ihm möglich, einen Rest von Aufrichtigkeit zu bewahren: kalte Indifferenz als Schutzschild und Abwehrmechanismus. Er wollte sich nicht einfangen lassen durch die gespielten Gefühle der anderen, durch ihre eifersüchtigen Ausbrüche, verführerischen Liebeleien und sinnlosen Auseinandersetzungen um Macht und Anerkennung. Fern, losgelöst und einsam versank er in den trüben Strudel seiner Gleichgültigkeit. «Wenn ihr ahntet, wie gleichgültig mir das alles ist», war der stille Refrain seines Lebens, das er ohne Leidenschaft durchlief, ohne Glaube und Begeisterung, ohne Ziel und Grund. «Er blieb sich gleich, wo immer er auch war, tatenlos, gleichgültig.» (S. 124)

Mochte diese kalte Indifferenz ihn auch vor der Inauthentizität seiner Umgebung schützen, so erkannte Michele doch zunehmend, daß seine Haltung erbärmlich war. Widerwille gegen sich selbst ergriff ihn. Was tun? Wenn es für ihn schon keinen Glauben, keine Aufrichtigkeit und Tragik gab, so bestand vielleicht doch noch eine Chance, und sei es auch nur durch eine Maskerade, die ihn am Spiel teilnehmen ließ. «Er wußte, daß er endlich seine Gleichgültigkeit überwinden und etwas tun müßte; zweifellos riet ihm eine der Aufrichtigkeit fremde Logik zu handeln; Sohnesliebe, Haß gegen den Geliebten seiner Mutter, Familienanhänglichkeit, das alles waren Gefühle, die er nicht kannte – aber was machte das schon? Wenn es einem nicht Ernst damit ist, muß man eben so tun als ob; und durch das Heucheln bringt man sich schließlich dazu, es selbst zu glauben.» (S. 228f) Wer klar sieht, muß täuschen. Nur so schien ein normales Leben möglich zu sein. «Er mußte Leo hassen, Lisa lieben, Ekel und Mitleid für die Mutter empfinden und Zuneigung zu Carla; lauter Gefühle, die er nicht kannte.» (S. 267)

In dieser verworrenen Situation kam Michele ein verwegener Gedanke. Wie wäre es, wenn er Leo töten würde? Gegen die Kälte seiner Empfindungslosigkeit stellte er die Vorstellung einer haßerfüllten Tat. Träumerisch versetzte er sich in die Rolle eines Mörders, dem sie den Prozeß machen würden. Aber könnten Staatsanwalt und Richter seine wirkliche Schuld erkennen? Sie würden ihn als einen kaltblütigen Mörder verurteilen, der seinen Feind gerichtet hat, und das Urteil als Sühne und Reinigung verstehen.

«Er schüttelte den Kopf: Du hast unrecht, Staatsanwalt, dachte er ironisch... weder Reinigung noch Sühne und nicht einmal Familie – Gleichgültigkeit, Gleichgültigkeit, nichts als Gleichgültigkeit.» (S. 307)

Doch dieses Mißverständnis sollte ihn nicht hindern, zur Tat zu schreiten. Michele kaufte sich einen Revolver und machte sich auf den Weg zu Leo, den er in seiner Wohnung antraf. Doch als er auf ihn schoß, gab es weder Knall noch Rauch. Nur der Abzugshahn des Revolvers knackte trocken. «Er ist nicht geladen, begriff er endlich entsetzt, und die Kugeln habe ich in der Tasche.» (S. 312) So endete alles mit der Farce einer unmöglichen Tat, die das Opfer als das durchschaute, was sie war: der erbärmliche Auflehnungsversuch eines verwirrten Jungen, den man nicht ernst zu nehmen brauchte. «Und nun tu mir den einzigen Gefallen und verschwinde. Und über diese Dummheit werde ich mit deiner Mutter reden.» (S. 313) Die existentielle Revolte war gescheitert, und Michele wird wieder in seiner Gleichgültigkeit versinken, die ihn wie ein trüber Schleier umgab und sein Leben zu ersticken drohte. «Ein dumpfer Widerwille beschlich ihn; seine Gedanken waren nichts als Dürre, Wüste; kein Vertrauen, keinerlei Hoffnung, in deren Schatten er ausruhen und sich erfrischen könnte.» (S. 339)

«In meinen Augen ist Gleichgültigkeit eine Todsünde», hat Moravia auf die Frage Dacia Marainis geantwortet, ob der mißglückte Mordversuch Micheles durch seine bourgeoise Indifferenz zu erklären sei. Auch der weitere Verlauf dieses Gesprächs gibt uns Auskunft über die Stimmungslage, in der Moravia seinen ersten Roman schrieb, der nicht nur Ausdruck seiner familiären Situation und seines eigenen Lebensgefühls war, sondern zugleich Vorschein eines Existenzialismus, der später in Sartres Roquentin und Camus' Meursault seine exponierten Protagonisten finden wird, auch wenn Michele weder die philosophisch begründete Erfahrung der radikalen Kontingenz kennt noch die gleichsam kathartische Gleichgültigkeit der mediterranen Revolte Meursaults.

DACIA: Könnte man sagen, daß Michele ein enger Verwandter von Hamlet ist? Und daß seine Unfähigkeit zu handeln der dichterisch und leidvoll empfundenen Unfähigkeit der Figur Shakespeares sehr ähnlich ist?

ALBERTO: Daran habe ich noch nie gedacht, aber es stimmt. Michele hat etwas von Hamlet. Nur daß die Figur Hamlets eine archetypische Gestalt geworden ist.

DACIA: Mit wem ist Michele enger verwandt, mit Hamlet oder mit Meursault in Camus' «L'Étranger»?

ALBERTO: «Die Gleichgültigen» waren seinerzeit in Europa das erste existentialistische Buch. Es erschien 1929, während «L'Étranger» von Camus erst 1942 herauskam und Sartres «La Nausée» 1938. In «Die Gleichgültigen» wie auch in «La Nausée» und in «L'Étranger» handelt es sich um persönliche Einzelschicksale, die aber das in Europa allgemein verbreitete existentialistische Unbehagen verkörperten.[27]

Antoine Roquentin oder Die Kontingenz

> Das Wesentliche ist die Kontingenz. Ich will sagen, daß die Existenz ihrer Definition nach nicht die Notwendigkeit ist. Existieren, das ist *dasein*, ganz einfach. (...) Kein notwendiges Sein kann die Existenz erklären: die Kontingenz ist kein Trug, kein Schein, den man vertreiben kann; sie ist das Absolute, folglich die vollkommene Grundlosigkeit.[28]

1926 stößt der einundzwanzigjährige Jean-Paul Sartre, Philosophiestudent an der Pariser École Normale Supérieure, zum ersten Mal auf den philosophischen Fachbegriff «Kontingenz», der zusammen mit dem Konzept der Existenz zum Leitfaden seines Nachdenkens wird. Er hat die Léon-Brunschwicg-Vorlesungen über Nietzsche besucht und ist begeistert von diesem freien Geist, der mit seinem philosophischen Hammer alle metaphysischen Götzen zertrümmerte: begriffliche Abstraktionen und begriffsrealistische Universalien, essentialistische Wesensdefinitionen, platonische Ideen, Gottgläubigkeit und Transzendenzangebote. Gegen sie wurden die Kontingenzen der Sprache und des Selbst ins Feld geführt: Sprachvermittelte Erkenntnisse bilden keine wahre Welt ab, sondern sind stets nur metaphorische Neubeschreibungen einer Realität, die über kein immanentes Wesen verfügt, sondern in ihrer Unbeständigkeit, Regellosigkeit und Buntheit indifferent ist gegenüber unseren sprachlichen Beschreibungen; und unser Selbst ist nicht fundiert in einer universalistischen Essenz, die als notwendig, wesentlich und konstitutiv gilt für das, was es heißt, ein Mensch zu sein, sondern nur ein idiosynkratischer Entwurf, der von der Kontingenz der individuellen Existenz auszugehen hat. Voller Optimismus und mit einem grandiosen Selbstbewußtsein läßt sich der junge Philosophiestudent auf das intellektuelle Abenteuer der Kontingenzreflexion ein. Jahrelang, vor allem nach seiner glänzend bestandenen Agrégation 1929, arbeitet er besessen an seinem *factum über die Kontingenz*, einer didaktischen und seriösen philosophischen Untersuchung, die neben Nietzsche vor allem durch Husserls Phänomenologie beeinflußt ist, die er 1933 hinsichtlich ihres Kontingenzgehalts zu studieren begonnen hat.[29]

Doch diese philosophische Arbeit findet zunehmend in einem Rahmen statt, der den narzißtischen Glauben an die unbegrenzten Möglichkeiten eines berühmten Schriftstellers und großen Mannes zunichte zu machen droht. Von 1931 bis 1936 ist Sartre Lehrer in Le Havre, gefangen in der Falle eines mechanischen Beamtenlebens, das durch Lehr- und Stundenpläne, durch Gehaltsberechnungen und Urlaubsregelungen, durch kulturelle Borniertheit und lächerliche gesellschaftliche Hierarchie bestimmt ist. Er hatte gehofft, «tausend Sokratesse» zu sein, und ist doch nur ein bereits alternder Provinzlehrer. Er fühlt sich in den Klauen einer verfehlten Existenz, gesellschaftlich marginalisiert und umgeben von einer provinziellen Mauer mit ihrem Schweigen, ihrer Sauberkeit und Langeweile. Was bleibt ihm anderes übrig, als seine Verzweiflung und Qual in die philosophischen Reflexionen einzubeziehen? Das «factum über die Kontingenz» wird umgeschrieben und literarisiert, die philosophische Konzeption bebildert und mit Personen bevölkert. Bis 1936 schreibt Sartre an «Melancholia» und versucht, die begriffliche Analyse der Kontingenz mit erzählerischer Spannung zu verbinden. Das fertige Manuskript wird mehrfach von Verlagen abgelehnt. Schließlich entscheidet sich Gallimard zur Veröffentlichung, mit einem neuen Titel. Anstelle von «Melancholia», was für die Verbreitung des Buchs ungünstig erscheint, schlägt er *La Nausée – Der Ekel* – vor. Im April 1938 erscheint dann endlich Sartres literarisches Erstlingswerk, das ihn mit einem Schlag berühmt macht.

Der Ekel ist ein philosophischer Roman in Form eines Tagebuchs, geschrieben von Anfang Januar bis zum 24. Februar 1932. Es ist zugleich ein Initiationsbuch, das mit Hyperluzidität in die Geheimnisse der Kontingenz einweiht. Es soll lehren, daß der einzige Weg, der aus der Falle eines mechanischen Lebens hinausführt, der Weg einer radikalen Entmischung ist: Gegen die trügerische Welt gesellschaftlicher Allgemeinheit und Sinnhaftigkeit opponiert der idiosynkratische Wunsch nach einer Existenz, die konkret, unmittelbar und einzigartig sein muß, frei von jeder Notwendigkeit, Rechtfertigung und Erfüllbarkeit. Existieren ist dasein, ganz einfach.

Antoine Roquentin, diese Tagebuchexistenz, deren Kontingenzbewußtsein alle gesellschaftlichen Mauern einreißt, ist ein philosophischer Held, gekleidet ins Gewand eines Historikers. In der Provinzstadt Bouville will er seine Forschungen über einen Gelehrten des 18. Jahrhunderts, den Marquis de Rollebon, abschließen. Stärker als seine Arbeit treibt ihn ein elementarer Wunsch: Er will klarsehen. Er will nichts Ungewöhnliches sehen, wo nichts ist, nichts aufbauschen, keine Wahrheit forcieren. Nichts anderes als dieser Wille nach «clairvoyance» aber ist es auch, der ihn zunehmend in den Strudel einer existentiellen Gleichgültigkeit zieht, die sich wie eine heimtückische Krankheit einstellt und ihn schließlich zu der erschreckenden Gewißheit führt: Mir ist alles egal.

Alles fängt an mit einer gleichgültigen Scharfsichtigkeit. Das Bewußtsein der Kontingenz setzt an am Phänomen der sensorischen Wahrnehmung. Die Klarsicht vollzieht sich als Akt einer reduktionistischen Auslöschung all dessen, was sozial eingespielte Wahrnehmung normalerweise absichert und intentional lenkt: Die Dinge erscheinen als solche, befreit von ihren funktionalen Gegenstandsbedeutungen. Sie sind ganz einfach da. Plötzlich ist eine Türklinke kein Ding mehr, um eine Tür zu öffnen, sondern nur noch ein kalter Gegenstand, der durch eine Art Eigenpersönlichkeit auf sich aufmerksam macht; ein Glas Bier lädt nicht zum Trinken ein, sondern steht ganz einfach da: «Wenn ich es sehe, habe ich Lust zu sagen: aus, ich spiele nicht mehr mit.» (S. 19) Bücher erscheinen nur noch als bedrucktes Papier in ihren Pappkulissen.

Auch die menschlichen Körper erscheinen nun in einer Art obszöner Nacktheit. Sie werden sichtbar ohne sozial-sinnhafte Personalität. Ein Gesicht ist nur noch mit Mühe als ein Gesicht zu erkennen. Eine Hand, zum Gruß ausgestreckt, fühlt sich an wie ein dicker weißer Wurm. Und auch das eigene Gesicht verliert seinen vertrauten Sinn. Der Blick in den Spiegel findet nichts Festes. Die Augen, die Nase und der Mund verschwinden in die depersonalisierte Schwammigkeit bloßen Fleisches, das keinen Sinn mehr hat, nicht einmal einen menschlichen Ausdruck. «Es bleibt nichts Menschliches mehr.» (S. 32) Alles, was der Fall ist, wird gleichgültig in seiner reinen Faktizität. Es hat seinen Wert verloren und entzieht sich vertrauten Konzeptualisierungen. Klarsicht impliziert Vergleichgültigung der Weltdinge und -tatsachen zu sinnentleerten Ansammlungen kontingenter Phänomene, die inert sind, träge und unbeteiligt, und namenlos die Augen des Klarsichtigen erfüllen.

Wenn die Dinge und Personen keine Bedeutung mehr besitzen, verlieren auch die sprachlichen Symbole ihre referentielle Verankerung. Weil nichts mehr klassifizierbar ist und die Dinge sich der Subsumtion unter Begriffe, ja selbst der Benennung mit ihrem Namen verweigern, geht den Worten ihre semantische Substanz verloren. Ein semantischer Nihilismus infiziert die Sprache und läßt die Wörter auf den Lippen erstarren. «Sie weigern sich, sich auf die Dinge zu legen.» (S. 194) Mit der Bedeutung der Dinge verliert auch die Sprache ihren Sinn und ebnet sich ein in ein gleichgültiges Rauschen, in ein unsicheres Murmeln, das schutzlos inmitten unnennbarer Dinge keine passenden Worte mehr findet.

Das Subjekt dieser ontologischen und semiologischen Vergleichgültigung muß einsam sein und ohne soziale Bindung. Roquentin ist, nach dem von Céline entliehenen Motto des Romans, nur «ein Bursche ohne kollektive Bedeutung, ganz einfach nur ein Individuum».[30] (Im Wörterbuch läßt sich der Hinweis finden, daß «roquentin» einen alten, überflüssig gewordenen Soldaten meint, auch einen lächerlichen Greis oder alten Kauz.) Dieses Ich lebt allein, ohne Familie und Freunde, für niemanden denkend und verantwortlich. Es bekommt nichts und gibt nichts. Entfremdet aus den gesellschaftlichen Sicherungen, nimmt es die anderen nur als «les salauds» wahr, als Dreckschweine, Halunken und Schufte. Sie haben sich sozial integriert und sind Profis standardisierter Erfahrungen. Sie langweilen Roquentin und öden ihn an. Es sind nur Wichtigtuer. «Diese Idioten. Sie machen Gesetze, sie schreiben populistische Romane, sie verheiraten sich, sie haben die maßlose Dummheit, Kinder zu machen.» (S. 244) Roquentin dagegen existiert, das ist alles. Kein Wunder, daß er die soziale Gleichgültigkeit, die ihn befallen hat, als eisige Kälte erlebt. Ihm fehlt die Wärme der humanistischen Nächstenliebe ebenso wie der leidenschaftliche Haß des Antihumanisten. «Ich bin kein Humanist, das ist alles. ‹Ich finde›, sage ich zum Autodidakten, ‹daß man die Menschen ebensowenig hassen wie lieben kann.›» (S. 184) Sie sind ganz einfach da, egal, was sie gesellschaftlich zu sein scheinen. Ihr Wert, den sie für sich beanspruchen, ist nur eine idiotische und schuftige Illusion, mag sie auch noch so erfolgreich sein.

Gleichgültig ist deshalb auch, was geschieht. Es löst sich auf in einer alltäglichen Schwammigkeit. Das Leben als solches kennt keine Abenteuer. «Wenn man lebt, passiert nichts. Die Szenerie wechselt, Leute kommen und gehen, das ist alles. Es gibt nie Anfänge. Ein Tag folgt dem anderen, ohne Sinn und Verstand, ein unaufhörliches, eintöniges Aneinanderreihen. (...) Und außerdem sieht sich alles ähnlich: Shanghai, Moskau, Algier, nach zwei Wochen ist alles gleich.» (S. 66) – Die Abenteuer der Lebensgeschichte sind nur in den Büchern. Sie werden erzählt, und nur durch diesen nachträglichen und äußerlichen Akt wird ihnen ein Sinn zugeschrieben. Aber man muß wählen: leben oder erzählen. Roquentin hat gewählt und will nicht mehr auf die narrativen Täuschungen des Erzählten hereinfallen. Für ihn gibt es nur noch eine ungeheure Gegenwart, die, befreit aus der sinnstiftenden Abfolge von Vergangenheit, Gegenwart und Zukunft, wie eine konturlose Marmelade existiert.

Am Ende der radikalen Auslöschungen und Vergleichgültigungen bleibt nur noch die Wurzel der stets gegenwärtigen Existenz als solcher. Roquentin existiert, das ist alles. «Die Existenz hatte sich plötzlich enthüllt. Sie hatte ihre Harmlosigkeit einer abstrakten Kategorie verloren: sie war der eigentliche Teig der Dinge.» (S. 198) Zurück bleiben monströse und wabbelige Massen, sinn- und sprachindifferent, von einer erschreckenden und obszönen Nacktheit. Diese Existenz ist an und für sich völlig gleichgültig. Sie ist vollkommen grundlos und ohne essentielles Fundament. Sie besitzt keine Notwendigkeit, keinen Sinn, keine Struktur. (In *Ist der Existentialismus ein Humanismus?* wird Sartre dann philosophisch behaupten, daß im Falle des Menschen die Existenz der Essenz vorausgeht, daß der Mensch in einer gottlosen Zeit zuerst existiert, sich begegnet, in der Welt auftaucht, sich entwirft und erst danach versuchen kann, sich zu begreifen oder zu definieren. Es gibt keine menschliche Natur, sondern nur subjektive Entwürfe, in denen sich jeder Mensch stets aufs neue zum Menschen macht.[31]) «Jetzt weiß ich: Ich existiere – die Welt existiert –, und ich weiß, daß die Welt existiert. Das ist alles. Das ist alles. Aber das ist mir egal. Merkwürdig, daß mir alles so egal ist: das erschreckt mich.» (S. 190)

Die fortschreitende Vergleichgültigung von Weltdingen, Sprache, Subjekt und Lebensgeschichte zugunsten eines bloß kontingent existierenden Daseins wird zunächst als Ekel empfunden. Sie erschreckt, weil alle sichernden gesellschaftlichen, personalen und sprachlichen Fassaden zusammengebrochen sind. Die gewollte Klarsicht wird als bedrohliche Krankheit erlebt. Die Erleuchtung der Kontingenz zeigt Symptome des Spaltungsirreseins: Die Welt erscheint total differenziert in eine chaotische Mannigfaltigkeit absoluter Singularitäten – und zugleich völlig undifferenziert, sinn- und sprachindifferent dahinströmend in einem hyletischen Brei, im Durcheinander monströser weicher Massen. Die Welt der Existenz ist in ihrer Gleichgültigkeit zähflüssig, weich, klebrig, träge, schleimig und lau. Alle Differenzen vermischen sich in der Idiosynkrasie gleichgültiger Kontingenzerlebnisse.

Aber die bloße Existenz bietet zugleich Raum für eine ungeheuerliche Freiheit. Jetzt, wo alles egal ist, ist auch alles möglich. «Ich spüre, daß ich alles mögliche tun könnte.» (S. 191) Es gibt zwar keinen Grund mehr zu leben, aber diese Grundlosigkeit zwingt nicht zum Selbstmord. Im Gegenteil. Das Bewußtsein der radikal individualisierten Existenz läßt klar sehen, daß dem Menschen keine humanistische Essenz innewohnt, sondern daß er als Individuum nichts anderes ist als der Akt einer jederzeit freien Wahl, einer Freiheit, die absolut gleichgültig ist gegenüber jedem ontologischen, semiologischen oder sozialen Grund. Ironischerweise wird das Subjekt dieser freigelegten Gleichgültigkeit erst in diesem Zustand glücksfähig und glücksbereit: «Nichts hat sich verändert, und doch existiert alles auf andere Art. Ich kann es nicht beschreiben; das ist wie der Ekel, und doch ist es genau das Gegenteil: endlich erlebe ich ein Abenteuer, und wenn ich mich befrage, begreife ich, daß ich erlebe, daß ich bin und daß ich hier bin; ich bin es, der die Nacht durchfurcht, und ich bin glücklich wie ein Romanheld.» (S. 87f)

Murphy, der jämmerliche Solipsist

> Es waren nicht viele Patienten da, als Murphy Bom durch die Krankensäle folgte. (...) Sie wirkten nicht grauenerregend auf Murphy. Seine am leichtesten zu deutenden unmittelbaren Gefühle waren Ehrfurcht und Unwürdigkeit. Alle (...) erweckten in ihm den Eindruck jener in sich selbst versunkenen Gleichgültigkeit gegenüber den Zufälligkeiten der zufälligen Welt, die er für sich selbst als einziges Glück erkoren und so selten erreicht hatte.[32]

Während Sartre, der hochbegabte Philosophieabsolvent der École Normale Supérieure, als isolierter Provinzlehrer in Le Havre an seinem «factum über die Kontingenz» schreibt, voller Haß auf die Miststücke eines mechanisierten Lebens, lebt in London, einsam und verzweifelt, ein gleichaltriger junger Dubliner, der sich von 1928 bis 1930 als Englisch-Lektor ebenfalls an der Pariser École aufgehalten hat. Auch er glaubte damals, Großes vor sich zu haben. Er war in Paris mit James Joyce bekannt geworden und in dessen Freundeskreis aufgenommen worden. 1930 hatte er einen glänzenden Essay über *Proust* geschrieben und darin seine eigene Kunstphilosophie entworfen, orientiert an Schopenhauer, der die Auslöschung des personalen Willens als Voraussetzung der ästhetischen Erfahrung sah, und an Nietzsche, der die Kunst als die höchste Aufgabe und «eigentlich metaphysische Tätigkeit dieses Lebens»[33] lobte. Wie gleichgültig erschienen dagegen die gewöhnlichen Sorgen um Geld, Freundschaft oder gar Liebe. Proust war für den vierundzwanzigjährigen Samuel Beckett ein Künstler der Desillusionierung: Der Versuch des einzelnen, mit anderen Menschen in Verbindung zu treten, galt ihm nur als eine «äffische Vulgarität» oder als «entsetzlich komisch, wie die Verrücktheit dessen, der ein Gespräch mit Möbeln führt. Nach Proust ist Freundschaft die Negation einer unheilbaren Einsamkeit, zu der jeder Mensch verdammt ist. Freundschaft ist ein sozialer Notbehelf wie Polstermöbel oder die Verteilung von Abfalleimern. Sie hat keine geistige Bedeutung.»[34] Der Künstler muß sie zurückweisen, denn die ästhetische Tendenz ist ein Zusammenziehen in die Tiefe der Einsamkeit. In der Figur des Belacqua, die er 1932/33 in den Erzählungen

More Pricks than Kicks lebendig werden ließ, hat Beckett seine ästhetische Theorie Fleisch werden lassen: Hier war ein auf sich reduziertes Individuum am Werk, das «in das Endstadium seines Solipsismus» Schwung zu bringen versuchte, indem es wie ein Bumerang seine armselige Wohnung nur verließ, um wieder zurückzugehen, gleichgültig gegenüber den Orten seiner Bewegung. «Die Freistätten waren ihm Jacke wie Hose, denn sie lösten sich alle in nichts auf, sobald er sich dort niederließ. Der bloße Akt des Aufstehens und Fortgehens, gleichgültig wo und wohin, tat ihm wohl.»[35] Dabei ging es ihm weniger um seine Person als um seinen Geist, der frei flottierte, durch nichts gebunden. Doch Belacqua gab dann doch klein bei und fand Geschmack an der Welt, in die er sich verstrickte. So wurde er zu einer burlesken Figur.

Und sein Autor? Im Herbst 1933, nach Pendlerjahren zwischen Dublin und Paris, zieht er sich nach London ins Exil zurück. Als Literaturkritiker ist er erfolglos. Er ist vereinsamt und enttäuscht und durchlebt lange Zeiträume, in denen er nichts zu tun hat, weil er nicht schreiben kann. Jetzt liest er wieder Schopenhauer und Nietzsche und versinkt in die Sinnlosigkeit, Sterilität und Langeweile seines Lebens. Er wütet gegen das mechanistisch-unpersönliche Zeitalter und ist davon überzeugt, daß es zwischen den Menschen keinen Austausch gibt, weder von Gedanken noch von Gefühlen. Sie sind einander fremd und unfähig, jemand anderes zu lieben oder zu hassen als sich selbst.[36] Aber in höchsten Tönen preist er, was er die «Deanthropomorphisation» der modernen Künstler nennt, ihren schöpferischen Akt einer intensiven «Dehumanisation», der in hermetischer Abgeschlossenheit und Isolation vollzogen werden muß. In dieser Stimmung entwickelt er die Idee zu einem Roman. Sein Held ist ein heruntergekommener Intellektueller, der wie sein Autor im Londoner Bezirk World's End seine Tage totschlägt, gleichgültig gegen die «große Welt» des gesellschaftlichen Lebens, ganz auf die eigene «kleine Welt» seines Bewußtseins konzentriert, in dessen solipsistischer Geschlossenheit er seine Ruhe und sein Glück finden will. Im Herbst 1934 beginnt Beckett mit der Arbeit an *Murphy*, im Winter 1936 ist das Manuskript abgeschlossen. 42 Verlage lehnen es ab. Endlich erscheint es dann bei Routledge am 7. März 1938, einen Monat früher als Sartres *Der Ekel*.

Murphy erzählt in auktorialer Perspektive und mit humoristischem Ton vom Leben und Sterben eines «jämmerlichen Solipsisten» (S. 64), eines Vogel Strauß in der Wüste der gesellschaftlichen Verhältnisse, der allem und allen entkommen will und seinen Geist von den Zudringlichkeiten der profanen «großen» Erfahrungswelt frei zu machen versucht. «Die Freiheit der Indifferenz, die Indifferenz der Freiheit, der Wille ein Staub inmitten des Staubs seiner Objekte, die Tat eine Handvoll fallengelassenen Sands» (S. 80) – das sind die Formen eines Bewußtseins, in das er versinken will, hinweggleitend von allen Dingen, Ereignissen und Personen seiner Umgebung, von allen gesellschaftlich konditionierten Gefühlen des Hassens, Liebens und Begehrens, der Freude, Klage und Verzweiflung, dorthin, wo es «nur einen über alle Maßen vervollkommneten Murphy gab.» (S. 81)

Aber dieser Rückzug aus der Erfahrungswelt in eine «Willenlosigkeit» (der englische Neologismus «will-lessness» erinnert an Becketts Lektüre Schopenhauers, demzufolge alle schönen Künste verlangen, daß der Wille selbst aus dem Spiel bleibt), in der ein befreiter Geist wie ein Stäubchen in seiner absoluten Freiheit herumwirbelt, ist nicht ganz so einfach. Er hat nicht nur mit dem Körper der empirischen Person zu kämpfen, der sein Recht fordert, und mit den Zwängen der Lebenssicherung, sondern auch mit den Ansprüchen anderer Menschen, die Murphy nicht in Ruhe lassen wollen. Eine Komödiantentruppe irischer Freunde hält nach dem verschwundenen Murphy Ausschau und ist ihm in London auf den Fersen: eine verlassene Geliebte, ein ehemaliger Lehrer und sein skurriler Diener, ein zweifelhafter Freund. Dann gibt es auch noch Celia, eine Londoner Dirne, die ihn auf der Straße aufgelesen hat, und Ticklepenny, einen ehemals trunksüchtigen Dubliner Kneipenpoeten. Durch seine Vermittlung erhält Murphy die Stelle eines Pflegers im M. M. M., dem «Magdalen Mental Mercyseat», und kann sich so seinen Verfolgern in das Asyl einer Irrenanstalt entziehen, deren Insassen ihm mit ihrer «in sich selbst versunkenen Gleichgültigkeit gegenüber den Zufälligkeiten der zufälligen Welt» zeigen, wonach auch er sich sehnt. Murphy jedoch überschreitet nicht die Schwelle zum Verrücktsein. Er findet seine Ruhe und Freiheit statt dessen im Tod, als sein Zimmer durch eine Gasexplosion zerstört wird, und er verbrennt. Am Ende landet seine

Asche auf einem Kneipenboden. «Als die Polizeistunde schlug, waren Körper, Geist und Seele Murphys weit über den Fußboden der Kneipe verstreut; und ehe ein neuer Morgen über der Erde graute, wurden sie mit dem Sand, dem Bier, den Kippen, den Scherben, den Streichhölzern, der Spucke und dem Erbrochenen weggefegt.» (S. 202)

Murphy ist ein humoristischer Roman. Was aber gibt es da zu lachen, wenn ein kleiner verkommener Solipsist, gleichgültig gegenüber den strengen, unermüdlichen und überlästigen Zwängen der großen Welt, nur im Dreck einer Kneipe sein Ziel erreichen kann, willenloses Stäubchen in absoluter Freiheit zu sein? Man lacht nicht Murphy aus, wenn man über seine komischen Anstrengungen lacht, der Welt und ihren Werten zu entkommen. Der komische Effekt dieses Romans lebt vielmehr aus der unauflösbaren Spannung, die zwischen dem gleichgültigen Murphy-Impuls und der Welt besteht, die ihm widerstreitet. Als Solipsist auf der Suche nach seinem Glück mag Murphy gescheitert sein. Aber mit ihm erkennen wir zugleich die Lächerlichkeit zahlreicher gesellschaftlicher Zwangsmechanismen und praktischer Lebensnotwendigkeiten, vor denen dieser einzelne auf der Flucht ist, in die Freiheit der Indifferenz und die Indifferenz der Freiheit.

Voller Komik ist bereits der Anfang. Während die Sonne, «da sie keine andere Wahl hatte, auf das Nichts des Neuen» (S. 7) scheint, sitzt Murphy nackt und gefesselt auf seinem Schaukelstuhl in seinem Käfigzimmer, mit Blick auf andere Wohnkäfige. Seine Augen starren kalt und reglos wie die einer Möwe zu einem zusammengeschrumpften und verblaßten Fleck an der Decke. Er schaukelt, um den Erscheinungen und Geräuschen der äußeren Welt zu entkommen, die er nicht leiden kann. «Sie hielten ihn in jener Welt gefangen, zu der sie gehörten, er jedoch nicht, wie er töricht genug hoffte.» (S. 7) Schaukelnd und stierend will er seinen Körper beruhigen, um ganz in seinem Geist leben zu können. Das kann nicht gutgehen. Das Objekt hat seine Tücken. Der Schaukelstuhl stürzt um, und Murphys Gesicht hat nun direkten Kontakt mit dem Boden, an den es gepreßt ist. «Nur örtlich begrenzte Bewegungen waren möglich: die Lippen lecken, die andere Wange dem Staub zuwenden, und so weiter.» (S. 26) So findet ihn Celia.

Den beiden fehlt zum Leben das nötige Geld. Soll Murphy etwa arbeiten? Das ist nichts für einen Murphy, der glaubt, er sei für den Ruhestand geboren. Die Welt war so schon ein fürchterliches Fiasko und eine große Qual. Schließlich geht es hier nicht nur um ein wirtschaftliches Problem. «Es gab metaphysische Erwägungen» (S. 21) für das Nichtstun, die Murphy seiner Geliebten zu vermitteln versucht. Wenn er schon wie der gemarterte Ixion aufs Rad der Welt gespannt ist und wie Tantalus nie endende Durstqualen leidet, soll er da sein Rad auch noch in einem guten Zustand erhalten und genötigt sein, Salz zu essen? Murphy will keine Arbeit, ist sie für ihn doch nichts anderes als ewiges Kuppeln für die Geldbeutel, die einen wollüstig tyrannisieren, damit sie sich vermehren können. «‹Wir können aber ohne Geld nicht weiterkommen›, sagte Celia. ‹Die Vorsehung wird vorsehen›, sagte Murphy.» (S. 21)

Sie wird ihm in Gestalt des versoffenen Poeten Ticklepenny begegnen, der ihm eine Pflegerstelle im Asyl der Psychiatrie verschafft. Findet der Solipsist hier seine Brüder im Geiste? Die Paradoxie einer solchen unmöglichen Begegnung wird vom Erzähler mit einem Zitat von Malraux eingeleitet: «Es ist schwierig für denjenigen, der außerhalb der Welt lebt, nicht nach den Seinen zu suchen.» (S. 116) Aber ein Solipsist ist nun einmal ein Solipsist, der nur von der alleinigen Wirklichkeit seines eigenen Selbst überzeugt ist und in seiner kleinen monadischen Welt lebt. Wie soll da eine Verständigung möglich sein? Murphy ist zwar geschickt mit seinen Patienten. Aber er selbst ist ja nicht irr und dem kolossalen Fiasko des Lebens ins «Heiligtum» (S. 132) des Wahnsinns entkommen. «Also bestand der Konflikt, so wie Murphy ihn zu vereinfachen und zu verdrehen liebte, zwischen nichts weniger Fundamentalem als der großen Welt und der kleinen Welt; er war von den Patienten zugunsten der letzteren entschieden, von den Psychiatern der ersteren zunutze wieder entfacht worden und für Murphy ungelöst geblieben. Faktisch ungelöst, nur faktisch, denn er hatte seine Wahl getroffen. ‹Ich bin nicht von der großen Welt, ich bin von der kleinen Welt›, war ein alter Refrain Murphys und eine Überzeugung, zwei Überzeugungen, zuerst die negative.» (S. 133) Er bleibt gespalten, Beweis: seine bedauernswerte Schwäche für Celia und für Ginger. Auch Mr. Endon, Murphys Lieblingspatient, wird ihm in seiner katatonischen Gleichgültigkeit stets uneinholbar voraus sein. Er wird ihm nie gleich oder gar ein Freund sein können. Auch das verrückte Schachspiel zwischen Murphy und Endon verdeckt nicht die Kluft, die zwischen ihnen besteht. Denn unser Held kann die traurige Wahrheit nicht verleugnen, «daß Mr. Endon für Murphy nicht weniger als Seligkeit bedeutete, und Murphy für Mr. Endon nicht mehr als Schach. (...) Das Letzte, was Mr. Murphy von Mr. Endon sah, war Mr. Murphy ungesehen von Mr. Endon. (...) Die Beziehung zwischen Mr. Murphy und Mr. Endon könnte nicht besser zusammengefaßt werden, als in dem Bedauern des ersteren beim Sehen seiner selbst in des letzteren Immunität gegen das Sehen von irgend etwas anderem als sich selbst.» (S. 178, 185)

An der immensen und immunen Gleichgültigkeit des Solipsisten Endon muß selbst Murphy abprallen, dessen körperloser Geist, wie im 6. Kapitel philosophisch mit Anspielungen auf die Leib-Seele-Dualisten Descartes, Geulincx und Leibniz analysiert, sich selbst als ein geschlossenes System vorstellt, als eine große hohle Kugel, «die hermetisch vom äußeren Universum abgeschlossen war» (S. 82), selbstgenügsam und gegen die zufälligen Wechselfälle des Körpers und des Lebens gefeit, willenlos dahintreibend als ein indifferentes Stäubchen in einem tumultuarischen, kontingenten Weltstaub. Denn solange er lebt und denkt, ein physisches und vernunftbegabtes Wesen ist, kann Murphy sich nicht in die vollendete Gleichgültigkeit zurückziehen, die er töricht ersehnt, sondern bleibt in der Welt. Er muß etwas tun und sich entscheiden, und sei es auch nur gegen etwas. Wenn er sich für die Willenlosigkeit und gegen die große Welt entscheidet, so gelingt es ihm doch immer nur für selige Augenblicke, in sein Bewußtsein zu versinken und alles hinter sich zu lassen. Der Schaukelstuhl stürzt um, Celia stört ihn, die Verfolger sind hinter ihm her, und wenn er endlich einmal, im sonnenbeschienenen Hydepark erstarrt auf den Fersen sitzend, in die dunkelste Zone seines Bewußtseins versinkt, wird er nach Einbruch der Nacht von Schafen geweckt, die an seinem Gesicht herumlecken. Es ist schwierig, der äußeren Welt zu entkommen. Und als es ihm am explosiven Ende seines Lebens doch noch gelingt und seine Asche zu Asche kommt, sein Staub zu Staub, kann er sich darüber leider nicht mehr freuen. Das ist dann doch zuviel des Glücks der Indifferenz, das er ersehnte.

Verstreut im diffusen Schmutz einer Säuferkneipe geht Murphy zwar ein in die objektive Gleichgültigkeit einer Welt, auf die die

Sonne, da sie keine andere Wahl hat, weiter scheinen wird. Aber sein Geist hat in ihr keine Erlösung und Ruhe gefunden. Murphy wollte seine Seligkeit in der Freiheit der Indifferenz seines Selbst finden. Jetzt aber ist er im Nichts. Das Verschwinden der Außenwelt hat Murphy selbst verschwinden lassen. Als Solipsist ist Murphy jämmerlich gescheitert. Sein Tod ist ein Witz und voller Ironie. An seinem Schicksal hat Beckett mit dialektischem Humor gezeigt, was nicht gesagt oder gelebt werden kann: solipsistisch nur im Bewußtsein «seiner Welt» zu sein, ohne in der Welt sein zu wollen. Man müßte schon ein reines metaphysisches Subjekt sein oder völlig verrückt, um aus diesem Schlamassel einen Ausweg finden zu können.[37]

Die Gleichgültigkeit eines Mediterranen: Meursault

> Um einer angeborenen Gleichgültigkeit die Waage zu halten, wurde ich halbwegs zwischen das Elend und die Sonne gestellt. Das Elend hinderte mich, zu glauben, daß alles unter der Sonne und in der Geschichte gut sei; die Sonne lehrte mich, daß die Geschichte nicht alles ist.[38]

Am 20. Oktober 1938 erscheint in der gerade gegründeten Volksfrontzeitschrift «Alger Républicain» eine Besprechung von Sartres *Der Ekel*, unterzeichnet mit dem Namen eines fünfundzwanzigjährigen Algerienfranzosen: Albert Camus. Der Rezensent bewundert diesen ersten Versuch eines klugen und kraftvollen Geistes, seine bis zur außerordentlichen Perfektion getriebene Bitterkeit und Wahrhaftigkeit. Auch das Gefühl, das dieser Roman vermittelt, ist ihm vertraut. «Auch in den am besten durchorganisierten Lebensgeschichten gibt es hin und wieder Augenblicke, wo das schmückende Beiwerk plötzlich abfällt: Warum dies, warum das, diese Frau, dieser Beruf und dieses ganze Streben nach Erfolg? Und, um es ganz deutlich zu sagen, warum dieser Lebenstrieb in den Gliedern, die ja doch bald faulen werden? Dieses Gefühl kennen wir alle.»[39]

Doch der junge Journalist in Algier erkennt auch die Schwächen dieses Romans. Das Gleichgewicht zwischen Philosophie und Bildhaftigkeit, zwischen theoretischer Reflexion und erzähltem Leben ist gestört. Unter der philosophischen Last hat die Handlung ihre Authentizität und ihr Held seine Lebendigkeit verloren. Deshalb bleibt der Leser in der Vorhalle der Zustimmung stehen. Denn die philosophischen Reflexionen, die mit grausamer Klarheit die Kontingenz des Lebens in seiner «Absurdität» feststellen, können nicht das Ende sein, sondern allenfalls ein Anfang. «Nicht diese Entdekkung interessiert, sondern die Konsequenzen, die man daraus ziehen, und die Verhaltensregeln, die man daraus ableiten kann.»[40] Sartre ging zwar bis an die Grenzen des Denkens. Aber er fand nicht die Bilder, um seiner Philosophie das Leben einzuhauchen, das jeder Romanheld braucht, um seine Leser fesseln zu können.

Camus weiß, wovon er spricht. Denn auch er hat Philosophie studiert, Nietzsche, Kierkegaard, Husserl und Heidegger gelesen und 1936 sein Studium mit einer Diplomarbeit über *Christliche Metaphysik und Neoplatonismus*[41] abgeschlossen, in der die Konfrontation zwischen einer stoischen Übereinstimmung mit dem Kosmos und dem christlichen Bewußtsein vom Leid und Elend der Conditio humana eine zentrale Rolle spielt. Auch sein Denken kreist seit Jahren um die Erfahrung der «Absurdität», diesem verstörenden Band zwischen Mensch und Welt, zwischen der menschlichen Frage und dem Schweigen der Welt. Im Juni 1938 plant er, eine Art Triptychon über das Absurde zu schreiben: einen philosophischen Essay (*Der Mythos von Sisyphos*), ein Drama (*Caligula*) und einen Roman, für den er den Arbeitstitel *L'Indifférent* wählt. Dieser «Gleichgültige» soll die Fehler vermeiden, die Sartre begangen hat. Die philosophischen Gedanken sollen zu Bildern werden, und an den Handlungen der Personen soll literarisch gezeigt werden, was philosophisch zu sagen ist. Bereits im April 1937 hat Camus in einer Tagebuchnotiz das Thema skizziert: «Erzählung – der Mann, der sich nicht rechtfertigen will. Die Vorstellung, die man sich von ihm macht, wird ihm vorgezogen. Er stirbt und bleibt sich als einziger seiner Wahrheit bewußt. Nichtigkeit dieses Trostes.»[42] Der Mann wird Meursault heißen, das Romanmanuskript im Frühjahr 1940 in Paris abgeschlossen. Am 15. Juni 1942 wird es mit dem Titel *L'Étranger – Der Fremde*[43] – bei Gallimard veröffentlicht.

Der Fremde ist ein Ich-Roman, in dem ein Gleichgültiger mit lakonischem Ton angesichts seiner bevorstehenden Hinrichtung über sich selbst, seine Beziehung zu anderen und zur Welt berichtet. Die Handlung, auf die bloßen Tatsachen reduziert, ist karg: Ein kleiner Angestellter in Algier wird benachrichtigt, daß seine Mutter im Altersheim von Marengo gestorben ist. Er fährt in die nahe liegende Kleinstadt, um alles zu erledigen, nimmt an Totenwache und Beerdigung teil. Zurück in Algier, trifft er am Strand Maria, schwimmt mit ihr im Meer, geht mit ihr ins Kino und verbringt die Nacht mit ihr. Eine Woche später fährt er mit Maria und Raymond, seinem Flurnachbarn, wieder ans Meer und gerät in eine Prügelei mit zwei Arabern. Mehr zufällig als aus Notwehr erschießt er einen von ihnen, ein «acte gratuit»[44] unter glühender Sonne. Was in den Augen der Kolonialjustiz zunächst nur eine Bagatelle zu sein scheint, wird zum Anlaß einer Mordanklage. Sein ganzes Verhalten seit der Beerdigung der Mutter wird als «gleichgültig» und «seelenlos» gedeutet, als unverzeihliche atheistische und nihilistische Ablehnung aller moralischen Sollvorstellungen und werthaften Sinnangebote, die eine Gesellschaft zusammenhalten. Seine Indifferenz wird als Disposition zum Verbrechen interpretiert und Meursault zum Tode verurteilt. Ohne heroische Geste erwartet er nun seine Hinrichtung durch das Beil, empfänglich allein noch «für die zärtliche Gleichgültigkeit der Welt» (S. 122), der er sich ähnlich fühlt, wie brüderlich verbunden.

Wer ist dieser rätselhafte Meursault, dessen Gleichgültigkeit ihn zu einem Fremden werden läßt, dessen verwerflicher Charakter nur mit dem Tod gesühnt werden kann? Worin begründet sich die ungeheure Provokation dieses einzelnen, dessen Namen die Mutter, das Meer und den Mord (la mère, la mer, le meurtre) anklingen läßt, den Fall, die Erde und die Sonne (le saut, le sol, le soleil)? «Die Vorstellung, die man sich von ihm macht, wird ihm vorgezogen», hatte Camus angedeutet. Als einziger bleibe er sich seiner Wahrheit bewußt. Welcher Wahrheit? Eine semantische Analyse kann uns den Weg zu einer Antwort eröffnen. Denn alles dreht sich hier um den ambivalenten Sinngehalt des Wortes «Gleichgültigkeit», in dem sich positive und negative Konnotationen unversöhnlich widerstreiten, ohne eine gemeinsam anerkannte Auflösung finden zu können: Was Meursault bejahend als Glück der Gleichgültigkeit erlebt, wird von den gesellschaftlichen Instanzen im Namen des

Volkes verneint und als gleichgültige Verantwortungslosigkeit verworfen.

Meursault will seine Gefühle nicht verschleiern. Er will niemand täuschen und weigert sich zu lügen: Er will nicht sagen, was nicht ist, und nicht mehr sagen, als was ist. Während der nächtlichen Totenwache hat er Lust zu rauchen. «Aber ich zögerte, weil ich nicht wußte, ob ich das in Mamas Gegenwart durfte. Aber eigentlich war das wohl gleichgültig. Ich bot dem Pförtner eine Zigarette an, und wir rauchten.» (S. 12) Als Raymond ihn um eine Gefälligkeit bittet und ihn fragt, ob er sein Freund sein wolle, antwortet er, «das sei mir einerlei, womit Raymond einverstanden schien.» (S. 32) Seine Bitte erfüllt er. «Ich bemühte mich, Raymond zufriedenzustellen, weil ich keinen Grund hatte, ihn nicht zufriedenzustellen.» (S. 35) Auch Maria will wissen, woran sie ist. Liebt sie Meursault? «Ich antwortete, das spiele keine Rolle, aber höchstwahrscheinlich nicht.» (S. 38) Und als sie ihn später fragt, ob er sie heiraten wolle, lautet die Antwort nur, «das wäre mir einerlei, aber wir könnten heiraten, wenn sie es wolle.» (S. 44) An einem Angebot seines Chefs, die Leitung des Pariser Büros zu übernehmen, zeigt er sich ebenfalls desinteressiert. «‹Sie sind jung, und so ein Leben müßte Ihnen doch Spaß machen.› Das bejahte ich, aber ich verschwieg nicht, daß es mir im Grunde ganz einerlei wäre. Da fragte er mich, ob mich ein Wechsel des Lebens nicht interessiere. Ich antwortete, man wechsele nie das Leben, eins sei so gut wie das andere, und mit meinem hier sei ich ganz zufrieden.» (S. 44) – Ob Freundschaft, Liebe oder berufliche Karriere: Immer verweigert dieser Indifferente die geforderten Stellungnahmen und Gefühlsregungen. Er will nicht mehr sagen, als er tatsächlich fühlt und weiß. Seine Gleichgültigkeit ist kein Zeichen von Apathie, sondern Ausdruck seiner Wahrhaftigkeit. Ist er deshalb gefühl- und seelenlos, gefangen in einem alles beherrschenden Einerlei?

Wir müssen uns Meursault als einen glücklichen Menschen vorstellen. Denn er ist von vitaler Seinsverbundenheit und ungezähmter Lebenslust. Sein Reich ist von dieser Welt, die Natur seine große Liebe. Sein Körper ist ihm wichtiger als sein Geist; und sein Wille, wahrhaftig zu sein, vertraut darauf, daß nichts wahrer ist, als in der Welt zu sein. Wenn er mit Maria im Meer schwimmt, bestrahlt von einer wohltuenden Sonne, durchströmt seinen Körper die elementare Lust, da zu sein. «Das Wasser war kalt, und ich freute mich, daß ich schwamm. Maria und ich schwammen weit hinaus, und wir waren völlig eins in unseren Bewegungen und in unserem Wohlbehagen. Draußen legten wir uns auf den Rücken, und von meinem Gesicht, das dem Himmel zugewandt war, nahm die Sonne die letzte Nässe, die mir in den Mund floß.» (S. 52) Meursault weiß, was guttut. Das Meer und die Sonne lassen ihn das Leben lieben. Er ist beseelt von jener griechischen Einstellung zur Welt, die Camus in seiner philosophischen Diplomarbeit bewundert und gegen das christliche Transzendenzbewußtsein gestellt hat: «Sport und Ästhetik galten den Griechen gewissermaßen als Rechtfertigung des Daseins. Die Linie ihrer Hügel oder der Lauf eines jungen Mannes am Strand erschloß ihnen das ganze Geheimnis der Welt.»[45] Wie unbedeutend und gleichgültig sind angesichts dieses glücklichen In-der-Welt-Seins, das keinen Gott oder transzendenten Sinn anzuerkennen bereit ist, die Sollgefühle und Ideale einer christlichen Zivilisation, deren geistiger Überbau vom Leben, seiner Faktizität und Gegenwärtigkeit, entfremdet! So intensiv wie möglich leben, leidenschaftlich alles gegenwärtig Gegebene ausschöpfen – das ist es, was Meursault will. Sein Blut pocht im gleichen Rhythmus wie der glühende Puls der Mittagssonne und der ewige Wellenschlag des Meeres. Die Wertskalen aber, mit denen dieser Welt ein Sinn eingeschrieben wird, interessieren ihn nicht. Ihnen gegenüber verhält er sich indifferent und weiß deshalb oft nicht, was er sagen soll. Dann schweigt er aus Verlegenheit.

Meursaults lebensbejahende und wahrhaftige Gleichgültigkeit stößt, im zweiten Teil des Romans, auf die Repräsentanten und Verfechter der gesellschaftlichen Ordnung, die ideologischen Instanzen höherer Werte: Untersuchungsrichter, Staatsanwalt und Priester. Für sie gilt nicht, was Meursault bejaht, und ist gültig nur, wogegen er sich gleichgültig verhält. Das Glück des Indifferenten ist ihnen fremd, sie sehen nur seine Schuld. Gegen körperliche Weltverbundenheit setzen sie Transzendenz, gegen das Leben Gott, gegen das Dasein Sinn.

Am Ende seines ersten Verhörs richtete sich der Richter mit seiner ganzen Länge auf und fragte, «ob ich an Gott glaube. Ich verneinte. Empört setzte er sich. Er sagte, das sei unmöglich, alle Menschen glaubten an Gott, auch die, die sich von ihm abwandten. Das sei seine Überzeugung, und müßte er jemals daran zweifeln, dann hätte sein Leben keinen Sinn mehr. ‹Wollen Sie›, schrie er, ‹daß mein Leben keinen Sinn hat?› Meiner Meinung nach ging mich das nichts an, und das sagte ich ihm auch.» (S. 70) – Im Prozeß plädierte der Staatsanwalt für die Todesstrafe, voller Abscheu vor einem Menschenantlitz, in dem er nur Grauenhaftes zu sehen vermochte: «Er sagte, ich besäße gar keine Seele, auch nichts Menschliches; keines der normalen Prinzipien, die das Herz des Menschen behüten, sei mir geläufig.» (S. 100) Die Leere des Herzens, die er zu sehen glaubte, erschien ihm wie ein Abgrund, in den die Gesellschaft stürzen kann. Diese Gefahr galt es zu verhindern.

Schließlich besuchte ihn der Priester in seiner Zelle, in der Meursault seine Hinrichtung erwartete. Der Advokat Gottes unternahm einen letzten Versuch, den zum Tode Verurteilten von der Sündenlast seiner Gleichgültigkeit zu befreien im Vertrauen auf göttliche Gnade. «Ich antwortete, ich glaubte nicht an Gott. Er wollte wissen, ob ich dessen ganz sicher sei, und ich antwortete, ich brauchte mich das nicht zu fragen: ich fände das ganz unwichtig. (...) Ich wisse ganz genau, was mich nicht interessiere. Und was er sagte, gerade das interessiere mich nicht. (...) Was ich auf dem Herzen hatte, goß ich freudig und zornig über ihn aus. Er sehe so sicher aus, nicht wahr? Und doch sei keine seiner Gewißheiten ein Frauenhaar wert. Er sei nicht einmal seines Lebens gewiß, denn er lebe wie ein Toter. Es sehe so aus, als stünde ich mit leeren Händen da. Aber ich sei meiner sicher, sei aller Dinge sicher, sicherer als er, sicher meines Lebens und meines Todes, der mich erwarte. Ja, nur das hätte ich.» (S. 116, 120)

Was hat man nicht alles dem Autor des «Fremden» unterstellt: Psychoanalytisch wurde er als Opfer eines Kastrationskomplexes interpretiert[46], politisch als Propagandist des Kolonialismus verurteilt[47], literatursoziologisch als Medium der kapitalistischen Tauschwertabstraktion gedeutet[48], historisch als ein in seinem moslemischen Milieu isoliert lebender Algerienfranzose eingeordnet.[49] Auch der philosophierende Schriftsteller Sartre, der dem «Fremden» im Februar 1943 eine ausführliche «Explication» widmete, hat diesen Roman nur durch seine eigene Brille des Kontingenzbewußtseins gelesen. Camus gehe es nicht um Aufrichtigkeit, sondern um Kunst: um die Erfindung einer sinnlosen Tatsachenwelt, die «inert» ist, undurchdringlich, ohne eigene Kraft und undifferenziert; und um die Konstruktion eines absurden Bewußtseins, das passiv nur Tatsachen registriert, die ganz einfach da sind und auf das menschliche Begehren nicht antworten.[50] Doch Meursault ist kein Roquentin, und der mediterrane Camus, der arme «pied-noir», der zeitlebens dem sonnigen Mittelmeerraum verbunden blieb, aus dem er Lebenskraft und Lebensfreude schöpfte, ist nicht Sartre, der verwöhnte und hochgebildete Bürgersohn aus dem Norden, der in einer kalten und trüben Provinzstadt gegen die Dreckschweine wettert, die nichts von Kontingenz verstehen.

Camus' Tagebücher, seine autobiographischen Hinweise und frühen Erzählungen sprechen eine ganz andere Sprache. Hier ist kein passives Bewußtsein am Werk, das «zwischen den Gestalten des Romans und dem Leser eine gläserne Wand»[51] errichtet, die keine Bedeutungen durchläßt. Wiederholt hat Camus erläutert, was es mit seiner «Gleichgültigkeit» auf sich hat, die er gegen alle Vorwürfe der Gefühllosigkeit und seelischen Kälte verteidigt. Wenn er von seiner «angeborenen Gleichgültigkeit» sprach, die er zwischen dem Elend und der Sonne in der Waage hielt, so zielte er damit auf einen Grundcharakterzug, der ein Leben lang speiste, was er war und was er sagte. Er wußte, wovon er sprach. Man braucht nur *Licht und Schatten* zu lesen, Camus' erste Erzählungen, die er 1935/36 geschrieben hat und die 1937 in der Reihe «Méditerranéennes» erschienen sind.[52]

Da war zunächst, vor allem anderen, eine gute, sanfte Mutter, die jedoch weder liebevoll noch zärtlich zu sein verstand, sondern in kreatürlichem Schweigen und gleichgültiger Einfachheit verharrte. «Die Gleichgültigkeit dieser merkwürdigen Mutter! Nur die unermeßliche Einsamkeit der Welt erlaubt mir, sie zu ermessen.» (S. 57) Immer wieder wird Camus sich, wenn er den tiefen Sinn der Welt zu erfühlen glaubt, an diese sonderbare Gleichgültigkeit seiner Mutter erinnern, deren Einfachheit so vieles belanglos erscheinen läßt.

Da war die armselige Umgebung von Belcourt, dem Armenviertel von Algier, in dem sich mehr als anderswo die europäischen Handwerker und Arbeiter mit der einheimischen moslemischen Bevölkerung mischten. Camus hat diese Armut nie als Unglück empfunden, und Reichtum erschien ihm nie als anzustrebender Wert. «In der Armut liegt eine Einsamkeit, die jedem Ding seinen Wert verleiht.» (S. 54) Er verstand nie zu besitzen, und mit einem gleichgültigen Erbarmen stand er all jenen gegenüber, deren bürgerliches Glück vom Wunsch nach Geld und nach Karriere beherrscht ist. – Verwandt fühlte er sich der arabischen Jugend von Belcourt, der Sonne und Meer nichts kosteten und die Camus zu einer Rasse zählte, «die gleichgültig ist gegen den Geist. Statt dessen verehrt und bewundert sie den Körper. Er ist die Quelle ihrer Kraft.»[53] Wie glücklich war er, wenn er mit seinen arabischen Jugendfreunden am Strand Fußball spielte und im sonnenüberfluteten Meer schwamm, selbst die drakonische Strafe vergessend, die ihn erwartete, wenn er zu spät nach Hause kam.

Auch als er siebzehnjährig an Tuberkulose erkrankte und diese schwere Krankheit vorübergehend seine Lebenskraft raubte, wußte er der Todesangst zu widerstehen mit dem Bewußtsein, dazusein, gleichgültig gegen alles Zukünftige und jede Dauer, die sich dem Spiel von Leben und Tod zu entziehen versucht. «Die Welt hatte sich aufgelöst und mit ihr die Illusion, daß Leben jeden Tag neu beginnt. Alles war ausgelöscht, Studium und Ehrgeiz, Leibgerichte und Lieblingsfarben. Alles außer der Krankheit und dem Tod, von denen er sich umgeben fühlte ... Und doch lebte er – im Augenblick, da die Welt zusammenbrach.» (S. 57) Camus erfuhr zwar Angst und Mutlosigkeit, aber seine Krankheit begünstigte auch jene «Freiheit des Herzens, jenes unmerkliche Abstandwahren gegenüber den Interessen der Menschen, das mich vor jedem Ressentiment bewahrt hat.» (S. 38)

Ein letzter Hinweis: Mag im Bewußtsein des eigenen Sterbenmüssens auch das Gefühl der Verlorenheit vorherrschen, weil eine vollendet gleichgültig gewordene Welt im Fall des Sterbens aufhört, unsere Anwesenheit in ihr zu bemerken, so kann der zum Tode Verurteilte doch noch «glücklich» sein. Denn er kann teilnehmen an der Gleichgültigkeit der Welt, die im Rauschen des Meeres, im Sternenlicht der Nacht und in der Sonne des Mittags zu ihm spricht. «Freilich ist das nicht die Hoffnung auf eine bessere Zeit, sondern eine abgeklärte, ursprüngliche Gleichgültigkeit allem, auch mir selbst gegenüber. Doch es gilt, sich von dieser so weichen, zu einlullenden Melodie zu befreien. Und ich brauche einen klaren

Kopf. Ja, alles ist einfach. Die Menschen sind es, die die Verwicklungen schaffen. Man soll uns da nichts vormachen.» (S. 59f)

In Meursault, diesem glücklichen Menschen des Meeres und der Sonne, hat Camus sich seinen literarischen Doppelgänger geschaffen. *Der Fremde* ist das Hohelied einer Lebensbejahung, die selbst im Angesicht des Todes nicht in den Abgrund des Nichts stürzt, sondern für die zärtliche Gleichgültigkeit der Welt empfänglich bleibt. «Als ich empfand, wie ähnlich sie mir war, wie brüderlich, da fühlte ich, daß ich glücklich gewesen war und immer noch glücklich bin.» (S. 122) Zugleich wird am Schicksal dieses Glücklichen die Verstrickung aufgezeigt, die entstehen muß, wenn eine ursprüngliche mediterrane Gleichgültigkeit mit einer Gesellschaft konfrontiert wird, deren Anstrengungen nur den Sinn besitzen, die ängstigende Gleichgültigkeit der Welt und die bedrohliche Stimmung der Indifferenz zu überwinden, sei es durch Liebe und Besitz, durch Arbeit und Erfolg, durch Technik und Macht, durch den Glauben an Gott oder den Sinn des Lebens. In ihr mußte der Indifferente zum Fremden werden, zu einer absurden Existenz, über die das Todesurteil gesprochen werden mußte. «Der Vorsitzende sagte zu mir in seltsamer Form, daß man mir im Namen des französischen Volkes auf öffentlichem Platz den Kopf abschlagen würde. (...) Der Anwalt faßte mein Handgelenk. Ich dachte an nichts mehr. Aber der Vorsitzende fragte mich, ob ich noch etwas zu sagen hätte. Ich sagte: ‹Nein.› Dann wurde ich abgeführt.» (S. 106f)

Jean-Baptiste Clamence, der falsche Prophet in der Wüste

> Angenommen, Sie verhaften mich, das wäre schon ein guter Anfang. Vielleicht würde man sich dann auch mit allem übrigen befassen und mich beispielsweise enthaupten. (...) So wäre dann alles vollbracht, und ich hätte meine Laufbahn als falscher Prophet, der in der Wüste ruft und sich weigert, sie zu verlassen, ganz unversehens beendet.[54]

Der junge Camus hatte die Welt zu seiner Gottheit gemacht. Er brauchte keine Mythen, keinen christlichen Gott und transzendenten Sinn. Er wollte ganz mediterraner Mensch sein, mit allen Gerüchen der Erde behaftet, sich reinigend im Salzwasser des Meeres, sich bräunend im Hochzeitslicht der Sonne. In Algier, Oran und Tipasa lernte er zu leben und zu werden, der er ist. «Hier begreife ich den höchsten Ruhm der Erde: das Recht der unermeßlichen Liebe. Es gibt nur diese eine, einzige Liebe in der Welt. (...) Alles hier läßt mich gelten, wie ich bin; ich gebe nichts von mir auf und brauche keine Maske.»[55] Aber er mußte die Heimat verlassen. Nachdem der «Alger Républicain» aus politischen Gründen geschlossen wurde, fand er 1940 zunächst beim «Paris-Soir» eine Anstellung als Journalist, 1942 versuchte er, einen Tuberkuloseanfall im französischen Zentralmassiv auszukurieren, 1943 fuhr er ins besetzte Paris, wo er inzwischen eine literarische Berühmtheit war, lernte Sartre und andere tonangebende Pariser Intellektuelle und Künstler kennen. Doch Paris wurde für ihn nie zur Heimat, sondern blieb immer nur ein Exil, ein Ort schrecklicher Einsamkeit und Kälte: schwarze Bäume am grauen Himmel und eine Gesellschaft aus lauter Piranhas, die über den unvorsichtigen Schwimmer herfallen «und ihn mir nichts dir nichts sauberbeißen, so daß nichts übrigbleibt als sein blankes Gerippe.»[56] Jetzt galt es, sich hinter Masken zu verbergen.

Die Zeit war aus den Fugen, das Glück, jener einfache Einklang eines Geschöpfes mit seiner Existenz, war nur noch ein Traum, verborgen hinter der Verzweiflung. Der Mensch der Sonne und des

Meeres war in eine Welt verstrickt worden, die alles zerstörte, woraus er seine Lebenskraft gezogen hatte. Der Weltkrieg hatte Haß und Gewalttätigkeit zwischen den Menschen explodieren lassen. «Die Herrschaft der Tiere ist angebrochen. (...) Man begegnet nur Tieren, bestialischen Gesichtern von Europäern. Ekelerregend ist diese Welt.»[57] Die Kollaboration während der Vichy-Regierung war eine Verhöhnung des Muts und eine Entwertung der Ehre. Während des Kalten Kriegs beging die französische Linke intellektuellen Verrat, den Dialog durch das Kommuniqué ersetzend und für jede totalitäre Maßnahme in der Sowjetunion eine vorgefertigte Entschuldigung bereithaltend. Nach dem Erscheinen von *Der Mensch in der Revolte* (1951), seinem Glaubensbekenntnis, in dem Camus die Sicherheit befestigter Lager verschmähte, Faschismus und Stalinismus gleichermaßen verurteilte, den Terror und legitimierten Mord verwarf und im mediterranen Menschen das Ideal des maßvoll Revoltierenden gegen Unrecht und Leiden sah, wurde er von Sartre und seiner Clique, die sich der stalinistisch orientierten kommunistischen Partei angenähert hatten, lächerlich gemacht. Man warf ihm mangelndes Verständnis für den Klassenkampf vor, philosophische Inkompetenz, eitles, bloß moralisierendes Posieren, bourgeoise Selbstgefälligkeit und frivole Maskerade persönlicher Schwierigkeiten. Öffentlich kündigte ihm Sartre in sarkastischen Artikeln von «Les Temps Modernes» die Freundschaft. Die Piranhas machten sich über sein Fleisch her. «Du willst ein sauberes Leben? Schön, du sollst gesäubert werden.»[58] «Sie lassen die Sünde zu und verweigern die Gnade», notierte Camus in seinem Tagebuch, September 1952: «Paris ist ein Dschungel, und seine wilden Tiere sind mies. Emporkömmlinge des revolutionären Geistes, Neureiche und Pharisäer der Gerechtigkeit.»[59] Was blieb vom Existentialismus und seinem Freiheitsideal? Nur noch Verrat, Mißgunst, Denunziation des Bruders. «Wenn sie sich anklagen, kann man sicher sein, daß es immer geschieht, um den anderen eins auszuwischen. Lauter Bußrichter.»[60] Und dann begann auch noch der Krieg in seiner Heimat und stürzte Camus in tiefe Verzweiflung. Im Januar 1956 reiste er nach Algerien und rief vergeblich zum Burgfrieden auf. Rechtsextremistische europäische «Ultras» wollten ihn lynchen, und auch von der moslemischen «Front de Libération Nationale», die ihn zunächst in eine friedliche Konfliktlösungstaktik einzubinden versuchte, wurde Camus nur noch als ein Hemmnis des notwendigen gewaltsamen Aufstands gesehen.

Es waren dunkle Jahre, die alles zunichte machten, woran Camus glaubte. Es waren Hölle, Dschungel und Wüste. Jetzt kam es darauf an, erneut Rechenschaft über die Situation der Zeit abzulegen. Ende 1955 begann er *Un Héros de notre temps* zu schreiben, bereits Mitte März 1956 liegt das Manuskript druckfertig vor. Es erscheint im Mai unter dem Titel *La Chute – Der Fall.* Wieder ist es die Geschichte eines Gleichgültigen. Aber alles hat sich seit *Der Fremde* verändert.

Dieser Held seiner Zeit taucht unter falschem Namen auf und stellt sich als Jean-Baptiste Clamence vor, als Johannes, der Täufer, die schreiende Stimme in der Wüste (vox clamans in deserto[61]), von der bereits Jesaja (40,3) prophezeit hat: «Es ruft eine Stimme: In der Wüste bereitet dem HERRN den Weg, macht in der Steppe eine ebene Bahn unserm Gott!» Doch dieser Johannes Clamans kennt weder Gott noch das mediterrane Glück der Gleichgültigkeit, das Meursault gegen die ideologischen Apparate bis in den Tod verteidigt hat. Krieg, Konzentrationslager, Totalitarismus, zivilisatorische Schuftigkeit, intellektueller Hochmut und nordische Kälte haben sich in seinem Bewußtsein festgesetzt. Seine Gleichgültigkeit widerstreitet keiner lebensverneinenden Gottgläubigkeit und Zwangsmoral. Sie ist in sich gespalten und verwirrt. Sie ist nur noch Symptom einer unauflösbaren dialektischen Spannung, die sich in einem geschwätzigen Monolog Gehör zu verschaffen versucht, der zwischen selbstauferlegter Buße und richtender Menschenverachtung hin und her taumelt. Dieser «falsche Prophet» kann die Wüste nicht verlassen. In einer Zeit des Irrglaubens und der Hoffnungslosigkeit kann er nur noch unter der Maske eines zynischen «Bußrichters» sprechen, der von seinem «Geniestreich» (S. 114) schwadroniert. Weil er es nicht ertragen kann, wegen seiner Gleichgültigkeit verurteilt zu werden, «beeilt er sich, sich selbst den Prozeß zu machen, aber das nur, um die anderen besser verurteilen zu können. Den Spiegel, in dem er sich betrachtet, hält er am Ende den anderen vor.»[62] Sein Herz ist nicht mehr von jener zärtlichen Gleichgültigkeit der Welt erfüllt, die Meursault gegen die Verstrickungen der Zivilisation ins Feld geführt hat, sondern zerfressen von einer aggressiven modernen Indifferenz, die keine Erde mehr unter sich und keinen Himmel über sich kennt, sondern alles und jeden in eine nihilistische Tollheit reißt, sich selbst mit Anklagen überhäufend, um sich das Recht anmaßen zu können, auch alle anderen zu richten.

Johannes Clamans ist der Stawrogin der finstersten Epoche der europäischen Moderne, der als raffinierter Bußrichter[63] seine Dämonen zu beherrschen gelernt hat, ein komödiantisches Doppelgesicht, das dem Publikum janusartig die Leviten liest, um in der Duplizität von Anklage und Beichte seine eigene Haut zu retten. Nein, dieser gleichgültige Poseur wird die Hinrichtung nicht erleiden müssen, mit der er am Ende seines redseligen Monologs kokettiert. Er wird seine Laufbahn als falscher Prophet nicht beenden, sondern das schäbige Spiel weiterspielen, in dem alle gefangen sind. «Ich bin wie sie alle, gewiß, wir rudern alle auf derselben Galeere. Indessen bin ich ihnen in einem überlegen: ich weiß es, und das verleiht mir das Recht, zu sprechen. (...) Wahrhaftig, lieber Freund, wir sind merkwürdige, jämmerliche Kreaturen.» (S. 116)

Johannes Clamans hat keinen Tichon, der ihn durchschaut. In einem fünftägigen Monologisieren – im «Mexico City», einer Amsterdamer Hafenkneipe, in der vor allem Seeleute, Zuhälter und kleine Gangster verkehren, auf Spaziergängen an der Zydersee und im Bett seiner Wohnung – überschüttet er einen schweigenden Zuhörer mit seiner Lebenseinstellung und seinen Erinnerungen. Früher war er erfolgreicher Rechtsanwalt in Paris, jetzt ist er Rechtsberater für die Amsterdamer Unterwelt und Bußrichter seiner Zeitgenossen. Clamans, der intelligente Unterhalter und rhetorische Verführer, legt auch Rechenschaft ab über den Grund seiner Lebensveränderung. Vor mehreren Jahren verhinderte er nicht den Selbstmord einer jungen Frau, die sich in einer regnerischen Nacht in die Seine stürzte. «Ich habe vergessen, was ich in jenem Augenblick dachte. ‹Zu spät, zu weit weg...› oder etwas Derartiges. Regungslos lauschte ich immer noch. Dann entfernte ich mich zögernden Schrittes im Regen. Ich benachrichtigte niemand.» (S. 154) Zwei oder drei Jahre später hörte er dann, allein die Seine betrachtend, hinter sich ein Lachen, doch es ist niemand da. «Es kam aus dem Nichts oder vielleicht aus dem Wasser.» (S. 34) Niedergeschlagenheit befiel ihn, und langsam lernte er klarer zu sehen, was mit ihm der Fall war. Er wurde sich der gedankenlosen Gleichgültigkeit bewußt, mit der er sein bisheriges Leben verbracht hatte, und entschied sich, seinen Beruf und seine Karriere aufzugeben, seine Familie zu verlassen und in die Fremde zu gehen. In Amsterdam gibt er sich der Lächerlichkeit preis, flieht in zerstreute Ausschweifungen und vollzieht schließlich seinen Geniestreich: Er büßt seine Gleichgültigkeit, um Richter der Gleichgültigen zu sein. Ist er so seiner Schuld entkommen?

Es besteht kein Zweifel, daß Clamans nachträglich durchschaut, mit welchen Selbsttäuschungen er vor dem selbstmörderischen Zwischenfall sein Leben kaschierte. Zwar war er in seinem Berufsleben untadelig; er liebte es, Blinden über die Straße zu helfen und Almosen zu geben; er war ein hervorragender Mensch, gut, in vollkommenem Einklang mit seinem eigenen Leben, in dem er sich sonnte. Doch unter der Oberfläche sah alles ganz anders aus: «Im Grunde zählte überhaupt nichts. Krieg, Selbstmord, Liebe, Elend – natürlich schenkte ich ihnen Beachtung, wenn die Umstände mich dazu zwangen, aber immer mit einer Art höflicher Oberflächlichkeit. (...) Im Grunde nahm ich keinerlei Anteil daran, außer natürlich, wenn mir meine Freiheit gefährdet schien. Wie soll ich es Ihnen erklären? Es glitt irgendwie ab. Ja, alles glitt an mir ab.» (S. 43) Der Anschein von Großmut war nur die Kehrseite einer tiefen Langeweile und Gleichgültigkeit. Seine Tüchtigkeit, Intelligenz, Nachsicht und Solidarität waren nur gespielt, um den Mangel zu verbergen, der ihn beherrschte. «Meine Gleichgültigkeit trug mir Liebe ein, meine Selbstsucht gipfelte in meinen Wohltaten.» (S. 72) Ich, ich und nochmals ich, so lautete der Kehrreim seines erfolgreichen Lebens, auf dessen Oberfläche er sich mit tönenden Worten bewegte, die tiefe Gleichgültigkeit, die ihn bestimmte, vor sich und den anderen verschleiernd.

Wie aber steht es jetzt um ihn, nachdem er klar zu sehen gelernt hat und sich seiner selbst bewußt geworden ist, langsam das Lachen dämpfend, das ihn halluzinatorisch verfolgte? Ist er als Bußrichter weniger gleichgültig? Es spricht für die verwirrende Dialektik dieser wohlkalkulierten Beichte, daß *Der Fall* seinen Helden nicht erlöst. Denn Clamans, dessen blenderisches Selbstvertrauen erschüttert wurde, bleibt unberührt und ichbezogen in seiner kalten Indifferenz. Er spielt den Einsiedler und Propheten, er klagt sich und alle an, um sich persönlich dem Urteil zu entziehen. Über seine eigene Gleichgültigkeit aufgeklärt, überzieht er alle mit einer anteilslosen Geschwätzigkeit und versucht, sie in seinem Netz der Gleichgültigkeit zu fangen. Als Bußrichter hat er sich häuslich in dieser Gefangenschaft eingerichtet und dabei sogar das Behagen gefunden, nach dem er sein Leben lang gesucht hatte. «Das einzig Wesentliche ist, sich alles erlauben zu dürfen, selbst wenn man dafür von Zeit zu Zeit mit lautem Trommeln seine eigene Nichtswürdigkeit verkünden muß. Von neuem erlaube ich mir alles, und zwar diesmal, ohne daß ein Lachen ertönt. Ich habe kein neues Leben angefangen, ich fahre fort, mich zu lieben und mich der anderen zu bedienen. Der einzige Unterschied besteht darin, daß die Beichte meiner Fehler mir erlaubt, mich ihnen unbekümmerter wieder zu überlassen und des doppelten Genusses teilhaftig zu werden, den mir mein eigenes Wesen und der Reiz der Reue verschaffen.» (S. 117)

Wie berauschend ist es doch, sich den kargen Mantel eines falschen Propheten umzulegen, um sich wie ein gleichgültiger Gott-Vater zu fühlen, der alle Menschen nach seinem eigenen Bilde schafft, um über sie richten zu können! «Bei mir wird nicht gesegnet und keine Absolution erteilt. Es wird ganz einfach die Rechnung präsentiert: soundso viel macht es.» (S. 109)

6

DIE INDIFFERENTE SITUATION DER ZEIT

Gleichgültigkeit als Gegenwartsphänomen

Alles ist ausprobiert, die etablierten Produkte ohnehin, aber auch, so paradox es klingen mag, die innovativen. Das Publikum ist an das Neue gewöhnt. Wenn Abwechslung zum Prinzip erhoben wird, gerät sie unterderhand zur Wiederholung. Gleichmütig registriert das Publikum den unablässigen Strom der Mutationen von Erlebnisangeboten.[1]

Gerhard Schulze

Wie war sie schön, die Indifferenz, in einer Welt, die es nicht war, in einer differenten, krampfhaften und widersprüchlichen Welt! (...) Heute ist es schwierig, ihrer Realität gegenüber indifferenter zu sein als die Tatsachen selbst, ihrem Sinn gegenüber indifferenter als die Bilder. Unsere operationale Welt ist eine teilnahmslose Welt.[2]

Jean Baudrillard

Wie unterschiedlich auch immer die Phänomene der Gleichgültigkeit waren, die wir bisher dargestellt und kommentiert haben, so waren sie doch alle in einer Hinsicht gleich: Sie verbanden sich auf subtile Weise mit Absolutheitsansprüchen. Es war kein Zufall, daß so oft das Indefinitpronomen «alles» auftauchte. «Alles, was der Fall ist» war der Kernsatz eines in der Tradition von Kopernikus und Newton entwickelten Weltbildes, das das Weltall entzaubert und mechanisiert hat und den Menschen einer neutralen Tatsachenwelt konfrontierte, die ihm in ihrer objektiven Indifferenz zunehmend unheimlich geworden ist. Der antike Stoizismus sah alles in der Perspektive einer All-Natur und entwickelte daraus seine Vorstellung der a-moralischen «adiaphora», denen gegenüber der Mensch sich gleichgültig zu verhalten habe. Die Mystiker waren beseelt von der Vision eines «Alles ist eins», in dessen Ununterschiedenheit sie gelassen einzutauchen versuchten. Dem Nihilismus erschien alles als leer und gleich. Es ging um die Leerstelle Gottes und die Dekonstruktion aller obersten Werte (Nietzsche), um eine tiefe Langeweile, grundlose Angst und fahle Gleichgültigkeit, in die das Ganze des Seienden zu versinken drohte (Heidegger), um die Apotheose des Nichts in seiner Absolutheit (Benn).

Auch die Helden der modernen Literatur, von Dostojewskis Stawrogin bis zu Camus' Bußrichter, waren beherrscht von der Frage nach dem Sinn von allem. Alles erschien ihnen künstlich, kontingent, sinnlos oder gleichgültig. Alle Gleichgültigen mit ihrer maßlosen Weltvergeblichkeitserfahrung, ihrer Metaphysik der Leere und ihrer Konfession des Apathischen zielten stets auf das Ganze. Sie sprachen die Sprache der Metaphysik und der Theologie, auch wenn sie deren Angeboten nicht mehr trauen konnten.

Das Wesen des Menschen, der Wert der Welt und der Sinn des Lebens waren ihre Probleme. Ihre Gleichgültigkeit besaß einen totalisierenden und integrierenden Charakter. Auch Atheismus und Nihilismus blieben dem verhaftet, wogegen sie opponierten. Sie waren metaphysisch, sofern Metaphysik eine Seinsauslegung mit universalem Anspruch ist, welche die reale Essenz von allem zu erfassen sucht. Die Färbung der Gleichgültigkeit wechselte dabei mit der Fallhöhe zwischen den verlorengegangenen metaphysischen Idealen und der erfahrbaren Lebenswirklichkeit. Je größer der alte metaphysische Anspruch war, der Totalität eine absolute Abschlußdeutung geben zu können, desto tiefer war der Sturz, sei es in die romantischen Alpträume einer gottlosen Leere, in die beängstigenden Grundstimmungen der Langeweile und Gleichgültigkeit oder in den Zynismus eines Johannes Clamans, der die eigene Gleichgültigkeit rechtfertigte und damit zugleich alle anderen zur Rechenschaft zog.

1956 erschien *Der Fall* von Camus. Im gleichen Jahr starb Gottfried Benn, der als negativer Metaphysiker das Ganze, dem ein absoluter Bezugspunkt fehlt, nur noch als ein schwindelerregendes Sammelsurium zersplitterter Fragmente sah. Auch wenn sich kein bestimmtes Jahr als Epocheneinschnitt fixieren läßt, so können wir diese beiden Daten doch als Hinweise auf eine einschneidende Veränderung lesen. Es scheint, als habe sich in den 50er Jahren der metaphysische Anspruch erschöpft, dem alle Gleichgültigen noch folgten, die wir bisher Revue passieren ließen. Auch wenn sie im kulturellen Bewußtsein ihre Spuren hinterlassen haben, so erscheint ihr Absolutismus doch antiquiert zu sein. Mit Benn hat der europäische Nihilismus seinen letzten großen Verfechter verloren. Der Zynismus eines Johannes Clamans erscheint nur noch als eine moralisierende Attitüde. Der Atheismus hat seine erschreckende Gewalt eingebüßt und machte einem religiösen Indifferentismus Platz, der weder zu einem Glauben noch zu einem Unglauben verpflichtet. Niemand erschrickt mehr, wenn ihn Nietzsches Wort «Gott ist tot» erreicht. Absolute Wert- und Sinnprobleme, die auf eine Ordnung jenseits von Zeit und Veränderung intendierten, sind nicht nur für die meisten Zeitgenossen obsolet geworden, sondern auch für die Philosophen. Langsam, aber sicher haben wir uns seit den 50er Jahren von Theologie und Metaphysik befreit. Man ist nicht mehr enttäuscht über die Nichterfüllbarkeit der großen Sinnerwartungen, die von der philosophisch-theologischen Tradition hervorgebracht worden sind. Wen interessieren noch essentialistische Fragen nach dem Wesen des Menschen und dem absoluten Sinn der Welt?

Es hat sich eingebürgert, von einer post-metaphysischen und post-religiösen Kultur zu sprechen. Die Postmoderne, initiiert in der amerikanischen Literaturdebatte Ende der 50er Jahre und vor allem von französischen Denkern propagiert, versteht sich als Absage an alle Einheitsträume und alle «großen Erzählungen»[3], mit denen einst integrierende und abschließende Deutungen versucht worden sind. Die tiefe Gleichgültigkeit, die noch die Helden der modernen Literatur beherrschte, hat einer oberflächlichen Indifferenz Platz gemacht, die auch den Erfahrungen derjenigen gegenüber gleichgültig geworden ist, die angesichts der Leere des Universums, der Zerstörung jeder Transzendenz oder des Zusammenbruchs einer allgemeinverbindlichen Wertemoral verzweifelt sind. Man ist eher cool als nihilistisch, eher Ironiker[4] gegenüber jedem metaphysischen Drang als Zyniker mit einem unglücklichen Bewußtsein, eher zerstreut als erschrocken angesichts einer Welt, deren radikale Pluralität sich von keinem Einheitsstandpunkt mehr überblicken läßt. Das sensible oder intellektuelle Organ des postmodernen Menschen fühlt sich für Ereignisse von universaler Dimension und für Erwartungen an metaphysische Abschlußdeutungen nicht mehr zuständig.

Es ist eine neue Form von Gleichgültigkeit, die das nachmetaphysische Denken und postmoderne Lebensgefühl beherrscht. Sie hat jene Dramatik verloren, als es noch um Alles ging. Jetzt scheint es nur noch um eine Vielfalt zu gehen, mit deren gleichwertigen Variationen man konformistisch zu spielen gelernt hat. Das Absurde, das Nichts und die Leere haben an semantischer Kraft verloren. An ihre Stelle sind Unterhaltung, Zerstreuung und Coolness getreten. Nicht mehr der «tolle Mensch» Nietzsches ist unser prototypischer Zeitgenosse, sondern eine Figur wie Archie Bunker aus der Sub-Literatur der Massenmedien. Auf die Frage seiner Frau, ob er seine Bowling-Schuhe drüber oder drunter geschnürt haben will, antwortete er mit der ironischen Gegenfrage: «Was is' der Unterschied?» Da nützt keine Erklärung, auf die Bunker nur wütend reagieren kann. Denn die Frage wollte ja gar keine Antwort, sondern meinte: «Ich pfeif' auf den Unterschied.» Im buchstäblichen Sinn wurde zwar nach der Differenz gefragt. Aber wir können nicht einmal mehr sicher sein, ob Archie Bunker «‹wirklich› wissen will, ‹was› der Unterschied ist, oder ob er uns nur zu verstehen gibt, daß wir überhaupt nicht versuchen sollten, es herauszufinden.»[5]

Versuchen wir, mit Archie einige Gleichgültigkeitsphänomene zu erhellen, denen wir alltäglich konfrontiert sind. Was ist der Unterschied zwischen den Informationen und Angeboten der Medien, zwischen denen wir hin- und herzuzappen gelernt haben? Was ist der Unterschied zwischen den Perspektiven und Versprechen der Politiker, die um die Gunst der Wähler buhlen? Was ist der Unterschied zwischen den Heilsverkündungen der Kirchen und Sekten, die von Jesus, Bhagwan oder L. Ron Hubbard predigen? Worin besteht der Unterschied zwischen den sich immer schneller überschlagenden Erkenntnissen der Wissenschaften, die schon überholt zu sein scheinen, kaum daß sie veröffentlicht worden sind? Wen interessiert's? Doch was soll überhaupt noch das Fragen, «so frage ich, wenn wir nicht einmal endgültig zu entscheiden vermögen, ob eine Frage fragt oder nicht fragt?»[6]

Medienwelten

> Art may imitate life,
> but life imitates television.
>
> Robert Armstrong's *Couch potato*

1956 erschien Günther Anders' *Die Antiquiertheit des Menschen. Band 1: Über die Seele im Zeitalter der zweiten industriellen Revolution.*[7] Seine Erfahrungen mit der amerikanischen Radio- und Fernsehkultur der 40er Jahre lenkten ihn zu philosophischen Betrachtungen, in denen bereits alle entscheidenden Stichworte fielen, mit denen die «postmoderne» Indifferenz begreifbar ist. Denn Anders entdeckte in der Funktionsweise dieser neuen Medien jene Mechanismen, die aufgrund ihrer immanenten Logik zu einer gleichgültigen

Haltung und Weltsicht ihrer Massen-Konsumenten führen müssen. Vor allem drei Faktoren sind für unser Thema relevant.

Erstens die «Demokratisierung des Universums», die alles miteinander verbindet und dabei orientierende Hierarchisierungen und Differenzen tendenziell auflöst. «Wenn alles und jedes, gleich ob fern oder nah, mir nahesteht; wenn alles und jedes das gleiche Recht beanspruchen kann, seine Stimme zu erheben und gleich von mir familiär aufgenommen zu werden; wenn jeder Bevorzugung bereits das Odium des Privilegs anhängt, dann ist damit, gewiß unbewußt, ein strukturell demokratisches All unterstellt, ein Universum, auf das die (moralisch-politisch gültigen) Prinzipien der Gleichberechtigung und der Toleranz Aller angewandt sind.» (S. 121) Das klingt zunächst positiv, verbirgt aber nicht seinen pessimistischen Unterton. Denn die «Demokratisierung» bedeutet, daß in der medialen Abfolge von politischen Informationssendungen, Werbespots, Spielfilmen, Dokumentationen, Soap operas und Comics sich die Differenzen zwischen dem Nahen (Eigenen) und dem Fernen (Fremden), dem Privaten und dem Öffentlichen, dem Realen und dem Phantomartigen, dem Intimen und dem Spektakulären, dem Informativen und dem Unterhaltsamen, dem Aktuellen und dem Historischen auflösen zugunsten simultaner Vernetzungen, die alles auf dem Bildschirm als gleich-nah und gleich-zeitig präsentieren.

Damit verbunden ist zweitens ein Neutralisierungseffekt, der alles, ob Kriege oder Donald Duck, ob politische Information oder Werbung für ein neues Produkt, in ein entdifferenziertes Dazwischen verwischt, das auf den Gegenwartszeitfenstern der Medien alles als gleichgültig erscheinen läßt. Es wird neutral und führt zu einer medialen Verzerrung der Welt und der Stellung des Menschen in ihr, «da es eben zur Struktur des In der Welt-Seins gehört, daß sich die Welt in konzentrischen Nähe- und Fernkreisen um den Menschen herum staffelt.» (S. 126) Davon aber kann in der Phantom- und Matrizenwelt des Fernsehens keine Rede mehr sein. Die wechselnden Zusammenstellungen und flüchtigen Vernetzungen der verschiedenen Programmelemente löschen die Differenzen von Nähe und Ferne, Eigenem und Fremdem, Realem und Fiktionalem. Sie tilgen die räumlichen und zeitlichen Tiefendimensionen und neutralisieren sie in den tiefenlosen Augenblicken der Bild-

Erscheinung. Die televisionale Präsentation kennt kein «Oder» oder «Nicht». Sie beschränkt sich auf die konnektive Synthese eines additiven «Und». «Das bescheidene Prinzip reinster Addition gilt als völlig zulänglich. Normal ist heute die Simultanlieferung völlig disparater Elemente; nicht nur der sachlich, sondern auch der stimmungsmäßig disparaten; nicht nur der stimmungsmäßig, sondern auch der niveaumäßig disparaten.» (S. 141)

Das hat nun drittens zur Folge, daß der Zuschauer seiner lebensweltlich differenzierten Orientierungen beraubt wird und zu einem «medialen Typ» mutiert, der durch seine tägliche televisionale Speise weltlos, beziehungslos und zerstreut gemacht wird. Er ist im strengen Sinn kein Zeitgenosse mehr, sondern nur noch ein «Jetztgenosse», der sich durch die stets augenblickliche Medienpräsenz genährt fühlt, ohne doch wirklich satt zu sein. Die traditionelle Differenz von Aktivität und Passivität löst sich auf in eine mediale Zwischenexistenz, die weder agiert noch agiert wird, weder sich treiben läßt noch getrieben wird. Der mediale Mensch ist vielmehr «aktiv-passiv-neutral». Er überläßt sich dem demokratisierten und neutralisierten Universum, in dem er als ein isolierter Massen-Eremit teilzunehmen gelernt hat: Jeder ist von jedem abgespalten, aber dennoch jedem gleich, «einsiedlerisch in seinem Gehäus – nur eben nicht um der Welt zu entsagen, sondern um um Gottes willen keinen Brocken Welt in effigie zu versäumen.» (S. 102) Jeder wird zum unbezahlten Heimarbeiter für die Herstellung eines Massenmenschen, der nur noch zwei Seelenregungen zu kennen scheint: Indolenz und Unruhe. Gleichgültig steht er den neutralisierten Angeboten gegenüber, ungeduldig auf stets neue Reize und Sensationen wartend. «Da der mediale Mensch ‹aktiv-passiv-neutral› ist, bleibt er (...) *indolent*; er ‹überläßt sich›. Das heißt: er rechnet mit einem ‹Weitergehen› à tout prix, mit einem Weitergehen, das er selbst nicht zu verantworten braucht.» (S. 293)

Die medienkritischen Reflexionen und empirischen Medienwirkungsforschungen, die in den letzten vierzig Jahren vertieft und verfeinert worden sind, haben die «pessimistischen» Betrachtungen von Anders über «Die Welt als Phantom und Matrize» nicht widerlegt. Im Gegenteil. Ob man es nun affirmiert oder ablehnt, die Phänomene können nicht mehr bestritten werden. Von Adornos Kritik der «Kulturindustrie»[8] (die 1955, ebenfalls unter dem Eindruck seiner amerikanischen Erfahrungen, auf deutsch erschien und die Differenziertheit der Programmproduktionen als Propaganda entlarvte, um die Gleichheit zu verdecken) bis zu Jean Baudrillards Simulationskonzeption – «Überall dort, wo sich die Unterscheidung zweier Pole nicht mehr aufrechterhalten läßt (...), betritt man das Feld der Simulation und absoluten Manipulation – man ist nicht passiv, man kann vielmehr *aktiv und passiv nicht mehr unterscheiden*»[9] –, Neil Postmans fulminantem Angriff auf die überaus unterhaltsame «Guckguck-Welt»[10], in der mal dies, mal das in den Blick gerät und sogleich wieder verschwindet, oder bis zu den aktuellen Untersuchungen über den «Unterhaltungsslalom»[11], bei dem mittels ungeduldigem Zapping in den neutralisierten Programmangeboten ein Weg gesucht wird, ohne daß es dabei noch eine Linearität gibt, haben alle einschlägigen Analysen die Diagnose von Günther Anders bestätigt.[12]

Die Tendenz zur Vergleichgültigung entspringt der Eigenlogik der medialen Präsentation. Es geht hier nicht um die völlige Programmlosigkeit eines «Nullmediums», das Hans Magnus Enzensberger zufolge auf keine Inhalte, Informationen oder Bedeutungen mehr angewiesen sein soll und den Fernsehteilnehmer nur noch virtuos alle verfügbaren Knöpfe seiner Fernbedienung benutzen läßt, wodurch er in einen technologischen Mystizismus vollkommener Leere versinkt.[13] Es handelt sich vielmehr darum, daß alle Informationen und Einzelthemen, die für sich genommen nicht gleichgültig und bedeutungslos sind, in einen medialen Fluß integriert werden, der Wichtiges und Unwichtiges, Aktuelles und Historisches, Tagesschau und Familienserie, ernsthafte Berichterstattung und triviales Amüsement, politische Diskussionen und geschwätzige Talkshows, Dokumentation und Actionfilm in einer gleichgültigen Totaladdition synthetisiert.

Die unerschöpfliche Kapazität der Massenmedien gründet in ihrem additiven Stil. Ihr «Und» verbindet alles und ebnet es in gleichwertige und gleich-gültige Pseudo-Äquivalenzen ein. Denn dieses «Und» erzeugt durch die bloße Aneinanderreihung und die äußerliche Verkettung von allem «eine Einerleiheit, die den aneinandergereihten Dingen Unrecht tut. Das Und bleibt darum kein ‹reines› ‹Und›, sondern entwickelt die Tendenz, in ein *Ist-gleich* überzugehen. Von diesem Moment an kann sich eine zynische Tendenz breitmachen. Denn wenn das ‹Und›, das zwischen allem stehen kann, auch ein Ist-gleich bedeutet, dann wird alles mit allem gleich, und jedes gilt soviel wie das andere. Aus der Gleichförmigkeit der ‹Und›-Reihe wird schleichend eine sachliche Gleichwertigkeit und eine subjektive Gleichgültigkeit.»[14]

Peter Sloterdijk faßte sein Unbehagen in der Kultur angesichts des medialen Einerlei-Eintopfs noch unter dem Begriff des «Zynismus» zusammen. Wo falsche Gleichförmigkeiten und Gleichwertigkeiten zwischen allem und jedem hergestellt werden und sich geistige Desintegration und zerstreute Gleichgültigkeit breitmachen, ist «Informations- und Medienzynismus» am Werk. Die Symptome scheinen dieser Diagnose recht zu geben. Was bleibt dem hyperinformierten Zuschauer, der seine täglichen Katastrophennachrichten, daily soap operas, Landarzt-, Krankenhaus-, Familien- und Reiterhofserien, und dazu noch *Das große Rhabarbern*[15] der Meiser, Christen, Fliege, Schäfer, Schmidt, Schreinemakers etc. in sich aufgenommen hat, anderes übrig, als zynisch die Achseln zu zucken? Beliebigkeitstraining scheint auf seiten des Zuschauers die einzig sinnvolle Reaktion auf die Pseudo-Äquivalenzen zu sein, die alles mit allem verwischen. An die Stelle eines differenzierten Logos scheint die alles entdifferenzierende Logorrhöe getreten zu sein, eine Art krankhafter Geschwätzigkeit. «Alle Menschen werden Schwätzer» lautet das kulturkritische Urteil über die weltweit funktionierenden Mediennetzwerke, die den Menschen einer überinformierenden Dauerüberforderung aussetzen und in ein teilnahmsloses Abstumpfen und eine zerstreute Gleichgültigkeit verführen.

Aber ganz so einfach ist die Sache nicht. Es ist eine Frage der Perspektive, ob die medialen Phänomene als Laster oder Tugend angesehen werden, als kultureller Niedergang oder als Zeichen einer entspannten Aufmerksamkeit. Ambivalenz ist das Kennzeichen der postmodernen Epoche. In der Praxis bedeutet sie Ausgeliefertsein an eine widerstreitende Situation ohne entscheidbare Lösungen und narrensichere Wahl. Die Medienwelt als «zynisch» zu verurteilen setzt Klarheit voraus, ein Wissen darum, was eigentlich gut oder besser ist. In der Regel wird die Buchkultur als Alternative beschworen. Gegen das mediale Rauschen wird auf die skripturale Welt ernsthafter, logisch geordneter und bedeutungsmäßig stabiler Inhalte rekurriert; gegen den «aktiv-passiv-neutralen» Medienmenschen wird der Homo typographicus beschworen, der konzentriert, analytisch und einer differenzierten Logik verpflichtet ist. Die Kulturkritiker stammen aus der Gutenberg-Galaxie. Ihre Angriffe zielen auf Verluste und können sich nicht mit den postmodernen Ambivalenzen anfreunden, die multiple Optionen eröffnen. Gegen Neil Postman, der seine Bücher braucht, hat Camille Paglia darauf insistiert, daß sie ihr TV braucht als eine Art mediales Herdfeuer, damit sie sich zu Hause fühlen kann. «My TV is constantly fluttering. It's a hearth fire in the modern home. TV is not something to watch; it is simply on, all the time. Watching TV has nothing to do with thought or analysis.» [16]

Das ist provokant gemeint, aber nicht zynisch, sondern eher ironisch. Es läßt in der Schwebe, wohin die mediale Reise geht. Sie hat zwar kein klares Ziel mehr, aber lädt uns ein, trotzdem mitzureisen, mit einem fröhlichen Bewußtsein, das über sich selbst aufgeklärt ist. Man kann das TV nicht wie ein Buch lesen. Man muß lernen, auf den vorgespiegelten Pseudo-Äquivalenzen zu surfen. In dieser Perspektive erscheint es als nostalgisch, mit einer skripturalen Mentalität die mediale Realität als zynisch anzuklagen. Der postmoderne Ironiker kann weder das Medium, auf das er sich einläßt, noch seine eigene Haltung einer übergeordneten Urteilsinstanz aussetzen. Denn es gibt für ihn keinen Gerichtshof, dessen Autorität er anerkennen würde. Im Licht dieser Ambivalenz erscheint Harald Schmidt als ein Prototyp des Ironikers, der seine Brainpool-soufflierten Kalauer und Medienkommentare mit der Maske des Zynikers vorträgt, obwohl niemand sicher sein kann, ob er meint, was er sagt. «Hier, wo sich Schwachsinn und selbstironische Aufklärungsarbeit ein herrliches Kalau zurufen, wird auch das Dilemma der forschen Rhabarber-Kritik deutlich: Sie verfängt nicht, wenn die TV-Narren von ihrer Narrheit wissen.» [17]

Die gleiche Ambivalenz zeigt sich in den Diskussionen, die um den Nutzen und Nachteil von «Cyberland», virtueller Realität und Daten-Highways entbrannt sind. Auf der einen Seite stehen die engagierten Kritiker. Sie sehen in der globalen Vernetzung ein Medium, dessen ungeheure Informationsfluten und phantomartigen Vorspiegelungen den Menschen überrollen und in einen demokratisierten und neutralisierten Datenmüll hineinziehen, in dem er jede Sicherheit verliert. Denn die Info-Sintflut, in der Wichtiges und Unwichtiges, Informationsschrott und Wissenswertes, Abbildung realer Sachverhalte und Simulation möglicher Welten vermischt sind, droht jeden Nutzer zu Tode zu informieren. Dem überforderten Bewußtsein, das sich nach allen Seiten hin öffnet, wird alles egal, wie dem Medium selbst, das nur in Bits und Bytes rechnet. «Dem Netz ist es vollkommen gleichgültig, ob es rasante Berichte über eine Kollision der Erde mit einem Satelliten weiterleitet oder über das faule Ei im Omelett einer Dame.» [18]

Auf der anderen Seite stehen die Visionäre, die Cybernauten der virtuellen Realitäten und Pioniere des Cyberspace, die in Bilder- und Datenwelten vorstoßen, die quer über den Planeten und über uns im Orbit rasen. Sie wissen nicht genau, was uns erwartet. Aber sie glauben zu wissen, daß wir nicht mehr nur in unserem Körper und unter unseren Mitmenschen leben werden, sondern in einem künstlichen Universum unablässiger Datenströme zwischen Millionen von Computern, die weltweit miteinander vernetzt sind. Differenzen, Individualitäten und Identitäten lösen sich auf in den absoluten Gleichheiten entkörperlichter und dekontextualisierter Energiebündel und Signalkonstellationen. Aber gerade die exponiertesten und prominentesten Cyberpropagandisten sehen die Ambivalenz dieser Entwicklung. Ihre Visionen sind ironisch. Jean Baudrillards Reflexionen, von *Der symbolische Tausch und der Tod* bis zu *Das perfekte Verbrechen*, changieren unablässig zwischen Anerkennung und Überwindung der simulierten Medienwelten, deren ungebremste Steigerung der Vielfalt zugleich jeden möglichen Sinn in einer universellen Indifferenz implodieren lassen. Ironisch kommt es ihm darauf an, an den Grenzen der Indifferenz nach den geheimnisvollen Regeln der Indifferenz zu spielen.[19] R. U. Sirius, Mitautor des *User's Guide to the New Edge*, einer Gebrauchsanweisung für Cyberpunk, virtuelle Realität, Wetware, Designer-Aphrodisiaka, künstliches Leben, technoerotischen Paganismus und anderes mehr, nimmt nichts von dem, was er propagiert und prophezeit, wirklich ernst. Sein Pseudonym ist bereits ironisches Programm. R. U. Serius = are you serious? Wichtig ist ihm nur, daß man selbst in dieser Entwicklung ganz vorne läuft.[20] Und auch der Cyborg-Prophet Max More, der die Informationswelten maximieren und immer mehr will, vertritt sein Konzept des «Extropismus» mit der Ironie eines Archie Bunker oder Harald Schmidt. Gegen die entropische Tendenz aller geschlossenen Systeme, diesem fortschreitenden Abfallen der Energiedifferenzen, setzt er den extropianischen Willen zur unbegrenzten Entfesselung digitalisierter Möglichkeiten, die sich in eine informationshalluzinatorische Hypertelie steigert. Aber er scheint ebenfalls zu wissen, daß der extropische Exzeß der *Mind children*[21], von dem auch seine prominenten Anhänger Marvin Minsky und Hans Moravec träumen, zu einer transhumanen Auflösung des Menschen im gleichwertigen, gleichförmigen und gleichgültigen Rauschen einer unbegreiflichen Überinformation führt.

Die Überwindung des antiquierten Menschen rechnet auf ironische Weise mit der Vernichtung des Menschen, dem es nicht mehr gelingen kann, in seiner programmierten Unsterblichkeit zu überleben. Der extropianische Traum ist zugleich ein entropischer Alptraum, der den Menschen ins digitalisierte Nirwana indifferenter Datenströme verschwinden läßt.

Postmoderne Oblomows

> «Worin besteht denn das Ideal des Lebens deiner Meinung nach? Was ist keine Oblomowerei?» fragte er langsam und schüchtern. «Streben denn nicht alle nach dem, wovon ich träume?»[22]
>
> Iwan A. Gontscharow

Extropismus ist der philosophische Ausdruck permanenter High-Tech-Aufrüstung im Informations- und Medienzeitalter. «More» und «Super» sind seine Lieblingsvokabeln. Superintelligenz und ständige Selbstintensivierung sind die Ideale einer unaufhörlichen Mobilmachung, die nichts so sehr fürchtet wie Ruhe, Gelassenheit und Entspannung. Doch dieser Rausch läßt den Verdacht aufkommen, daß die Extropie in sich jener entropischen Tendenz verfallen ist, der sie zu entkommen versucht. Denn die Mobilisierung kennt weder ein bestimmtes Ziel, noch verfügt sie über einen verläßlichen Grund. Hinter den stets neuen Reizen und Informationen verbirgt sich die latente Indifferenz eines reinen, unbestimmten Mehr und Mehr. Alles wird aufgesaugt ins Ist-Gleich des ständig Neuen. Auf der Rückseite des entfesselten Informationsflusses macht sich eine neue Form von Gleichgültigkeit breit, die sich vor sich selbst verbergen muß.

An der vordersten Front der informationellen Entwicklung taucht erneut das Problem auf, das bereits zu Beginn der Moderne in seiner Ambivalenz reflektiert worden ist. Als erläuterndes Beispiel kann uns Iwan Gontscharows Roman *Oblomow* dienen, dessen Helden auf der Epochenschwelle zwischen einer spätfeudalen Daseinsweise und einer modernen «westlichen» Zivilisation stehen, die durch Expansion, Kapitalakkumulation und aufgeklärte Wissenschaftlichkeit geprägt ist. Wir werden sehen, daß der Widerstreit um die «Oblomowerei» am Ende der Moderne im neuen Gewand einer postmodernen Ambivalenz erneut auftaucht.

Andrej Stolz, der «Westler», halb Deutscher, halb Russe, ist der Prototyp eines Menschen, der unaufhörlich in Bewegung ist. Er ist aufgeklärt, an den neuesten Erkenntnissen der Wissenschaften orientiert, ohne Gespür für Träumereien, Rätsel und Geheimnisse, ein Großstadtmensch, der schnurgerade seinen Zielen nachjagt. Er sucht Abwechslung, Bewegung und Aktivität. «Er bestand nur aus Knochen, Muskeln und Nerven, wie ein englisches Vollblutpferd.» (S. 215) Er hat es zu einem Haufen Geld gebracht und ist im expandierenden Warenexportgeschäft tätig. Wenn es irgendein Projekt zu entwerfen oder eine neue Idee zu verwirklichen gilt, wählt man ihn aus. Er wirft sich in das Leben als ewig loderndes Feuer, Geprassel, Hitze, Lärm. Geschäftige Arbeit ist sein Lebensideal. «Die Arbeit als Abbild, Inhalt, Wesen und Ziel des Lebens, wenigstens meines Lebens», gibt er seinem Freund Oblomow auf dessen Frage zur Antwort: «Wann willst du denn leben? Wozu sich sein Leben lang abrackern?» (S. 243) Stolz ist Extropianer an der Schwelle zur Neuzeit. Aktivismus und Steigerung sind seine höchsten Werte. Ständig versucht er, der Zukunft vorauszulaufen. Doch er scheint auch zu ahnen, daß für dieses «Feuer des Prometheus» (S. 611) eine Strafe droht. Ein Nebel des Zweifelns und skeptischen Fragens senkt sich am Ende auf ihn. Nur noch unbefriedigte Sehnsucht und tiefe Gleichgültigkeit drohen seine rastlose Seele zu beherrschen. Stolz kann sie allein überwinden durch den paradoxen Akt einer

Anerkennung: «Sie fordern die schon erfahrenen Lebenskräfte zum Kampf mit sich heraus, sozusagen deshalb, um sie nicht einschlafen zu lassen.» (S. 612) Nur durch eine exzessive und permanente Steigerung kann Stolz all seine Aktivitäten positivieren, die in ihrer bodenlosen Gleichgültigkeit einzuschlafen drohen.

In Ilja Iljitsch Oblomow (1812–1851) besitzt Stolz seinen inimicus, seinen entgegenstehenden Freund und geliebten Widersacher. Auch dieser Gutsbesitzer, der das Nichtstun als Ideal erkoren hat und das Liegen im Bett oder auf dem Sofa als den normalen Modus seiner Gelassenheit favorisiert, ist beherrscht von der Indifferenz. Aber er hat sie gewählt als Lebenshaltung eines ästhetischen Geistes, der durchschaut hat, woran Stolz sein Herz gehängt hat. Das hektische Arbeitsleben ist ihm langweilig. «Arbeit und Langeweile, das waren für ihn Synonyme.» (S. 73) Das gesellschaftliche Treiben in der Großstadt erscheint ihm als eitel und hohl. «Wo bleibt da der Mensch? Wofür zersplittert und zerbröselt er sich?» (S. 27) In ihren unruhigen Aktivitäten haben die Menschen ihren Mittelpunkt verloren. «Es gibt nichts Tiefes, das im Leben einhaken würde. Das alles sind Leichname, schlafende Menschen, schlimmer noch als ich, diese Mitglieder der Welt und der Gesellschaft.» (S. 231) Wie Fliegen schwirren sie hin und her, aber zu welchem Zweck? Auch die maßlose Expansion des wissenschaftlichen Wissens kann ihn nicht begeistern. Sie liefert nur ein vielseitiges Archiv von toten Dingen, dessen größter Teil im Leben überhaupt nicht zu gebrauchen ist. Und wenn Oblomow sich der Geschichte zuwendet, so sieht er sie nur als eine sinnlose Abfolge von guten und von schlechten Zeiten, von gehetztem Aufbau und katastrophaler Zerstörung. «Die besseren Zeiten bleiben nicht stehen, sie laufen davon, und das Leben fließt weiter, fließt immer weiter, und immer wieder Ruin und Verderben.» (S. 81)

Also zieht Oblomow sich zurück und überläßt sich dem Traum seiner Jugend auf dem väterlichen Gut Oblomowka, dem Wunschbild eines friedlichen, schläfrigen, gemächlich dahinfließenden Lebens. Gleichgültig steht er den Leidenschaften, Aktivitäten und Kämpfen der anderen gegenüber, die ihn aus der langen Weile seines träumenden Daseins herauszureißen versuchen. «Er hatte keine Lust, sich das Leben als breiten, lauten dahinbrausenden Strom mit hohem Wogenprall vorzustellen, wie Stolz dies tat. Das ist eine Krankheit, sagte Oblomow jedesmal, wenn er daran dachte, ein Fieber, ein Wettrennen mit Stromschnellen, Dammbrüchen und Überschwemmungen.» (S. 448) Auf seinem Sofa liegend überläßt er sich den Stimmungen einer indifferenten Apathie und ungetrübten Muße. Er träumt von einem «verlorenen Paradies» (S. 241), in dem die Menschen das Leben nicht anders denn als «Ideal der Ruhe und Tatenlosigkeit» verstehen, «das gelegentlich von allerhand unangenehmen Zufälligkeiten, wie Krankheiten, Verlusten, Zank und leider auch Arbeit unterbrochen wurde.» (S. 160) Am Ende seines Lebens lebt er ganz nach seiner Philosophie, voller Seelenfrieden und unbehelligt von all den Kämpfen, die die Menschen auf ihren Schlachtfeldern führen, die sie selbst als Sieger «trotzdem unzufrieden und unersättlich» (S. 628) verlassen. «Das war die Philosophie, die der Oblomowsche Plato ausgearbeitet hatte und die ihn bei allen Fragen und strengen Forderungen der Pflicht und der Bestimmung einlullte! Er war nicht als Gladiator für die Arena geboren und erzogen worden, sondern als friedlicher Zuschauer beim Kampf; seine schüchterne und träge Seele hätte weder die Aufregungen des Glücks noch die Schicksalsschläge des Lebens zu ertragen vermocht, folglich brachte er durch seine Existenz nur eine bestimmte Lebenslandschaft zum Ausdruck – und sich anzustrengen, etwas an ihr zu ändern oder Reue zu empfinden lag kein Grund vor.» (S. 629)

Die Kritiker haben die ganze Oblomowerei meist als Symbol eines Verfallsprozesses des russischen Landadels interpretiert und Oblomow als einen «überflüssigen Menschen» beurteilt, dessen Indifferenz ihn in ein animalisch vegetierendes, apathisches Nichts-Tun verdämmern läßt. Oder sie haben seine Langeweile metaphysisch als Sein zum Tode interpretiert. «Sie tötet die Seele und das Bewußtsein des Göttlichen. Oblomow versinkt im Dumpf-Materiellen.»[23] Gegen ihn haben sie Andrej Stolz als den Träger des sozialen Fortschritts und Repräsentanten der Zukunft favorisiert. Sie haben dabei die Komplexität übersehen, mit der Gontscharow den Widerstreit zwischen den beiden Freunden gestaltet hat. Denn der moderne Stolz steht mit seiner aktiven Betriebsamkeit immer auch vor dem Abgrund einer mittelpunktlosen und nebelhaften Gleichgültigkeit, die alles, was er tut, dem Leben entfremdet. Nur durch Schnelligkeit und Steigerung kann er sich darüber hinwegretten. Und der vormoderne Oblomow vertritt mit seiner müßigen, arbeitslosen und beschaulichen Lebensweise einen paradiesischen Indifferentismus, der alles in einer katatonischen Entropie erstarren läßt. Still und geruhsam scheint er sich in einen «Sarg» des Dahinlebens zu betten, «den er sich mit eigenen Händen gezimmert hatte, wie die Einsiedler in der Wüste, die sich vom Leben abwenden und ihr eigenes Grab schaufeln.» (S. 629) So sah es zumindest der aktivistische Freund. Gontscharows Helden sind ambivalente Figuren einer sozialhistorischen Umbruchszeit. Das geschäftige Leben des stolzen und aufwärtsstrebenden Aktivisten droht in der Dynamik eines hohlen und sinnentleerten Werdens zu verpuffen; und das gelassene Dasein des herumliegenden Tatenlosen droht zu verlöschen in einem Eremiten-Sein, das den Anschluß an das gesellschaftliche Leben verliert.

Oblomow zog eine Widerstandslinie gegen die neuzeitlichen Herausforderungen, indem er sich träumerisch in eine verlorene Zeit zurückversetzte. Wir Zeitgenossen haben die moderne Mobilisierung hinter uns, deren optimistischer Elan sich erschöpft hat. Immer mehr Menschen tendieren zu einer Art «zweiter Passivität, die sich erst auf der Rückseite des Projekts Moderne ausbilden kann.» [24] Sie bilden eine neue Mentalität aus, die den selbstkritischen Zweifel eines Andrej Stolz in sich aufgenommen hat. Sie opponieren nicht mehr wie Oblomow gegen eine dynamisierte Welt, die Engagement, Leidenschaft und Einsatz fordert. Statt dessen spielen sie «aktiv-passiv-neutral» in jenem Prozeß mit, der vordergründig durch das Gesetz eines fatalen Mehr beherrscht ist und dabei seine objektive Indifferenz zu verbergen sucht. Das erhellt das Auftauchen neuer Typen, die sich unter dem Namen *postmoderne Oblomows* zusammenfassen lassen.

Die *Couch potato*. Während Oblomow auf seinem Sofa lag und die Welt der kämpferischen Auseinandersetzungen draußen lassen wollte, läßt der süchtige Fernsehkonsument die Welt als Bilderflut in sein Wohnzimmer strömen. Alles will er sehen, aber kaum etwas berührt ihn oder hakt sich in seinem Bewußtsein fest. Er ist ein «friedlicher Zuschauer» des medialen Weltspektakels, überinformiert und unterinteressiert. Er läßt sich unterhalten und berauschen durch noch mehr Spielfilme, noch mehr Nachrichtensendungen und Vorabendserien, noch mehr Talkshows und Wunder der Natur, vom Leben der Pinguine in der Antarktis bis zur Arbeitsteilung eines Ameisenstaates in Neuguinea. Er rät mit in den Quizshows und erfährt bei Arabella, was Herr Meier gegen seine schwitzigen Füße unternimmt. Ruhig liegt er auf seinem Fernsehsessel und setzt sich der Programmvielfalt aus, die ihn in einen Schwebezustand versetzt, in dem sich alles, was er sieht, in ein verschwommenes Einerlei auflöst. Wie im Schlaraffenland fliegt die TV-Welt der Couch potato zu. Der mit der Fernbedienung spielende Zuschauer muß sich nicht mehr differenziert auf die Welt einlassen, deren televisionaler Augenzeuge er ist. Kontemplativ kann er sich der entspannten Muße hingeben und in eine berauschte Teilnahmslosigkeit versinken. Die neuere Forschung hat belegt, daß dieser inaktive und medial neutralisierte Massen-Eremit, dem die gemütliche Couch der liebste Aufenthaltsort ist, sich immer stärker ausbreitet. Auf aktivierende Gegengifte reagiert er nur noch mit einem abgeklärten Lächeln. Wenn ihn etwas mobilisiert, dann nur die Angst, etwas zu versäumen. «Könnte es nicht sein, daß das andere Fernsehprogramm doch besser ist?»[25] ist die einzige Frage, die ihn wirklich beunruhigt.

Die *sexuellen Apathiker/innen*. Durch Olga Iljinskaja sollte Oblomow, so wünschte es sich Stolz, aus seiner Ruhe gerissen werden. Beinahe wäre es gelungen. Leidenschaftlich verliebte Oblomow sich in die dynamische und attraktive Frau. Aber er zog sich wieder zurück. Weil er die sexuelle Wunscherfüllung antizipierte, fürchtete er die nachträgliche Enttäuschung. Also ließ er sich erst gar nicht darauf ein. – Heute haben wir die Befreiung des Sex und seines Diskurses hinter uns. Die Psychoanalyse hat uns aufgeklärt, die sexuelle Libertinage hat stattgefunden, die Werbung hat das Spiel mit sexuellen Reizen perfektioniert und universalisiert. Alles wird in Sex verpackt. Kein Mangel mehr, keine Verbote, keine Grenzen. Im Fernsehen werden öffentlich die Sexualpartner gesucht und alle Vorlieben schamlos ausgeplaudert. Überall scheint der Sex zu sein, aber, wenn die Zeichen nicht trügen, immer weniger in der Sexualität. Auch wenn heute nichts ungewisser ist als der tatsächliche Sex, über den auch Kinsey-Reports, empirische Sexualforschung und ständig neue Trendberichte in den Medien nicht aufklären können, scheint sich doch eine sexuelle Apathie breitzumachen. Die Spannung in der Geschlechterdifferenz hat nachgelassen. Man ist übersättigt und zieht sich zurück. Oder man geht leidenschaftlichen Aufregungen von vornherein aus dem Weg. «No Sex!» ist der Imperativ einer neuen Prüderie und Lustfeindlichkeit. Man bevorzugt die Surrogate. Telefonsex und virtuelle Liebesaffären mit Phantompartnern boomen. Pornovideos und -magazine evozieren nur noch eine Alleinbefriedigung, die sich durch keinen lebendigen Partner mehr irritieren läßt. «Aus. Das Ende der Heterosexualität» lautet der Titel der letzten bislang unveröffentlichten Studie von Ernest Borneman, der mit seinem makabren Selbstmord gegen die zunehmende sexuelle Gleichgültigkeit und Enthaltsamkeit ein Zeichen setzen wollte. Immer mehr haben einfach keine Lust mehr.

Der *Politikmüde*. Politische Mobilisierung war ein Merkmal der Neuzeit. Von den bürgerlichen Revolutionen bis zu den Protestbewegungen der 60er Jahre herrschte die Ansicht, daß sich prinzipiell alle Mitglieder der Gesellschaft an politischen Gestaltungsmöglichkeiten beteiligen müßten, und sei es auch nur durch ihre Stimmabgabe. Bereits Anfang der 50er Jahre hat David Riesman in seinem Bestseller *Die einsame Masse* das Auftauchen eines neuen Typs des politisch Gleichgültigen festgestellt, der nicht die traditionsgeleitete Einstellung besitzt, Politik sei anderer Leute Angelegenheit. Vielmehr handelt es sich um die Gleichgültigkeit von Menschen, «die genug von der Politik erfahren haben, um sie abzulehnen, genügend politische Information besitzen, um sie sich vom Leibe zu halten, und genug über ihre Pflichten als Staatsbürger wissen, um sich ihnen zu entziehen.»[26] Wenn alles – unaufhörliche Kriege, ökonomische Schwierigkeiten und ökologische Katastrophen – so hoffnungslos aussieht, daß kein aktives Eingreifen mehr Erfolg zu versprechen scheint, dann gibt es gute Gründe, sich vollkommen von der Politik fernzuhalten.

Diese Gleichgültigen neuen Stils sind zu einem Massenphänomen geworden. Wenn die Repräsentanten des Staates die Lücke zwischen ihren Selbstdarstellungen und Versprechungen und ihren tatsächlichen Handlungschancen zunehmend nur noch durch «inszenierte Schaupolitik»[27] schließen können, werden die Staatsbürger zu entpolitisierten Zuschauern, die das Spiel durchschauen und aus einer anästhetisierten Distanz betrachten. Die postmoderne Transformation der Politik zu medialen Ereignissen «vertreibt das Politische aus der öffentlichen Arena ohne den leisesten Anflug von Zwang und Gewalt, aber mit unwiderstehlicher Kraft.»[28] Die Politiker gewinnen Öffentlichkeit durch mediale Präsenz; die Medien gewinnen Auflagen oder Einschaltquoten; und das Publikum gewinnt allenfalls Unterhaltung, ohne sich selbst politisch einmischen zu wollen oder zu können. Gerade die Informiertesten sehen sich zu einer Haltung der Ratlosigkeit verurteilt. Selbst das Mitfühlen mit den Flüchtlingen aus einem Bürgerkrieg oder mit immer mehr Millionen Arbeitslosen zwingt zur eingeübten Stimmung einer fatalistischen Gleichgültigkeit.

Die *Metaphysikmuffel, religiösen Indifferentisten* und *Wissenschaftsironiker*. Die Zeit der großen metaphysischen Auseinandersetzungen ist vorbei. Ob man ein Platoniker ist, der vom Vorrang des Allgemeinen und Abstrakten gegenüber dem Singulären und Konkreten überzeugt ist, oder ein Nominalist, der das Viele, Plurale und Individuelle als einzige Gegebenheit anerkennt, ob man ein Idealist ist, der die Welt als sinnliche Erscheinung eines intelligiblen Wesens sieht, oder ein Materialist, der alles auf körperliche Elemente und Prozesse reduziert, ob man an einen höheren Sinn von allem glaubt oder nihilistisch von einer maßlosen Sinnlosigkeit überzeugt ist, all das spielt für das postmoderne Bewußtsein keine herausfordernde Rolle mehr. Jeder kann sich heute die Weltanschauung zurechtlegen, die ihm gefällt. Wir leben in einem pluralistischen Rechtsstaat, in dem Weltanschauungen zu staatlich geschützten Rechtsgütern erklärt worden sind. Selbst die Philosophen streiten nicht mehr um die fundamentalen Fragen. Metaphysik ist out. Metaphysischer Maximalsinn begeistert niemanden mehr. Man ist indifferent geworden gegenüber großen Abschlußdeutungen. Mit dem Zusammenbruch des Sozialismus, der den historischen und dialektischen Materialismus als philosophische Überzeugung auf seine Fahnen geschrieben hat, ist auch dieses letzte kämpferische universalistische Weltbild desavouiert worden.

Der gleiche Indifferentismus hat sich im religiösen Bewußtsein ausgebreitet. Die Frage, ob man an einen Gott glaubt oder nicht, hat keine gesellschaftsrelevante Bedeutung mehr. Das sichere Gottvertrauen scheint ebenso antiquiert zu sein wie der aggressive

Atheismus. Der postmoderne Mensch ist in religiöser Hinsicht «gläubig-ungläubig-neutral». Er fühlt sich weder seinem Glauben noch seinem Unglauben verpflichtet und kann sich mühelos allen Möglichkeiten anpassen, die auf dem Markt der religiösen Angebote kursieren. Heute New-Age-Spiritualist, morgen Scientologe, gerade noch Agnostiker und bald schon Buddhist.

Auch die Wissenschaften, die sich in der Neuzeit gegen eine traditionsmächtige Glaubensdogmatik durchgesetzt haben und die methodisch geregelte Suche nach der Wahrheit zu ihrer Aufgabe erklärten, sind aufgrund ihrer eigenen Dynamik in einen Zustand des indifferenten «anything goes» geraten. Man kann es an der veränderten Funktion des Zweifels sehen. War er zunächst nur ein immanentes Moment der wissenschaftlichen Rationalität, das zu immer mehr Anstrengungen auf dem Weg zum Wissen veranlaßte und den Eifer der wissenschaftlichen Akteure ankurbelte, so überzieht er heute die Wissenschaften als solche. «Er untergräbt das Vertrauen, daß das, was zu einer gegebenen Zeit von der Wissenschaft gesagt wird, das Beste sei, was man zu dieser Zeit sagen könnte. Er stellt das Allerheiligste in Frage – den Glauben an die Überlegenheit des wissenschaftlichen über jedes andere Wissen.»[29] Der Wissenschaftler ist kein tapferer Ritter mehr, der die vielen Köpfe des Drachens Aberglauben und Unwissenheit abschlägt, sondern nur noch ein Geschichtenerzähler unter anderen. Die methodische Kraft des Zweifels hat die Wissenschaften insgesamt infiziert. Der Anspruch auf Erkenntnis und Aufklärung wird systematisch zurückgeschraubt, und die methodisch betriebene Selbstverunsicherung der Wissenschaften bewirkt einen Verfall ihrer einstigen Macht. Alle Theorien und Hypothesen flottieren und haben nur den Sinn, sich gegenseitig zuzuwinken. Die Wissenschaftstheoretiker haben die epistemologischen Fundamente der wissenschaftlichen Vernunft dekonstruiert[30]; die Wissenschaftler werden durch die unübersichtliche Flut ungewisser, zusammenhangloser Detailergebnisse überwältigt, die sich immer schneller gegenseitig überholen; und die Zuschauer sagen sich nur noch: «So what!»[31] Man lebt mit dem ironischen Bewußtsein, daß jede Problemlösung nur eine Quelle neuer Problemursachen ist. Auch gegenüber den wissenschaftlichen Erklärungsangeboten ist der postmoderne Oblomow «wissend-unwissend-neutral» geworden und schaut gelassen der Tatsache ins Auge, daß die Wissenschaft nur ein kontingentes Phänomen unter vielen Kontingenzen ist.

Die *gelassenen Apokalyptiker*. 1956, unter dem Eindruck der atomaren Bedrohung, hat Günther Anders ein apokalyptisches Bewußtsein zu provozieren versucht. Angesichts der notwendigen Angst, die seine Zeitgenossen aufzubringen hätten, wenn ihnen bewußt wäre, was sie bedroht, stellte er eine «Unfähigkeit zur Angst»[32] fest. Vor allem das Vertrauen in den Fortschritt habe die Menschen apokalypse-blind gemacht. Anders erklärte es zu seiner Lebensaufgabe, den Fortschrittsgläubigen die Augen zu öffnen. Heute wissen alle Bescheid. Alle vorstellbaren Schreckensszenarien sind ausgemalt. Jeder weiß, daß die Verheißungen des technischen Fortschritts in eine globale Bedrohung umgeschlagen sind. Die atomare Aufrüstung hat dazu geführt, mit einem Knopfdruck die Welt vernichten zu können. Die Friedens-Atomindustrie führte zur Gefahr eines Super-GAU und zu den ungelösten Problemen der Endlagerung des atomaren Mülls. Das hochindustrialisierte 20. Jahrhundert hat ungeheure Zerstörungspotentiale erzeugt. Alle sind informiert über das Ozonloch, die zunehmende Verwüstung und Entwaldung, den bedrohlichen Klimawechsel, die schleichende Nahrungsmittelvergiftung, die Grundwasserverseuchung und die Gefahren der Erbschädigung. Die explosionsartige Überbevölkerung der Erde, die nicht zur Lebensreproduktion führt, sondern zu seiner möglichen Selbstvernichtung, ist jedem bekannt. Man ist nicht mehr apokalypse-blind, und die Vorstellung vom Ende aller Dinge, vom Ende des kühnen Entwurfs der menschlichen Gattung, ist weit verbreitet. Nicht wenige sagen bereits: Es ist zu spät. An ein neues Prinzip Hoffnung oder eine neue Verantwortungsethik, wie sie Hans Jonas in seinem Werk *Das Prinzip Verantwortung*[33] einklagte, um den entfesselten Prometheus des wissenschaftlichen Fortschritts zu bändigen, glaubt kaum noch jemand. Diesem Sollen ergeht es wie allen ethischen Forderungen. Die Wirklichkeit schert sich nicht darum.

Und doch sind nur die wenigsten wirklich verzweifelt. Über Betroffenheit macht man sich lustig und amüsiert sich über den aufgeregten Betroffenheitskult.[34] Man hat sich an die Bedrohungen gewöhnt. Man ist nicht mehr apokalypse-blind, sondern apokalypse-indifferent geworden. Man arrangiert sich und nimmt die

Welt so hin, wie sie sich nun einmal entwickelt hat. Angesichts der Katastrophen, über die man ununterbrochen informiert wird, bildet sich eine «heitere Hoffnungslosigkeit» heraus, eine Art postmoderner Akzeptanz, die das Unabänderliche gelassen anerkennt, um seine Ruhe zu finden. Man sucht den Sinn im verbliebenen Alltag und sagt zur gesamtplanetarischen Tendenz: Spielen wir halt noch so lange mit, bis der Vorhang fällt. «Die Zeit des Adieus bricht an. Gelassen, ruhig, ein wenig müde, so möchte zum letzten Tanz, dem Totentanz aufgespielt werden. Wer den Totentanz als Abschiedsfeier akzeptiert hat, trauert nicht. Wer die evolutionäre Unumkehrbarkeit hingenommen hat, steht den Konsequenzen gefaßt gegenüber: zuerst die Hybris, dann der Fall.»[35]

Generation X. In seinen Geschichten für eine immer schneller werdende Kultur hat Douglas Coupland das Porträt einer Jugend gezeichnet, die zuviel weiß, um sich durch irgendwelche Ideale oder Ideologien täuschen zu lassen. Ironie ist ihre Grundhaltung. Ironisch beschwören Andy, Dag und Claire die verlorengegangenen echten Momente eines geschichtlichen Handelns, bevor sie nur noch für mediale Zwecke, für Marketing-Strategien und als Werbung zynischer Politkampagnen verwendet worden sind. Sie sind «historical underdosed» und leben in einer Zeit, in der nichts zu passieren scheint. Deshalb sind sie süchtig nach Zeitungen, Zeitschriften und Fernsehnachrichten. Aber diese Sucht ist zugleich Symptom eines «historical overdosed», einer Zeit, in der allzuviel passiert. Selbst der Unterschied zwischen «zuviel» und «zuwenig» hat sich in eine ironische Indifferenz verflüchtigt. Zuviel scheint zu geschehen, an dem man teilzunehmen aufgefordert wird; aber nichts gewinnt dabei an Tiefe oder Differenziertheit. Zuwenig Neues scheint stattzufinden, das einen wirklich begeistert; aber doch fühlt man sich überwältigt von ständig neuen Moden und Erlebnisangeboten, denen man nachjagt. Die drei Helden Couplands ziehen sich deshalb in eine leere Wüstengegend zurück, um durch phantasievolles Geschichtenerzählen eine Orientierung zu finden. Sie steigen aus und betrachten das Treiben ihrer Generation aus der Distanz, jenes grund- und ziellose Wechselspiel zwischen stets neuen Reizen und ständig drohender Langeweile.[36]

Kaum hat sich die Techno-Generation, die auf ihren Massenraves nur Spaß suchte, etabliert, ist der Genuß bereits öde und kann nur noch durch Ecstasy wachgehalten werden. Also wird eine «Hate Parade» vorbereitet, um den langweilig gewordenen Love Parades etwas entgegenzusetzen. Und dann? Als Antwort scheint zu genügen, daß man dabei ist. Man ist routiniert und indifferent geworden im Ausnutzen der Erlebnisangebote. «Erlebnisgesellschaft» nennt Gerhard Schulze die Welt, in der die Generation X ironisch mitspielt. Sie ahnt, daß in der immer schneller werdenden Abfolge von Moden und Trends, von Produktveränderungen und Gags der Erlebnissuggestion eigentlich nichts Neues mehr zu erleben ist, «weil das Neue ständig angeboten wird – freilich durch Schematisierung und Profilierung der Produkte ausreichend mit Schlüsselreizen versehen, um an schon vorhandene Erlebnismuster zu appellieren. Der Erlebniskonsument der Gegenwart pflegt nicht außer sich zu geraten, wenn aber doch, dann dosiert und mit einem Hauch von Selbstironie.» [37]

Einem engagierten Zivilisationskritiker mögen diese postmodernen Oblomows unsympathisch sein. Sie haben sich arrangiert und sind nicht mehr zu kämpferischem Widerstand bereit. Auf die funktionalen Indifferenzen und Pseudo-Äquivalenzen der Unterhaltungs-, Informations-, Politik-, Philosophie-, Glaubens-, Wissens- und Erlebnisangebote reagieren sie mit personaler Gleichgültigkeit, Zerstreuung und Dekonzentration. Sie sind nicht mehr beherrscht von dem radikalen Willen, daß alles anders sein müßte, sondern lassen sich treiben in einem demokratisierten, neutralisierten und medialisierten Universum, in dem weltbewegende Differenzen und leidenschaftlich favorisierte Distinktionen keine entscheidende Rolle mehr spielen. Nicht mehr Kommunismus oder Kapitalismus, wissenschaftliche Rationalität oder irrationale Phantasterei, tiefe Religiosität oder transzendenzverachtender Atheismus, ernsthafte Hochkultur oder unterhaltsamer Trivialschematismus, distanzierte Innenorientierung oder außenorientierte Verantwortung beherrschen diese postmodernen Phänotypen. Ohne festgefügte Orientierung bewegen sie sich im vielfältigen Einerlei aller möglichen Angebote. An die Stelle des disjunktiven «Oder» und eines negierenden «Nein» sind die konnektiven Synthesen des additiven «Und» und die konjunktiven Akzeptanzen eines «So ist es» getreten. So what! Na und! Was is' der Unterschied?

Doch wie Oblomow auch eine durchaus sympathische Figur war, die gegen die hyperaktive Entschlossenheit und kinetische Energie ihres Freundes mit guten Gründen zurückhaltend war, so sind auch die verschiedenen Typen aus dem Kabinett des postmodernen Indifferentismus nicht ohne verführerische Attraktivität. Vielleicht ist diese Positivierung nur der Reflex meiner eigenen Haltung; denn in vielen der skizzierten Physiognomien kann ich mich selbst wiedererkennen als Couch potato und Politikmüder, religiöser Indifferentist und Ironiker des wissenschaftlichen Wissens. Aber es gibt dafür auch objektivierbare Gründe. Man muß sich nur die Gegenspieler vorstellen: die rigiden Moralisten, die ständig über den Niedergang der abendländischen Kultur klagen; die politisch Rechtgläubigen, die auf ihre Gegner losstürmen und sie auszuschalten versuchen; die religiösen Fundamentalisten, die gegen Anders- und Ungläubige ihre Kreuzzüge und heiligen Kriege führen; die nationalistischen Agitatoren der Differenz, die nur durch ethnische Säuberungen ihre Identität zu finden glauben; die wissenschaftlichen und wissenschaftstheoretischen Dogmatiker, die nichts außer ihrer eigenen Überzeugung gelten lassen; die verzweifelten Apokalyptiker, die am Leben keinen Spaß mehr haben können; oder die verbiesterten Pädagogen und Kulturapostel, die der nachfolgenden Generation vorzuschreiben versuchen, was richtig und wichtig sein soll. Die postmodernen Oblomows sind harmlos im Vergleich zu all jenen, die genau zu wissen beanspruchen, was gut und was schlecht ist, und die all ihre Kräfte mobilisieren, um ihre Vorstellungen zu verwirklichen. Der Manichäismus der Differenz hat oft genug in die Katastrophe geführt. Das gleichmütige Einverständnis mit der Indifferenz ist auch das Ergebnis historischer Lernprozesse. Es ist ein Korrektiv gegen die großartigen Zukunftsvisionen und das leidenschaftliche Durchsetzungsvermögen, die allzuoft ihren Sieg mit Zerstörung und dem Blut der anderen errungen haben. Es ist Ausdruck einer Ruhe nach dem Sturm. Vielleicht ist der Intensitätsverlust der Überzeugungen und Affekte der ironische Trick der Gattung, nach all den erlittenen Niederlagen nicht mehr gewinnen oder verlieren zu wollen.

Indifferenz und Haß oder Alles egal?

> Wenn sie wüßten (dachte er) wie furchtbar gleichgültig das alles ist. Wie wenig es im Grunde mich angeht, wie wenig ich mich darum kümmere ...[38]
>
> Helmut Heißenbüttel

Das Phänomen der Gleichgültigkeit gehört zu den fundamentalen Erfahrungen des Menschen. Jeder kennt diese Stimmung, die von einem partiellen Desinteresse an bestimmten Dingen, Personen oder Sachverhalten bis ins Extrem einer vollkommenen Teilnahmslosigkeit an allem reichen kann. Ohne ein gehöriges Maß an gelassener oder nüchterner Indifferenz könnte niemand leben; aber jeder weiß auch, daß wir unser gesellschaftliches Leben nur verschiedenen Formen von Nichtgleichgültigkeit verdanken. Unser langer Marsch durch die Geschichte hat die Ambivalenz dieser Stimmung aufzeigen wollen, die sich in vielfältigen Erscheinungsformen niedergeschlagen hat. Wir sind den Spuren gefolgt, die Gleichgültigkeitserfahrungen im wissenschaftlichen Absolutismus einer neutralisierten Tatsachenwelt hinterlassen haben, in den meditativen Anstrengungen der Stoiker, den unkontrollierbaren Schicksalsschlägen standzuhalten, in der entdifferenzierten Gelassenheit der Mystiker, die ins ununterschiedene All-Eine einzutauchen versuchen, in den nihilistischen Alpträumen und Glücksgefühlen und in den komplexen Mentalitäten verschiedener Helden der modernen Literatur.

Angesichts der Breite und Tiefe dieser Geschichte verbietet sich ein einfaches Urteil. «Durchbrecht die Barrieren der Gleichgültigkeit!» mag für Schlagzeilen gut sein. Eine undifferenzierte Ablehnung der Gleichgültigkeit als Charakterschwäche, unverantwortliche Beliebigkeit und teilnahmslose Indolenz kann mit einer allgemeinen Zustimmung rechnen. Im Vergleich mit den großen Mobilisierungsvokabeln wie «Verantwortung» und «Engagement» ist «Gleichgültigkeit» negativ konnotiert. Wenn schon keine Rehabilitierung oder radikale Umwertung, so habe ich in dieser Untersuchung doch eine Differenzierung angestrebt, die auch positive Seiten der Indifferenz zu sehen erlaubt. Gleichgültigkeit besitzt ein

Janusgesicht, genauer gesagt: viele Janusgesichter, die sich in verschiedenen Epochen auf unterschiedliche Weise herausgebildet haben. Es kam mir darauf an, einige davon erkennbar zu machen und schärfer zu profilieren.

Viele von ihnen haben ihren Reiz, auch wenn sie nicht jedem gefallen können. Von wertenden Urteilen hat diese Wanderung durch die Geistes- und Kulturgeschichte sich weitgehend freizuhalten versucht, obwohl es nicht immer gelang. Die Kyniker und Stoiker waren mir sympathischer als die Mystiker, Wittgenstein schätzte ich mehr als Heidegger, Meursault mehr als Clamans. Auch hinter der Ambivalenz der postmodernen Oblomows entdeckte ich mehr positive als negative Züge. Gegenüber den Fanatikern der Differenz besitzen sie einen erfreulichen Gleichmut, der sich durch nichts mehr so schnell aus der Ruhe bringen läßt. Selbst ihr «aktiv-passiv-neutraler» Konformismus und Konsumismus zeigt nicht mehr jene entschlossene Willensenergie, die von politischen und religiösen Wortführern oft genug nur für ihre eigenen Zwecke mobilisiert und ausgenutzt worden ist.

Die einzige ernstzunehmende Gefahr der Indifferenz sehe ich in einem Phänomen, dessen verstärktes Auftreten seit einigen Jahren zur Verwirrung beiträgt: Haß- und Gewaltausbrüche aus Gleichgültigkeit, sei es, indem einer fundamental empfundenen Gleichgültigkeit durch mörderische Exzesse zu entkommen versucht wird, sei es, indem mit einer empfindungslosen Grausamkeit getötet wird, ohne dafür einen Grund oder Anlaß zu besitzen. Es handelt sich um gegenstandslose, zerstörerische Aggressivitäten, die aus der Indifferenz geboren werden und sich durch ein «Acting-out» auszeichnen, das kein besonderes Objekt mehr braucht, keine bestimmten Konflikte oder Feindschaften, keine historisch oder psychologisch motivierten Begründungen. Es ist eine grausame Gewalt, die aus angestauter Indifferenz entsteht und sich unvermittelt kristallisieren kann. Vor allem Jean Baudrillard hat auf diese neue Erscheinung hingewiesen: «Es gibt einen Verlust von Bindungen, eine Langeweile, eine Indifferenz, die plötzlich, einem Prozeß abrupten Übergangs ins Extrem entsprechend, gewaltsam Gestalt annehmen, sich auch beschleunigen können. (...) Der Begriff Indifferenz mag kraftlos erscheinen. Es gibt jedoch eine Gewalt der Indifferenz.»[39]

Als ein Beispiel hat Baudrillard Paulin aus Guadeloupe erwähnt, der vor einigen Jahren mehrere alte Frauen ermordete. Von seinen Morden erzählte dieser coole und monströse Mensch, der ohne feste Identität, von unbestimmbarem Geschlecht und keiner bestimmten Rasse zuzuordnen war, mit einer seltsamen Gelassenheit. Ununterscheidbar war, ob Paulin aus Gleichgültigkeit oder Haß mordete. Sich selbst gegenüber indifferent, eliminierte er ebenso indifferente Wesen. Doch man konnte ebenfalls annehmen, daß hinter dieser Empfindungslosigkeit ein Kern radikalen Hasses vorhanden war, der sich nur hinter einem gestylten und kultivierten Auftreten verbarg. Ein neuartiger Typ von Serienmörder, vor allem in den USA, spricht ebenfalls für die Ausbreitung dieses paradoxen Phänomens. In einer Gesellschaft, in der alle differenzierten Perspektiven, Sinnangebote und Erlebnismöglichkeiten in eine indifferente Gleichartigkeit implodieren, treten ziel- und grundlose Gewaltakte auf, die nichts anderes als ihre zerstörerische Energie zur Schau stellen wollen. Vitalität und Lebenslust durch ungezielten Mord auszuagieren, scheint das einzige Motiv zu sein.

Hollywood hat es bereits zu einem neuen Subgenre des Actionfilms stilisiert. Um einen Trip in den Rausch geht es den neuen Helden, die nur eins wollen: nicht passiv sein und in der Indifferenz der gesellschaftlichen Normalität versinken. Aus heiterem Himmel und ohne bestimmten Grund schlagen die Kino-Gewalttäter ihre blutige Schneise durch das gesellschaftliche Gefüge. Die Helden von *Natural Born Killers*[40], *Kalifornia* oder *Killing Zoe* wollen nichts anderes als die Herrschaft der puren Aktion über das gleichgültig und langweilig gewordene Leben. «Kaum eine Lebensäußerung elektrisiert wie jene, die anderen achselzuckend das Ende bereitet.»[41] Auch in der Kriminalliteratur hat sich dieser neue Tätertyp sein Terrain erobert. Es geht nicht mehr um die Aufklärung von Mordfällen, die eine stabile Gesellschaft kurzfristig gestört haben, oder um die Erhellung von Tatmotiven, die selbst im schwärzesten Kriminalroman traditioneller Prägung noch eine gewisse Plausibilität besaßen. Aus Indolenz entspringt die neue Form einer selbstherrlichen Gewalt, der außer sich selbst alles gleichgültig ist. Kalter Haß und Verlangen nach exzessiver Einzigartigkeit sind die allein verbliebenen Motive.

Als Kompensation für die reibungsfreie Unauffälligkeit der alltäglichen Existenz wird das ultimative Schockerlebnis gesucht. Bret Easton Ellis hat es in seinem Roman *American Psycho* experimentell auf die ekelerregende Spitze getrieben.[42] Mit Patrick Bateman hat er ein Monster geschaffen, das erfolgreich und überangepaßt auf der indifferenten Oberfläche der großstädtischen Erlebnisgesellschaft mitschwimmt. Konsumistisch nimmt er teil am Überfluß der Warenwelt. Das passende modische Outfit, das gestylte Design seiner Wohnung und die angesagten Zerstreuungsmöglichkeiten der New Yorker Yuppie-Szene sind das einzige, was ihn interessiert. Doch plötzlich beginnt er zu morden und steigert sich zunehmend in einen exzessiven Gewaltrausch, der dennoch völlig erkaltet ist. Ähnlich den Helden de Sades, denen es nur um ihre Souveränität aus dem Geiste der Negation ging, der vor nichts haltmacht[43], glaubt auch Bateman, seine Einzigartigkeit und narzißtische Differenz durch zunehmend extremer werdende Mordorgien beweisen zu können. Aber er gerät nie außer sich und vollbringt seine Taten mit kalter Neugier. In dem Maß, in dem er sich an die perfektionierte Indifferenz seiner eingespielten Lebensform angepaßt hat und auf ihrer Oberfläche dahintreibt, inszeniert er einen frei flottierenden Haß, der sich nur seiner eigenen Vitalität zu vergewissern sucht.

Nicht alles ist egal. Die Haßausbrüche aus Indifferenz zeigen die dunkle Seite einer alles beherrschenden Gleichgültigkeit, die den Schmerz des anderen nicht mehr zur Kenntnis nimmt. Eine Erkundung des Weges, wie weit man mit scharfsichtiger Gleichgültigkeit gehen kann, um von falschen Götzen frei zu sein, habe ich zu Beginn dieser Untersuchung in Aussicht gestellt. An ihrem Ende steht die Einsicht, daß es die Grausamkeit ist, vor der eine über sich selbst aufgeklärte Gleichgültigkeit haltmachen muß. Alles andere spielt keine allzu wichtige Rolle.

ANMERKUNGEN

Wenn man über gewisse Dinge nur ausreichend spricht, materialisieren sie sich schließlich im Leben: Simulation, Verführung, Umkehrbarkeit, Gleichgültigkeit. Nach und nach organisiert sich das Leben wie eine Montage aus alledem. (...) So geht die Schrift dem Leben voraus und bestimmt es. Dieses paßt sich schließlich an das bis dahin unbekümmerte Zeichen an. Deswegen haben sicher so viele Leute Angst vor dem Schreiben.

Jean Baudrillard, *Cool memories*

Über «Alles»

1 Ingeborg Bachmann: Die Wahrheit ist dem Menschen zumutbar, München 1981, S. 76.
2 Albert Camus: Der Mythos von Sisyphos, Reinbek bei Hamburg 1959, S. 80.
3 Ingeborg Bachmann: Alles. In: I. B.: Das dreißigste Jahr. Erzählungen, München 1966, S. 49–64.
4 Friedrich Nietzsche: Also sprach Zarathustra. Der Wahrsager. In: Werke II, hrsg. von Karl Schlechta, Frankfurt/Berlin/Wien 1969, 6. Aufl., S. 662.
5 F. Nietzsche: Die fröhliche Wissenschaft. Drittes Buch, Aphorismus 125. In: Ebd., S. 400–402.

1. Kapitel

1 Ludwig Wittgenstein: Tractatus logico-philosophicus 6.41. In: Schriften, Frankfurt 1960, S. 80.
2 Jacques Monod: Zufall und Notwendigkeit, München 1971, S. 211.
3 Siegfried Lenz: Einführung zu «Die Gleichgültigen». NDR, Sendung am 25. 11. 1960, Manuskript.
4 Jacob und Wilhelm Grimm: Deutsches Wörterbuch. Artikel «gleichgültig». Vierter Band, I. Abt., 4. Teil, Sp. 8108.
5 Ebd., Sp. 8113.
6 Jean Baudrillard: Das Andere selbst, Wien 1987, S. 75.
7 Siegfried Lenz: Einführung zu «Die Gleichgültigen», a. a. O.
8 Leszek Kolakowski: Die Gegenwärtigkeit des Mythos, München/Zürich 1984, 3. Aufl., S. 92.
9 Hans Blumenberg: Die Sorge geht über den Fluß, Frankfurt 1987, S. 153.
10 Hans Blumenberg: Lebenszeit und Weltzeit, Frankfurt 1986, S. 76.
11 J. Baudrillard: Das Andere selbst, a. a. O., S. 79.
12 L. Kolakowski: Die Gegenwärtigkeit des Mythos, a. a. O.
13 Franz Josef Wetz: Lebenswelt und Weltall. Hermeneutik der unabweislichen Fragen, Stuttgart 1994, S. 13.
14 Diogenes Laertius: Leben und Meinungen berühmter Philosophen, Hamburg 1990, 3. Aufl., S. 78. Zu Anaxagoras aus Klazomenei bei Smyrna in Ionien vgl. Wilhelm Capelle: Anaxagoras. In: Neue Jahrbücher für das klassische Altertum, Geschichte und deutsche Literatur 44 (1919), S. 81–102 und S. 169–198.
15 Aristoteles: Eudemische Ethik I, 5; 1216a 11–15.
16 Hans Blumenberg: Die Genesis der kopernikanischen Welt, Frankfurt 1975, S. 16. (Das Zitat «Nicht geboren zu sein – was ist höheren Werts?» stammt aus Sophokles: Oedipus auf Kolonos, Vers 1211.)
17 Ebd., S. 20. Vgl. Karl Kerényi: Prometheus, Hamburg 1959.
18 Zur Wortgeschichte von «Kosmos» vgl. Walther Kranz: Kosmos. In: Archiv für Begriffsgeschichte Band 2, Bonn 1955 (Teil 1), 1957 (Teil 2); Jula Kerschensteiner: Kosmos, München 1962; C. Haebler: Kosmos. In: Archiv für Begriffsgeschichte 11 (1967), S. 101–118.
19 W. Kranz: Kosmos, a. a. O., S. 10.
20 Vgl. Diogenes Laertius: Leben und Meinungen berühmter Philosophen, a. a. O., S. 133.
21 Heraklit. In: Walther Kranz (Hrsg.): Die Fragmente der Vorsokratiker. Griechisch und deutsch von Hermann Diels, Berlin 1951, 6. Aufl., Fragment B 124.
22 W. Kranz: Kosmos, a. a. O., S. 13.
23 Platon: Timaios. In: Sämtliche Werke, Band 5, Reinbek bei Hamburg 1959, 29c 5–10.

24 Platon: Timaios, 27a 5–7.
25 Lucius Caecilius Firminianus Lactantius. In: A. Warkotsch: Antike Philosophie im Urteil der Kirchenväter, München/Paderborn/Wien 1973, S. 309.
26 Zur Gnosis und ihren Verfechtern (Saturninus, Basilides, Karpokrates, Valentinus und Bardesanes) vgl. Werner Foerster (Hrsg.): Die Gnosis I–III, Zürich/Stuttgart 1969–1979; Robert Haardt: Die Gnosis. Wesen und Zeugnisse, Salzburg 1967.
27 Hans Jonas: Gnosis und spätantiker Geist I. Die mythologische Gnosis (1934), Göttingen 1964, 3. Aufl., S. 163.
28 Hans Blumenberg: Die Genesis der kopernikanischen Welt, a.a.O., S. 32.
29 Die Heilige Schrift, 1. Buch Mose, 1.
30 Augustinus: Der freie Wille (De libero arbitrio), Paderborn 1954.
31 Zur Lebensgeschichte des Aurelius Augustinus (354–430 n. Chr.) vgl. seine «Bekenntnisse» (Confessiones), München 1980, 4. Aufl. Zur Information vgl. Henri Marrou: Augustinus, Hamburg 1958; Romano Guardini: Die Bekehrung des Aurelius Augustinus, München 1959, 3. Aufl.; Kurt Flasch: Augustin. Einführung in sein Denken, Stuttgart 1980.
32 «Quare fecit Deus coelum et terram? respondendum est ei, Quia voluit.» Augustinus: De Genesi contra Manichaeos. In: Sancti Aurelii Augustini: Opera omnia, Band III, Paris 1861, Sp. 175. Vgl. Josef Rief: Der Ordobegriff des jungen Augustinus, Paderborn 1962.
33 Augustinus: Ausgewählte Schriften. Bibliothek der Kirchenväter Band 3, S. 69.
34 Vgl. Hermann Krings: Ordo, Hamburg 1982, 2. Aufl.
35 Aurelius Augustinus: Selbstgespräche über Gott und die Unsterblichkeit der Seele (Soliloquia), Zürich 1954, II, 1,1: «Deus semper idem, noverim me, noverim te.»
36 Hans Blumenberg: Säkularisierung und Selbstbehauptung, Frankfurt 1974, S. 150.
37 Hans Blumenberg: Kosmos und System. In: Studium Generale 2 (1957), S. 5–80, S. 69. Zur Aufnahme der Neugierde in den Lasterkatalog vgl. Hans Blumenberg: Der Prozeß der theoretischen Neugierde, Frankfurt 1973, Kap. V, S. 103 ff.
38 C. L. Menzzer (Hrsg.): N. Copernikus. Über die Kreisbewegungen der Weltkörper, Thorn 1879, Nachdruck Leipzig 1939, S. 1 f. «Es ist nämlich nicht erforderlich, dass diese Hypothesen wahr, ja nicht einmal, dass sie wahrscheinlich sind, sondern es reicht schon allein hin, wenn sie eine mit den Beobachtungen übereinstimmende Rechnung ergeben.» (S. 1) Diese Wahrheitsindifferenz der kopernikanischen «Hypothese» entsprach ganz und gar nicht der Intention des Kopernikus, auch wenn sich die Grundauffassung des Nürnberger Hauptpfarrers vom hypo-

thetischen Indifferenzcharakter astronomischer Modellvorstellungen in der Moderne allgemein durchgesetzt hat.

39 Nicolaus Kopernicus: Vorrede an den Pontifex Maximus Papst Paul III. In: C. L. Menzzer (Hrsg.): N. Kopernikus, a. a. O., S. 15.

40 Hans Blumenberg: Die kopernikanische Wende, Frankfurt 1965, S. 100.

41 Friedrich Nietzsche: Zur Genealogie der Moral. In: Werke III, Frankfurt/Berlin/Wien 1969, 6. Aufl., S. 339.

42 Sigmund Freud: Eine Schwierigkeit der Psychoanalyse. In: Gesammelte Werke XII, London 1947, S. 7.

43 N. Kopernicus: Vorrede an den Pontifex Maximus Papst Paul III, a. a. O., S. 12.

44 Vgl. Hans Blumenberg: Kopernikus im Selbstverständnis der Neuzeit, Mainz 1965; H. B.: Die kopernikanische Wende, a. a. O.; H. B.: Die Genesis der kopernikanischen Welt, a. a. O.

45 Ludwig Wittgenstein: Tractatus logico-philosophicus 1.11. Dem Allgemeinbegriff «Welt» entspricht das Konzept einer allgemeinen Methode, die sich auf wertfreie und sinnindifferente Abbildung von Tatsachen und ihre Einordnung in erkannte gesetzmäßige Zusammenhänge beschränkt. Vor allem René Descartes hat 1637 in seinem «Discours de la méthode» diesem neuzeitlichen Methodenbewußtsein zum Durchbruch verholfen. Der Homogenisierung der Welt zur Gesamtheit aller Tatsachen korrespondiert ebenso die Vergleichgültigung des Erkenntnissubjekts. Die Strenge der neuzeitlichen Methode reduziert Individualität und Geschichtlichkeit zu gleichgültigen Momenten der «objektiven» Erkenntnis.

46 Franz Josef Wetz: Die Gleichgültigkeit der Welt, Frankfurt 1994, S. 119.

47 Richard Rorty: Solidarität oder Objektivität? Stuttgart 1988, S. 39.

48 Friedrich Nietzsche: Über Wahrheit und Lüge im außermoralischen Sinn. In: Werke III, S. 1017.

49 Blaise Pascal: Gedanken, Leipzig 1987, S. 96.

50 Ebd., S. 103 bzw. S. 94f.

51 Bernard Le Bouyer de Fontenelle: Dialogues des morts. Totengespräche (dt. Übersetzung von Johann Christoph Gottsched), o. O. 1760, S. 360.

52 Nicolai Hartmann: Theologisches Denken, Berlin 1966, S. 15.

53 Max Planck: Vom Wesen der Willensfreiheit und andere Vorträge, Frankfurt 1991, S. 184.

54 Jean-Paul Sartre: Mallarmés Engagement, Reinbek bei Hamburg 1993, S. 8f.

55 Bertrand Russell: Was der freie Mensch verehrt. In: N. Hoerster (Hrsg.): Religionskritik, Stuttgart 1984, S. 140–146, S. 140 bzw. S. 143.

56 Hans Jonas: Organismus und Freiheit, Frankfurt 1973, S. 315.

57 Jacques Monod: Zufall und Notwendigkeit, München 1971, S. 207 bzw. S. 211.

58 Auf esoterische, spiritualistische und religiöse Abwehrstrategien gegen die Gleichgültigkeit der Welt will ich hier nicht eingehen. Sie scheinen den neuzeitlichen Kränkungen eher auszuweichen als sie zu bewältigen. Hinweisen möchte ich statt dessen auf die neue Bescheidenheit, für die Franz Josef Wetz in seiner Arbeit «Die Gleichgültigkeit der Welt», Frankfurt 1994, plädiert hat. Ihm zufolge kommt es darauf an, die metaphysischen oder religiösen Sinnerwartungen zurückzuschrauben. «Wäre die Wirklichkeit nie als bedeutungsvoll und fürsorglich dargestellt und erlebt worden, dann wäre uns mit dem Verlust ihrer religiös-metaphysischen Deutung die Erfahrung der angstauslösenden Schweigsamkeit und Gleichgültigkeit des Alls erspart geblieben.» (Ebd., S. 146)

59 Vgl. Franz Josef Wetz: Lebenswelt und Weltall, Stuttgart 1994, Kap. 4.3, S. 326ff.

60 Ebd., S. 328.

61 Ludwig Wittgenstein: Tractatus logico-philosophicus 6.52.

Entropie, die härteste Zumutung

1 Hans Blumenberg: Die Sorge geht über den Fluß, Frankfurt 1987, S. 154.

2 Thomas Pynchon: Entropie. In: T. P.: Spätzünder, Reinbek bei Hamburg 1985, S. 97–119, S. 106.

3 Vgl. Franz Josef Wetz: Lebenswelt und Weltall, Stuttgart 1994.

4 Vgl. Ilya Prigogine und Isabelle Stengers: Dialog mit der Natur, München/Zürich 1990, Neuausgabe.

5 Leszek Kolakowski: Das Phänomen der Gleichgültigkeit der Welt. In: L. K.: Die Gegenwärtigkeit des Mythos, München 1973, S. 96f.

6 Vgl. Henry Adams: The Education of Henry Adams (1918). Dt.: Die Erziehung des Henry Adams, Zürich 1953.

7 Thomas Pynchon: Vorwort. In: Spätzünder, a. a. O., S. 23.

8 Zur Geschichte der Thermodynamik vgl. Ernst Mach: Die Prinzipien der Wärmelehre, Leipzig 1896; Max Planck: Vorlesungen über Thermodynamik, Mannheim 1964, 11. Aufl.; Max Planck: Einführung in die Theorie der Wärme, Leipzig 1930; Paul Glansdorff and Ilya Prigogine: Thermodynamic Theory of Structure, Stability, and Fluctuation, New York 1971; Peter Coveney und Roger Highfield: Anti-Chaos, Reinbek bei Hamburg 1994, 5. Kapitel.

9 Vgl. Walter Nernst: Das Weltgebäude im Lichte der neueren Forschung, Berlin 1921.

10 Vgl. Ludwig Boltzmann: Populäre Schriften, Leipzig 1905; L. Boltzmann: Wissenschaftliche Abhandlungen, Leipzig 1909.

11 Vgl. bereits Bénédict Auguste Morel: Traité dégénérescences physiques, intellectuelles et morales de l'espèce humaine, Paris/New York

1857. Vgl. auch: Stephen G. Brush: Thermodynamics and history. In: Graduate Journal 7 (1967), S. 477–565.

12 Thomas Pynchon: Die Versteigerung von No. 49, Reinbek bei Hamburg 1973.

13 James Clerk Maxwell: Theorie der Wärme. Übers. nach der 4. Aufl. des Originals (Theory of Heat) von F. Neesen, Braunschweig 1878.

14 Vgl. W. Ehrenberg: Maxwell's Demon. In: Scientific American 217 (1967), S. 103–110; M. J. Klein: Maxwell, His Demon, and the Second Law of Thermodynamics. In: American Scientist 58 (1970), S. 84–97; Charles H. Bennett: Maxwells Dämon. In: Spektrum der Wissenschaft, Januar 1988, S. 48–55.

15 Leo Szilard: Über die Energieverminderung in einem thermodynamischen System bei Eingriffen intelligenter Wesen. In: Zeitschrift für Physik 53 (1929), S. 840–856.

16 Vgl. Léon Brillouin: Scientific Uncertainty and Information, New York 1964; Léon Brillouin: Science and Information Theory, New York 1956; Karl Popper: Ausgangspunkte, Hamburg 1979, S. 237–242.

17 Vgl. E. T. Jaynes: Gibbs vs. Boltzmann Entropies. In: American Journal of Physics 33 (1956), S. 391–399; K. and I. Debirgh: Entropy in Relation to Incomplete Knowledge, Cambridge/Mass. 1985.

18 Ilya Prigogine and Isabelle Stengers: Dialog mit der Natur, München/Zürich 1990, S. 217.

19 Norbert Wiener: Kybernetik, Düsseldorf/Wien 1963, 2. Aufl., S. 31. (Die amerikanische Erstausgabe erschien 1948 am MIT.) Vgl. zu diesem Zusammenhang auch W. Ross Ashby: Einführung in die Kybernetik, Frankfurt 1974; Michail W. Wolkenstein: Entropie und Information, Thun/Frankfurt 1990.

20 Thomas Pynchon: Vorwort. In: Spätzünder, a. a. O., S. 23.

21 Vgl. Anne Mangel: Maxwell's Demon, Entropy, Information. «The Crying of Lot 49». In: TriQuarterly 20 (1971), S. 194–208; Peter L. Abernethy: Entropy in Pynchon's «The Crying of Lot 49». In: Critique 14 (1972), S. 18–33.

22 Vgl. Norbert Wiener: Kybernetik, a. a. O., S. 85; Jacques Monod: Zufall und Notwendigkeit, München 1971, S. 59–78.

23 N. Wiener: Kybernetik, a. a. O., S. 83 ff.

24 Ferdinand de Saussure: Grundfragen der allgemeinen Sprachwissenschaft, Berlin 1967, 2. Aufl., S. 134.

25 Vgl. Charles Sanders Peirce: Schriften II. Vom Pragmatismus zum Pragmatizismus, Frankfurt 1970, S. 482 ff.

26 George Spencer Brown: Laws of Form, London 1969; New York 1979.

27 Vgl. Dirk Baecker (Hrsg.): Kalkül der Form, Frankfurt 1993; D. Baecker (Hrsg.): Probleme der Form, Frankfurt 1993.

28 Heinz von Foerster: Die Gesetze der Form. In: D. Baecker (Hrsg.): Kalkül der Form, a. a. O., S. 9.

29 Vgl. Manfred Geier: Pynchons Paranoia. In: Spuren 43 (1993), S. 29–31; John O. Stark: Pynchon's Fictions. Thomas Pynchon and the Literature of Information, Athens/Ohio 1980.

Das Weltexistenzrätsel

1 Ludwig Wittgenstein: Tractatus logico-philosophicus 6.432. In: Schriften, Frankfurt 1960, S. 81.
2 Martin Heidegger: Beiträge zur Philosophie (Vom Ereignis). Gesamtausgabe Bd. 65, Frankfurt 1988, S. 509.
3 Franz Josef Wetz: Das nackte Daß. Zur Frage nach der Faktizität, Pfullingen 1990.
4 Gottfried Wilhelm Leibniz: Über den letzten Ursprung der Dinge. In: Kleinere philosophische Schriften, Leipzig 1883, S. 215–226, S. 216. Vgl. G. W. Leibniz: Vernunftprinzipien der Natur und der Gnade. Monadologie, Hamburg 1956.
5 Friedrich Wilhelm Joseph Schelling: Ausgewählte Schriften Band 5, Frankfurt 1985, S. 610. Zur «negativen» und zur «positiven» Philosophie vgl. F. W. J. Schelling: Philosophie der Offenbarung 1841/42, Frankfurt 1977.
6 Paul Natorp: Philosophische Systematik, Hamburg 1958, S. 22. Vgl. Franz Josef Wetz: Die Gleichgültigkeit der Welt, Frankfurt 1994, S. 65–100.
7 Martin Heidegger: Was ist Metaphysik? Frankfurt 1975, 11. Aufl., S. 47 (Nachwort 1943). Paul Natorp entwickelte sein Spätwerk 1920 bis 1923 in Marburg, wo auch der junge Heidegger 1923 bis 1928 lehrte. Zahlreiche Formulierungen Natorps fanden Eingang in Heideggers Schreiben.
8 Karl Jaspers: Philosophie. Band 1, Berlin/Göttingen/Heidelberg 1956, S. 1. Hans Jonas: Organismus und Freiheit, Frankfurt 1973, S. 336.
9 Vgl. die Hinweise bei F. J. Wetz: Lebenswelt und Weltall, Stuttgart 1994, S. 336f, mit Referenzen auf die katholischen Denker Emerich Coreth und Hans Küng sowie die protestantischen Theologen Paul Tillich und Eberhard Jüngel.
10 Vgl. zuletzt Milton K. Munitz: The Mystery of Existence, New York 1974; Richard Swinburne: Die Existenz Gottes, Stuttgart 1987; Georg Scherer: Welt. Natur oder Schöpfung, Darmstadt 1990.
11 M. Heidegger: Was ist Metaphysik? Frankfurt 1975.
12 Martin Heidegger: Die Grundbegriffe der Metaphysik. Welt – Endlichkeit – Einsamkeit. Gesamtausgabe Bd. 29/30, Frankfurt 1983. Zum Phänomen der «tiefen Langeweile» (es ist einem langweilig) vgl. Erster Teil, Viertes Kapitel, S. 199–238, wo Heidegger auch den Zusammenhang zwischen Langeweile und dem «indifferenten Niemand» als Subjekt der Langeweile reflektiert. Zum Phänomen der «Stimmung» bei Heidegger vgl. Byung-Chul Han: Heideggers Herz, München 1996.

13 Vgl. Manfred Geier: Der Wiener Kreis, Reinbek bei Hamburg 1992.
14 Ludwig Wittgenstein: Vortrag über Ethik, Frankfurt 1989.
15 Ludwig Wittgenstein: Schriften 3 (Ludwig Wittgenstein und der Wiener Kreis), Frankfurt 1967, S. 68f.
16 M. Heidegger: Sein und Zeit, Tübingen 1972, S. 186.
17 Ebd., S. 135.
18 L. Wittgenstein: Tagebuch, 8.7.1916. In: Schriften, Frankfurt 1960, S. 167.
19 L. Wittgenstein: Tagebuch, 17.10.1916, ebd., S. 179.
20 L. Wittgenstein: Vortrag über Ethik, Frankfurt 1989.
21 M. Heidegger: Rektoratsrede 27.5.1933. Die Selbstbehauptung der deutschen Universität, Frankfurt 1985.
22 Vgl. Jacques Derrida: Vom Geist. Heidegger und die Frage, Frankfurt 1988.
23 M. Heidegger. In: Freiburger Studentenzeitung, 3.11.1933. Zu Heideggers Haltung gegenüber dem Nationalsozialismus vgl. Victor Farias: Heidegger und der Nationalsozialismus, Frankfurt 1987; Hugo Ott: Martin Heidegger. Unterwegs zu seiner Biographie, Frankfurt/New York 1988.
24 L. Wittgenstein: Philosophische Untersuchungen. In: Schriften, Frankfurt 1960, S. 286, 343.

2. Kapitel

1 Epiktet: Lehrgespräche. In: Epiktet-Teles-Musonius: Wege zum Glück, München 1991, S. 166.
2 Ludwig Wittgenstein: Schriften, Frankfurt 1960, S. 177 bzw. S. 172f.
3 Jean Baudrillard: Das Andere selbst, Wien 1987, S. 79.
4 L. Wittgenstein: Geheime Tagebücher 1914–1916, Wien/Berlin 1991, S. 70.
5 Pierre Hadot: Philosophie als Lebensform, Berlin 1991, S. 181.
6 Diogenes Laertius: Leben und Meinungen berühmter Philosophen, Hamburg 1990, 3. Aufl., VI. Buch, Abschnitt 24. Im folgenden abgekürzt (DL Buch, Abschnitt).
7 Vgl. Klaus Heinrich: Antike Kyniker und Zynismus in der Gegenwart. In: K. H.: Parmenides und Jona, Frankfurt 1982, S. 129–160; Peter Sloterdijk: Kritik der zynischen Vernunft, Erster Band, Frankfurt 1983, S. 294–319; Heinrich Niehues-Pröbsting: Der Kynismus des Diogenes und der Begriff des Zynismus, Frankfurt 1988.
8 Bereits in der Antike kursierte neben dieser etymologischen Ableitung auch der Hinweis auf das Gymnasium «Kynosarges», an dem der Kyniker Antisthenes Philosophie gelehrt hat.
9 Klaus Heinrich: Antike Kyniker und Zynismus in der Gegenwart, a.a.O., S. 139.

10 Peter Sloterdijk: Kritik der zynischen Vernunft, a.a.O., S. 213. – Die existentialistische Deutung der Diogenes-Figur darf nicht den politischen Hintergrund übersehen, vor dem dieser Protokyniker agierte. Er ist jener Abschnitt der Geschichte, der als Niedergang der griechischen Stadtstaaten im Übergang zum Hellenismus betrachtet wird. Das patriotische Pathos der Poliswelt war zerstört; rechtliche, politische und soziale Unsicherheit herrschte. Der Niedergang begann mit demjenigen Athens am Ende des Peleponnesischen Kriegs (431–404 v. Chr.). Als Endpunkt dieses Prozesses kann die Schlacht bei Chaironeia gelten (1. September 338), die dem makedonischen König Philipp II. die Vormachtstellung über die griechischen Stadtstaaten gab. – Nach dieser Schlacht soll auch Diogenes als Gefangener vor Philipp geführt worden sein und auf die Frage, wer er sei, geantwortet haben: «Ein Erkunder deiner Unersättlichkeit.» (DL VI, 43) Das habe Philipp so gut gefallen, daß er Diogenes freigelassen habe. Nach der Ermordung Philipps (336) wurde dessen Sohn Alexander III., der Große, sein Nachfolger. In diesem Jahr soll Alexander im Korinther Kraneion, einem Hain und Ringplatz vor der Stadt, Diogenes getroffen und ihm im Licht gestanden haben. Mit der völligen Zerstörung Thebens (335) war die Vormachtstellung Alexanders in Griechenland endgültig gesichert. Diogenes Laertius berichtet in diesem Zusammenhang von der Begegnung Alexanders mit dem Kyniker Krates. «Als Alexander ihn fragte, ob er seine Vaterstadt wieder aufgebaut zu sehen wünsche, sagte er: ‹Wozu? Denn wer weiß, bald wird wieder ein Alexander kommen und sie zerstören.›» (DL VI, 93) Typisch kynisch.

11 Klaus Heinrich: Antike Kyniker und Zynismus in der Gegenwart, a.a.O., S. 142.

12 H. Niehues-Pröbsting: Der Kynismus des Diogenes und der Begriff des Zynismus, a.a.O., S. 179.

13 Heinrich von Kleist. In: dtv Gesamtausgabe, Band 5, München 1964, S. 27.

14 Arthur Schopenhauer: Die Welt als Wille und Vorstellung II, Erster Teilband, Zürich 1977, S. 181.

15 G. W. F. Hegel: Vorlesungen über die Geschichte der Philosophie II (= Werke in 20 Bänden, Frankfurt 1971, Band 19), S. 293.

16 Michel Foucault: Die Sorge um sich, Frankfurt 1989.

17 Vgl. zu Zenon von Kition bes. Diogenes Laertius, VII. Buch, Erstes Kapitel; Max Pohlenz: Zenon und Chrysipp, Göttingen 1938; Andreas Graeser: Zenon von Kition, Berlin/New York 1975.

18 G. W. F. Hegel: Vorlesungen über die Geschichte der Philosophie II, a.a.O., S. 256f.

19 Vgl. zur stoischen Philosophie als Quellentext: Hans von Arnim (Hrsg.): Stoicorum Veterum Fragmenta I–III, Leipzig 1903–05 (Nachdruck Stuttgart 1964). Als Überblick: Max Pohlenz: Grundfragen der

stoischen Philosophie, Göttingen 1940; M. Pohlenz: Die Stoa. Geschichte einer geistigen Bewegung. Zwei Bände, Göttingen 1948/49, 6. Aufl. 1984; Max Pohlenz: Stoa und Stoiker, Zürich 1950; Günther Abel: Stoizismus und frühe Neuzeit, Berlin 1978; Brad Inwood: Ethics and Human Action in Early Stoicism, Oxford 1985.

20 Maximilian Forschner: Über das Glück des Menschen, Darmstadt 1993, S. 45–79.

21 Maximilian Forschner: Die stoische Ethik, Darmstadt 1995, 2. erw. Aufl., S. 168.

22 Stoicorum Veterum Fragmenta, a.a.O., III, §264; vgl. auch III, §§70–71. Als Kommentar O. Luschnat: Das Problem des ethischen Fortschritts. In: Philologus 102 (1958), S. 178–214.

23 A. Schopenhauer: Die Welt als Wille und Vorstellung II, Erster Teilband, a.a.O., S. 182.

24 Ebd.

25 A. Schopenhauer: Die Welt als Wille und Vorstellung I, Erster Teilband, Zürich 1977, S. 134.

26 Friedrich Nietzsche: Die fröhliche Wissenschaft. Aphorismus 306. In: Karl Schlechta (Hrsg.): Friedrich Nietzsche Werke II, Frankfurt/Berlin/Wien 1979, S. 454.

27 Seneca: Von der Ruhe der Seele, Zürich/München 1991, S. 249. Zu Seneca vgl. Ilsetraut Hadot: Seneca und die griechisch-römische Tradition der Seelenleitung, Berlin 1969; Paul Veyne: Weisheit und Altruismus. Eine Einführung in die Philosophie Senecas, Frankfurt 1993; G. Maurach: Seneca, Darmstadt 1991.

28 Zu Epiktets Lehre vgl. Adolf Bonhöffer: Epictet und die Stoa, Stuttgart 1890 (Nachdruck Stuttgart/Bad Cannstatt 1968); A. Bonhöffer: Die Ethik des Stoikers Epictet, Stuttgart 1891 (Nachdruck Stuttgart/Bad Cannstatt 1968); E. Spanneut: Epiktet. In: Reallexikon für Antike und Christentum 5 (1962), Sp. 599–681. Zu Epiktets Verhältnis zum Kynismus (des Diogenes von Sinope), den er vor seinen nichtsnutzigen und aggressiven Bettlernachfolgern als philosophische Weisheitslehre zu retten versuchte, vgl. vor allem Epiktet: Wege zum glücklichen Handeln, Frankfurt/Leipzig 1992, S. 142–190. Zu Epiktets «moralischem Kynismus» vgl. auch H. Niehues-Pröbsting: Der Kynismus des Diogenes und der Begriff des Zynismus, a.a.O., S. 229–239.

29 Epiktet: Wege zum glücklichen Handeln, a.a.O., S. 125. Epiktet hat selbst nichts geschrieben. Sein Handbüchlein der Moral (Encheiridion) und seine Lehrgespräche (Diatribai) wurden von seinem Schüler Flavius Arrianus aufgezeichnet, der Geschichtsschreiber und Staatsbeamter in römischen Diensten war.

30 Marc Aurel: Wege zu sich selbst, Frankfurt 1980, 3. Aufl.

31 Vgl. zu diesem Ausdruck Wilhelm Kamlah: Philosophische Anthropologie, Mannheim/Wien/Zürich 1972, S. 34ff.

32 Epiktet-Teles-Musonius: Wege zum Glück, München 1991, S. 17.
33 Seneca: Von der Ruhe der Seele, a. a. O., S. 251.
34 Epiktet-Teles-Musonius: Wege zum Glück, a. a. O., S. 141.
35 Epiktet: Wege zum glücklichen Handeln, a. a. O., S. 159.
36 Seneca: Von der Ruhe der Seele, a. a. O., S. 249 f.
37 Seneca: An Lucilius. Briefe über Ethik, Darmstadt 1974, 26, 8. Der Stoiker Seneca hat die Formel «meditare mortem» von Epikur übernommen, den er hier zustimmend zitiert.
38 Epiktet-Teles-Musonius: Wege zum Glück, a. a. O., S. 19.
39 G. W. F. Hegel: Vorlesungen über die Geschichte der Philosophie II, a. a. O., S. 296.
40 Arthur Schopenhauer: Die Welt als Wille und Vorstellung II, Erster Teilband, a. a. O., S. 173 f.
41 Ludwig Wittgenstein: Schriften, a. a. O., S. 167.
42 G. W. F. Hegel: Vorlesungen über die Geschichte der Philosophie II, a. a. O., S. 254.
43 L. Wittgenstein: Schriften, a. a. O., S. 165, 170.

3. Kapitel

1 Josef Quint (Hrsg.): Meister Eckehart. Deutsche Predigten und Traktate, Zürich 1979, S. 57.
2 Martin Heidegger: Zur Erörterung der Gelassenheit. In: M. H.: Gelassenheit, Pfullingen 1992, 10. Aufl., S. 33.
3 Friedrich Nietzsche: Jenseits von Gut und Böse. In: Karl Schlechta (Hrsg.): Werke III, Frankfurt/Berlin/Wien 1969, 6. Aufl., S. 100 u. S. 19.
4 F. Nietzsche: Aus dem Nachlaß der Achtzigerjahre. In: Werke IV, a. a. O., S. 242.
5 Pierre Hadot: Philosophie als Lebensform, Berlin 1991, S. 82.
6 Die Übereinstimmung in den mystischen Grundlagen der großen traditionsbildenden Religionen (Konfuzianismus, Buddhismus und abendländische Mystik) zeigt sich nicht nur darin, daß die erleuchtete Einsicht immer aus einer zurückgezogenen Einsamkeit stammt. Auch in den zentralen Lehrsätzen finden sich Übereinstimmungen bis ins Detail. Auch die jüdische und die islamische Mystik folgen den gleichen Impulsen. Immer geht es um das überempirische und übersprachliche Erfassen eines All-Einen, das sich der mystischen Schau offenbaren soll.
7 F. Nietzsche: Die Philosophie im tragischen Zeitalter der Griechen. In: Werke III, a. a. O., S. 1068.
8 Zitiert nach Wilhelm Capelle (Hrsg.): Die Vorsokratiker, Stuttgart 1968.
9 Herakleitos hat dieses paradoxe Zusammenspiel von getrennt–ungetrennt, geworden–ungeworden, sterblich–unsterblich durch das Bild des *Feuers* («Alles ist Feuer») anschaulich zu machen versucht. In der

buddhistischen Sūtra von Vatsagotra und dem Feuer ist diese Einsicht so formuliert worden: Weder glaubt der Gautama, daß die Welt ewig ist, noch daß sie vergänglich ist, weder daß sie begrenzt ist, noch daß sie unbegrenzt ist, weder daß Seele und Körper getrennt sind, noch daß sie dasselbe sind usw. «Genug der Unwissenheit, Vatsa, genug der Verwirrung! Tiefgründig, Vatsa, ist diese Lehre, schwer zu erschauen, schwer zu verstehen, ruhevoll, erhaben, dem Denken unerreichbar, feinsinnig, nur Weisen faßbar.» Zitiert nach Erich Frauwallner: Die Philosophie des Buddhismus, Berlin 1994, 4. Aufl., S. 22.

10 Vgl. dazu den noch immer gründlichsten Überblick von Friedrich-Wilhelm Wentzlaff-Eggebert: Deutsche Mystik zwischen Mittelalter und Neuzeit, Berlin 1969, 3. erw. Aufl. Mystische Zeugnisse aller Zeiten und Völker hat Martin Buber gesammelt, die 1909 in Jena unter dem Titel «Ekstatische Konfessionen» erschienen; eine Neuauflage wurde von Peter Sloterdijk unter dem Titel «Mystische Zeugnisse» herausgegeben (München 1993).

11 Adolf Lasson: Meister Eckhart, der Mystiker. Zur Geschichte der religiösen Spekulation in Deutschland, Stuttgart o. J. (Erstausgabe 1868), S. 6.

12 Vgl. Dieter Henrich (Hrsg.): All-Einheit. Wege eines Gedankens in Ost und West, Stuttgart 1985.

13 Zum «Tao» (Weltgrund, Aussage, Bahn) und zur taoistischen Intuition, dem «ming» als Zeichen heller und lichterfüllter Erkenntnis, vgl. Max Kaltenmark: Lao-tzu und der Taoismus, Frankfurt 1981. In Mawangdui wurden 1973 die ältesten taoistischen Texte gefunden, etwa 200 v. Chr. auf Seide geschrieben. Sie wurden 1995 von Hans-Georg Möller herausgegeben: Laotse. Tao Te King, Frankfurt. – Die mystische Identität von «Sein» und «Gott» spielt besonders bei Meister Eckhart eine Schlüsselrolle. Vgl. J. Quint (Hrsg.): Meister Eckehart, a. a. O., S. 192. «Gottes eigenstes Wesen ist Sein. Ein Meister sagt: Ein Geschöpf kann wohl dem andern *Leben* geben. Eben darum ist alles, was irgendwie *ist*, einzig nur im *Sein* begründet. Sein ist ein erster Name.» Daisetz Taitaro Suzuki hat dieses Grundwort sowohl mit der Buddha-Natur als auch mit dem «Tao» zusammengedacht. Vgl. Suzuki: Der westliche und der östliche Weg, Frankfurt/Berlin/Wien 1980. In dieser Hinsicht ist auch das von Martin Heidegger inszenierte «Gespräch von der Sprache, zwischen einem Japaner und einem Fragenden» aufschlußreich, in dem Heidegger noch einmal den von ihm getroffenen Unterschied zwischen «Sein» als «Sein von Seiendem» und «Sein» als «Sein» hinsichtlich des ihm eigenen Sinnes, d. h. seiner Wahrheit (Lichtung), betonte. Martin Heidegger: Unterwegs zur Sprache, Pfullingen 1959, S. 110.

14 Parmenides, Fragment 6,20. Vgl. zur parmenideischen Konzeption des «Seins» und des «Nichts» meinen Kommentar. M. Geier: Das Sprachspiel der Philosophen, Reinbek bei Hamburg 1989, S. 31 ff.

15 Erich Frauwallner: Die Philosophie des Buddhismus, Berlin 1994, 4. Aufl., S. 19–24.
16 Bertrand Russell: Mystik und Logik, Wien 1952, S. 13f.
17 P. Sloterdijk (Hrsg.): Mystische Zeugnisse, a. a. O., S. 37.
18 Klaus Heinrich: Über Buddhismus als Ausweg. In: K. Heinrich: Versuch über die Schwierigkeit nein zu sagen, Frankfurt 1964, S. 208.
19 Hans-Georg Möller (Hrsg.): Laotse, a. a. O., S. 193.
20 Aus dem Buch «Die rotgestreifte Höhle». In: P. Sloterdijk (Hrsg.): Mystische Zeugnisse, a. a. O., S. 277.
21 Toshihiko Izutsu: Philosophie des Zen-Buddhismus, Reinbek bei Hamburg 1986, S. 102.
22 J. Quint (Hrsg.): Meister Eckehart, a. a. O., S. 316.
23 P. Sloterdijk (Hrsg.): Mystische Zeugnisse, a. a. O., S. 38, 40.
24 Vgl. Georg Grimm: Die Lehre des Buddho, Freiburg i. Br. 1988, 20. Aufl. (Erstveröffentlichung 1915), bes. S. 247ff.
25 Vgl. zur «Gleichgültigkeit» der vierten Stufe ebd., S. 357f. Der Steilaufstieg zum Nibbānam wird in der buddhistischen Suttam des Anguttara Nikayo IX, Nr. 41 geschildert. Vgl. zur Quelle und als Kommentar G. Grimm: Die Lehre des Buddho, a. a. O., S. 354–363.
26 Ebd., S. 362.
27 Josef Quint (Hrsg.): Meister Eckehart, a. a. O., S. 55.
28 Arthur Schopenhauer: Die Welt als Wille und Vorstellung I, Zweiter Teilband, a. a. O., S. 469f.

4. Kapitel

1 J. W. v. Goethe: Faust. Der Tragödie zweiter Teil. Erster Akt, Verse 6246–6256.
2 G. W. F. Hegel: Wissenschaft der Logik I (= Werke in 20 Bänden, Bd. 5), Frankfurt 1969, S. 83.
3 Friedrich Nietzsche, Werke IV, hrsg. von Karl Schlechta, Frankfurt/Berlin/Wien 1969, 6. Aufl., S. 473. Vgl. Thomas Immelmann: Der unheimlichste aller Gäste. Nihilismus und Sinndebatte in der Literatur von der Aufklärung zur Moderne, Bielefeld 1992.
4 F. Nietzsche: Werke II, a. a. O., S. 400–402.
5 Ebd., S. 662 («Der Wahrsager», in: Also sprach Zarathustra).
6 J. W. v. Goethe: Dichtung und Wahrheit. Dritter Teil, Vierzehntes Buch. Vgl. ebd., Elftes Buch.
7 Georg Büchner: Lenz. In: G. B.: Werke und Briefe, München 1965, S. 65–84.
8 Vgl. zum romantischen Nihilismus Dieter Arendt (Hrsg.): Nihilismus. Die Anfänge von Jacobi bis Nietzsche, Köln 1970; D. Arendt: Der poetische Nihilismus in der deutschen Romantik, Stuttgart 1972; Bruno Hillebrand: Ästhetik des Nihilismus, Stuttgart 1991, S. 18–36.

9 Friedrich Hölderlin: Hyperion. In: Werke und Briefe, Band 1, hrsg. von Friedrich Beißner und Jochen Schmidt, Frankfurt 1969, S. 297.
10 Ludwig Tieck: William Lovell, Stuttgart 1986.
11 Jean Paul: Siebenkäs. In: Werke in zwölf Bänden, hrsg. von Norbert Miller, München/Wien 1975, Band 3, S. 270–275.
12 Jean Paul: Vorschule der Ästhetik. In: Werke Band 9, S. 31.
13 Novalis: Die Christenheit oder Europa. In: Novalis: Dichtungen, Reinbek bei Hamburg 1963, S. 38, 48, 44.
14 Friedrich Heinrich Jacobi. In: Werke Band III, Leipzig 1812, S. 44, 199f.
15 Bonaventura: Nachtwachen, Stuttgart 1974. Vgl. Jost Schillemeit: Bonaventura, der Verfasser der «Nachtwachen», München 1973.
16 Peter Sloterdijk: Eurotaoismus, Frankfurt 1989, S. 162.
17 F. H. Jacobi: Werke III, a. a. O., S. 315.
18 G. Büchner: Leonce und Lena. In: Werke und Briefe, a. a. O., S. 86.
19 Das Phänomen des *L'ennui* wurde bereits im 17. Jahrhundert von Blaise Pascal mit einem erschütterten Gottesglauben in Verbindung gebracht. Gesellschaftlich wurde es vor allem am König festgemacht, der nur seine Macht darzustellen hat und dadurch zu einem innerlich leeren und gerade deshalb gehetzten Wesen wird, das ständig Zerstreuung suchen muß, ohne Ruhe finden zu können. Im 18. Jahrhundert senkte sich Langeweile in die bürgerliche Gesellschaft. Sie wurde vor allem die Krankheit der Phantasiebegabten, der Willensschwachen und innerlich Unbefriedigten. Vgl. zur Analyse dieser Zusammenhänge vor allem Walther Rehm: Gontscharow und Jacobsen. Langeweile und Schwermut, Göttingen 1963.
20 G. Büchner: Leonce und Lena, a. a. O., S. 92.
21 F. Nietzsche: Hinfall der kosmologischen Werte. In: Werke IV, a. a. O., S. 270.
22 F. Nietzsche: Wir Furchtlosen. In: Werke II, a. a. O., S. 479.
23 F. Nietzsche: Die fröhliche Wissenschaft Nr. 125. In: Werke II, a. a. O., S. 400f.
24 Ebd., S. 401.
25 Zur Interpretation von Nietzsches *«Gott ist tot»* vgl. Martin Heidegger: Nietzsches Wort «Gott ist tot». In: M. H.: Holzwege, Frankfurt 1980, 6. Aufl., S. 205–263; Eugen Biser: «Gott ist tot». Nietzsches Destruktion des christlichen Bewußtseins, München 1962; Peter Köster: Der sterbliche Gott. Nietzsches Entwurf übermenschlicher Größe, Meisenheim am Glan 1972; Elisabeth Kuhn: Friedrich Nietzsches Philosophie des europäischen Nihilismus, Berlin 1992; Kiyoshi Nishigami: Nietzsches amor fati. Der Versuch einer Überwindung des europäischen Nihilismus, Frankfurt 1993.
26 F. Nietzsche: Versuch einer Selbstkritik. In: Werke I, S. 14, mit Rückblick auf: Die Geburt der Tragödie aus dem Geiste der Musik. Vorwort an Richard Wagner, ebd., S. 20.

27 Zu Gottfried Benns Lebensgeschichte und Werk vgl. Walther Lennig: Gottfried Benn, Reinbek bei Hamburg 1962; Friedrich Wilhelm Wodtke: Gottfried Benn, Stuttgart 1972, 2. Aufl.; Benn-Chronik. Daten zu Leben und Werk, zusammengestellt von Hanspeter Brode, München/Wien 1978; Bruno Hillebrand: Benn, Frankfurt 1986; Hans Egon Holthusen: Gottfried Benn. Leben Werk Widerspruch 1886–1956, Stuttgart 1986; Werner Rübe: Provoziertes Leben. Gottfried Benn, Stuttgart 1993. – In seiner Untersuchung über «Die Antiquiertheit des Menschen», Band 1, Über die Seele im Zeitalter der zweiten industriellen Revolution, München 1956, hat Günther Anders den Zusammenhang zwischen Atombombe und Nihilismus analysiert. Seine letzte These lautete: «Die Herren der Bombe sind Nihilisten in Aktion.» (S. 296) Das hat nichts mit ihrem Selbstverständnis zu tun, sondern folgt aus der Logik der Bombe selbst, die alles «annihiliert» und hinsichtlich seiner Radiumverseuchbarkeit gleich macht. «Und könnte sie sprechen, ihre Worte wären keine anderen als die des Nihilisten: ‹Alles ist eins. Auch ob es die Welt gibt oder nicht, ist eins. Warum sollte es sie nicht ebensogut nicht geben?›» (S. 301). Bemerkenswerterweise zitierte Anders zur Charakterisierung des Nihilismus immer wieder die Standardformel der mystischen Intuition: «Alles ist eins».

28 Gottfried Benn: Fanatismus zur Transcendenz (1931). In: G. Benn: Prosa und Autobiographie. In der Fassung der Erstdrucke. Hrsg. von Bruno Hillebrand, Frankfurt 1984, S. 289. (Im folgenden wird die Prosa Benns als «P» zitiert.) Benn selbst hat seinen Fanatismus zur Transzendenz auf die religiöse Atmosphäre seines Vaterhauses zurückgeführt. Vgl. zu dieser Problemsituation Robert Minder: Das Bild des Pfarrhauses in der deutschen Literatur von Jean Paul bis Gottfried Benn, Wiesbaden 1958; Albrecht Schöne: Säkularisation als sprachbildende Kraft. Studien zur Dichtung deutscher Pfarrsöhne, Göttingen 1958.

29 Gottfried Benn: Lyrik. Auswahl letzter Hand, Wiesbaden/München/Zürich 1975, 3. Aufl., S. 20. Vgl. als Kommentar: Edgar Lohner: Passion und Intellekt. Die Lyrik Gottfried Benns, Frankfurt 1986, überarb. und erw. Aufl.

30 G. Benn: Essays und Reden. In der Fassung der Erstdrucke. Hrsg. von Bruno Hillebrand, Frankfurt 1989, S. 435. (Im folgenden als «E» zitiert.) Zu Benns «ästhetischem Nihilismus» vgl. Else Buddeberg: Gottfried Benn, Stuttgart 1961, S. 72–94. Zum Einfluß Nietzsches auf die Literatur des 20. Jahrhunderts (Jahrhundertwende, Expressionismus und klassische Moderne) vgl. Theo Meyer: Nietzsche und die Kunst, Tübingen/Basel 1993. Vgl. insgesamt auch Dieter Arendt (Hrsg.): Der Nihilismus als Phänomen der Geistesgeschichte in der wissenschaftlichen Diskussion unseres Jahrhunderts, Darmstadt 1974.

31 Dieter Wellershoff: Gottfried Benn. Phänotyp dieser Stunde, München 1976, S. 161.

32 Klaus Theweleit: Buch der Könige. Band 2x: Orpheus am Machtpol, Basel/Frankfurt 1994, S. 447f. – Zu Benns «großem Irrtum» vgl. Helmut Kaiser: Mythos, Rausch und Reaktion. Der Weg Gottfried Benns und Ernst Jüngers, Berlin 1962.

33 Brief Benns an Friedrich Wilhelm Oelze vom 24.11.1934. Der gesamte Briefwechsel wurde 1977ff in drei Bänden von Harald Steinhagen und Jürgen Schröder herausgegeben, Wiesbaden. Zum Kontext dieses Briefes und zu Benns politischer Haltung 1934 vgl. K. Theweleit, a.a.O., S. 718ff. 1935 löste Benn seine Praxis in Berlin auf, zog sich aus allen Verbindungen zurück und trat in die Armee ein, als Ort einer verzweifelten «inneren Emigration». Voller Skepsis, Kälte und Erwartungslosigkeit war er zunächst als Oberstabsarzt in Hannover tätig, ab 1937 dann wieder in Berlin. Die Angriffe der Nationalsozialisten gegen Benn, die 1935 einen ersten Höhepunkt fanden, kulminierten am 18. März 1938 mit seinem Ausschluß aus der Reichsschrifttumskammer und Schreibverbot.

34 G. Benn: Lyrik. Auswahl letzter Hand, a.a.O., S. 358.

5. Kapitel

1 Ludwig Wittgenstein: Philosophische Untersuchungen 66f. In: L.W.: Schriften, Frankfurt 1960, S. 324.

2 Untersuchungen zum Phänomen der Gleichgültigkeit in der Literatur sind äußerst spärlich. Dieter Wellershoff hat zu diesem Thema 1962/63 an der Universität München vier Vorträge gehalten, bezogen auf Hemingway, Camus, Benn und Beckett: Der Gleichgültige, Köln 1963, 2. Aufl. 1975. Aber der Begriff «Gleichgültigkeit» diente ihm nur als ein Stichwort, das einem komplexeren Verständnis der behandelten Autoren wich. Die textsoziologische Untersuchung von Peter V. Zima: Der gleichgültige Held, Stuttgart 1983, die sich auf Romane von Camus, Moravia und Sartre bezieht, sieht m.E. das Phänomen viel zu einseitig, indem Gleichgültigkeit vordringlich auf die Tauschwertabstraktion zurückgeführt wird, ohne daß die Problemsituationen der Autoren deutlich werden. – Auch die sieben Romane, die hier kommentiert werden, sind bisher kaum unter dem Gesichtspunkt der Gleichgültigkeit gesehen worden.

3 Das Neue Testament, Die Offenbarung des Johannes 3, 14–16.

4 Vgl. zu Dostojewskis Leben und Weltanschauung André Suares: Dostojewski, München 1921; Leo Schestow: Dostojewski und Nietzsche, Köln 1924; Reinhard Lauth: «Ich habe die Wahrheit gesehen.» Die Philosophie Dostojewskis in systematischer Darstellung, München 1950; Reinhard Lauth: Dostojewski und sein Jahrhundert, Bonn 1986; Janko Lavrin: Dostojevskij, Reinbek bei Hamburg 1995, 23. Aufl.

5 Albert Camus: Der Mythos von Sisyphos, Reinbek bei Hamburg 1959, S. 91.
6 Vgl. René Fülöp-Miller und Friedrich Eckstein (Hrsg.): Der unbekannte Dostojewskij, München 1926.
7 Fjodor Dostojewski: Die Dämonen, München/Zürich 1985. Zum Verständnis der Figur Stawrogins vgl. auch Bernd-Volker Gretzmacher: Die Gestalt des Stavrogin in dem Roman «Die Dämonen» von F. M. Dostoevskij, Tübingen 1974; Sergius Hessen: Stawrogin als philosophische Gestalt. In: D. Čyževśkyi (Hrsg.): Dostojevskij-Studien, Reichenberg 1931, S. 51–68; Alfred Bem: Die Entwicklung der Gestalt Stawrogins. In: Ebd., S. 69–97; Romano Guardini: Der Mensch und der Glaube, Leipzig 1932, S. 256 ff.
8 Die Rolle des «Bußrichters» wird das Thema von Albert Camus' Roman «Der Fall» sein. Zur gleichen Zeit arbeitete Camus an der Dramatisierung von Dostojewskis «Besessenen».
9 Joris Karl Huysmans: Gegen den Strich. Ein unbändiger Roman aus einer verlorenen Zeit, München 1995, S. 14.
10 Friedrich Nietzsche: Werke IV, hrsg. von Karl Schlechta, Frankfurt/Berlin/Wien 1969, 6. Aufl., S. 914. Zum Phänomen der Dekadenz vgl. auch Jens Malte Fischer: Fin de siècle, München 1978; Wolfdietrich Rasch: Die literarische Décadence um 1900, München 1986.
11 Friedrich Nietzsche: Götzen-Dämmerung (1888). In: Werke III, S. 456.
12 F. Nietzsche: Jenseits von Gut und Böse (1885). In: Werke III, S. 167.
13 Zu Baudelaires Lob des Dandy im Kontext der Modernität vgl. vor allem seine Untersuchung Der Maler des modernen Lebens (1863). In: Gesammelte Schriften, Band 4, Dreieich 1981, S. 265–326.
14 Joris Karl Huysmans: Gegen den Strich, München 1995. Vgl. kommentierend Hans Jürgen Greif: Huysmans' «A Rebours» und die Dekadenz, Bonn 1971; Jürgen Saenger: Aspekte dekadenter Sensibilität. Joris Karl Huysmans Werk von «Le drageoir aux epicés» bis «A rebours», Frankfurt 1978.
15 Zitiert in Joris Karl Huysmans Vorwort zu «A rebours» (1903). In: Gegen den Strich, Zürich 1981, S. 52.
16 Vgl. Marcel Proust: Der Gleichgültige, Frankfurt 1984; Edouard Dujardin: Die Lorbeerbäume sind geschnitten, Zürich 1984. Vgl. Stefan Buck: Edouard Dujardin als Repräsentant des Fin de siècle, Würzburg 1987.
17 F. Nietzsche: Götzen-Dämmerung. In: Werke III, S. 495.
18 Hermann Bahr: Die Überwindung des Naturalismus (1891). In: Gotthart Wunberg (Hrsg.): Die Wiener Moderne, Stuttgart 1994, S. 204.
19 Ebd., S. 205.
20 Dacia Maraini: Der *Junge* Alberto, Reinbek bei Hamburg 1990, S. 32.
21 Alberto Moravia: Die Gleichgültigen, Hamburg 1963.
22 Fernando Camon: Gespräch mit Alberto Moravia. In: Text und Kritik 63

(1979), S. 43. Zur Rezeptionsgeschichte des Romans vgl. Edward Reichel: Literarischer Text und politischer Kontext. In: Romanistische Zeitschrift für Literaturgeschichte 4 (1980), S. 65–80.

23 Vgl. ebd., S. 72f.

24 D. Maraini: Der *Junge* Alberto, a.a.O., S. 94. Vgl. auch Alain Elkann und Alberto Moravia: Vita di Moravia, Freiburg 1991.

25 D. Maraini: Der *Junge* Alberto, a.a.O., S. 31f.

26 Ebd.

27 Ebd., S. 32f. Vgl. auch Friedrich Wolfzettel: Alberto Moravias «Gli Indifferenti». In: Romanische Forschungen 89 (1977), S. 398–416.

28 Jean-Paul Sartre: Der Ekel, Reinbek bei Hamburg 1981, S. 204.

29 Zum biographischen Kontext vgl. Annie Cohen-Solal: Sartre 1905–1980, Reinbek bei Hamburg 1988.

30 Sartre zitiert aus Louis Ferdinand Célines «Reise ans Ende der Nacht». Vgl. zu Sartres Helden auch Hans-Wolfgang Funke: Die geschichtslose Welt des Antoine Roquentin. In: Beiträge zur romanischen Philologie 12/2 (1973), S. 271–299; Margot Kruse: Philosophie und Dichtung in Sartres «La Nausée». In: Romanisches Jahrbuch 9 (1958), S. 214–225.

31 Jean-Paul Sartre: Ist der Existentialismus ein Humanismus? In: Drei Essays, Frankfurt/Berlin 1966, S. 7–51.

32 Samuel Beckett: Murphy. In: Werke II/1, Frankfurt 1976. Die englische Ausgabe erschien 1938, die französische Übersetzung 1947, die deutsche Übersetzung 1959.

33 Vgl. Ulrich Pothast: Die eigentlich metaphysische Tätigkeit. Über Schopenhauers Ästhetik und ihre Anwendung durch Samuel Beckett, Frankfurt 1989.

34 Samuel Beckett: Marcel Proust, Zürich 1960, S. 45.

35 Samuel Beckett: Mehr Prügel als Flügel, Frankfurt 1989, S. 37.

36 Vgl. Deirdre Bair: Samuel Beckett, Hamburg 1991, S. 255. Zu Beckett vgl. auch Alfred Simon: Beckett, Frankfurt 1988; Klaus Birkenhauer: Beckett, Reinbek bei Hamburg 1971.

37 Vgl. Ludwig Wittgenstein: Tractatus logico-philosophicus 5.6.

38 Albert Camus: Vorwort 1958 zu «Licht und Schatten» (1937). In: Kleine Prosa, Reinbek bei Hamburg 1961, S. 36.

39 A. Camus: «La Nausée» de Jean-Paul Sartre. In: Essais, Paris 1965, S. 1417. Camus hat dieses «Gefühl» in seiner Konzeption des Absurden entfaltet. Vgl. A. Camus: Der Mythos von Sisyphos, Reinbek bei Hamburg 1959. Vgl. zu diesem Zusammenhang auch Annemarie Pieper (Hrsg.): Die Gegenwart des Absurden, Basel 1994.

40 A. Camus: «La Nausée» de J.-P. Sartre, a.a.O., S. 1419.

41 A. Camus: Christliche Metaphysik und Neoplatonismus, Reinbek bei Hamburg 1978.

42 A. Camus: Tagebücher 1935–1951, Reinbek bei Hamburg 1972, S. 24.

43 A. Camus: Der Fremde, Reinbek bei Hamburg 1961.

44 Vgl. Martin Raether: Der «acte gratuit». Revolte und Literatur, Heidelberg 1980.
45 A. Camus: Christliche Metaphysik und Neoplatonismus, a.a.O., S. 24.
46 Vgl. Alain Costes: Albert Camus ou la parole manquante, Paris 1973.
47 Vgl. Tayeb Baguerra: Le dit et le non-dit, Alger 1989.
48 Vgl. Peter V. Zima: Indifferenz und verdinglichte Kausalität. Albert Camus' «L'Etranger». In: Germanisch-Romanische Monatsschrift 2 (1980). S. 169–190.
49 Vgl. Herbert R. Lottmann: Camus, Hamburg 1986, S. 210.
50 Vgl. J.-P. Sartre: «Der Fremde» von Camus. In: J.-P. Sartre: Der Mensch und die Dinge, Reinbek bei Hamburg 1978, S. 75–90.
51 Ebd., S. 85.
52 A. Camus: Licht und Schatten. In: Kleine Prosa, Reinbek bei Hamburg 1961, S. 33–76. Vgl. zu diesem Zusammenhang auch Albert Camus: Der glückliche Tod, Reinbek bei Hamburg 1983; A. Camus: Der erste Mensch, Reinbek bei Hamburg 1995. Zum Leben Camus' vgl. auch Annemarie Pieper: Albert Camus, München 1984; Herbert R. Lottmann: Camus, Hamburg 1986; Brigitte Sändig: Albert Camus, Reinbek bei Hamburg 1995.
53 A. Camus: Sommer in Algier. In: Zwischen Ja und Nein, Leipzig/Weimar 1992, S. 83.
54 Albert Camus: Der Fall, Reinbek bei Hamburg 1968, S. 121.
55 Albert Camus: Hochzeit des Lichts. In: Literarische Essays, Hamburg 1973, S. 80.
56 A. Camus: Der Fall, a.a.O., S. 9. Vgl. auch A. Camus: Tagebücher 1935–1951, a.a.O., Eintragung vom 4.3.1950.
57 Ebd., S. 87.
58 Albert Camus: Der Fall, a.a.O., S. 9. Zur Auseinandersetzung zwischen Sartre und Camus vgl. Leo Pollmann: Sartre und Camus, Stuttgart 1967; Peter Royle: The Sartre-Camus Controversy, Ottawa 1982; Heinz Robert Schlette (Hrsg.): Albert Camus. Welt und Revolte, Freiburg/München 1980.
59 A. Camus: Tagebuch März 1951–Dezember 1959, Reinbek bei Hamburg 1993, S. 71.
60 Ebd., S. 180.
61 Vgl. Das Neue Testament: Matthäus 3; Markus 1, 2–8; Lukas 3, 1–18.
62 Albert Camus. Zitiert in H. R. Lottmann: Camus, a.a.O., S. 475.
63 In den 50er Jahren hat sich Camus verstärkt mit Dostojewski beschäftigt, vor allem mit «Die Dämonen», und sein Dostojewski-Drama «Les Possédés» geschrieben, das am 30. Januar 1959 in Paris uraufgeführt worden ist.

6. Kapitel

1 Gerhard Schulze: Die Erlebnisgesellschaft, Frankfurt/New York 1996, 6. Aufl., S. 542.
2 Jean Baudrillard: Das perfekte Verbrechen, München 1996, S. 159.
3 Jean-François Lyotard: Das postmoderne Wissen, Graz/Wien 1986, S. 13ff. – Zur Debatte um die Postmoderne vgl. Andreas Huyssen und Klaus R. Scherpe (Hrsg.): Postmoderne, Reinbek bei Hamburg 1986; Gerard Raulet: Gehemmte Zukunft, Darmstadt/Neuwied 1986; Jean-François Lyotard: Postmoderne für Kinder, Wien 1987; Christa und Peter Bürger (Hrsg.): Postmoderne, Frankfurt 1987; Jürgen Habermas: Nachmetaphysisches Denken, Frankfurt 1988; Wolfgang Welsch: Unsere postmoderne Moderne, Weinheim 1988, 2. durchges. Aufl.
4 Vgl. Richard Rorty: Kontingenz, Ironie und Solidarität, Frankfurt 1992.
5 Paul de Man: Allegorien des Lesens, Frankfurt 1988, S. 39.
6 Ebd.
7 Günther Anders: Die Antiquiertheit des Menschen. Band 1, München 1988, 7. Aufl.
8 Vgl. Max Horkheimer und Theodor W. Adorno: Dialektik der Aufklärung, Amsterdam 1955, S. 144–198; Theodor W. Adorno: Résümé über Kulturindustrie. In: Th. W. A.: Ohne Leitbild, Frankfurt 1967, S. 60–70.
9 Jean Baudrillard: Agonie des Realen, Berlin 1978, S. 51.
10 Neil Postman: Wir amüsieren uns zu Tode, Frankfurt 1985, S. 99.
11 Thomas Meyer: Die Transformation des Politischen, Frankfurt 1994, S. 145.
12 Vgl. zum Stand der Medienforschung Joshua Meyrowitz: Die Fernsehgesellschaft, Weinheim/Basel 1987; Siegfried Zielinski: Audiovisionen, Reinbek bei Hamburg 1989; W. Kaase und W. Schulz (Hrsg.): Massenkommunikation, Opladen 1989; Götz Großklaus: Medien-Zeit. Medien-Raum, Frankfurt 1995.
13 Hans Magnus Enzensberger: Das Nullmedium oder Warum alle Klagen über das Fernsehen gegenstandslos sind. In: H. M. E.: Mittelmaß und Wahn, Frankfurt 1988, S. 89–103, S. 103.
14 Peter Sloterdijk: Kritik der zynischen Vernunft. Zweiter Band, Frankfurt 1983, S. 573. Sloterdijk greift in diesem Zusammenhang auf das Beste der marxistischen Tradition zurück, auf die Warenanalyse nämlich, in der Marx die Gleich-Wertigkeit und Gleich-Gültigkeit in den tauschwertorientierten Produktionsverhältnissen freigelegt hat. Vgl. dazu auch Georg Lohmann: Indifferenz und Gesellschaft. Eine kritische Auseinandersetzung mit Marx, Frankfurt 1991.
15 Jürgen Roth und Klaus Bittermann (Hrsg.): Das große Rhabarbern, Berlin 1996.
16 She wants her TV! He wants his book! In: Harper's, March 1991, S. 49.

Daß das TV ständig angestellt ist, heißt nicht, es nur als sinnloses Hintergrundphänomen zu sehen. Es bedeutet für Camille Paglia vielmehr, mit frei flottierender Aufmerksamkeit auf dem laufenden zu sein und die Möglichkeit zu besitzen, jederzeit sich auf das konzentrieren zu können, was interessiert. Paglias Analysen medialer Phänomene, von der audiovisuellen Inszenierung der Clintons bis zur Inthronisierung Madonnas als Göttin der Pop-Kultur, sind Ergebnisse einer souveränen Wachsamkeit, welche die Bildwelten der amerikanischen Kultur zu entziffern vermag, denen die traditionalistischen Kulturkritiker/innen meist fassungslos gegenüberstehen. Vgl. C. P.: Sex, Art, and American Culture, New York 1992; C. P.: Vamps & Tramps, New York 1994.

17 Fauchen und faseln. In: Der Spiegel 35 (1996), S. 185.

18 Stanislaw Lem: Zu Tode informiert. In: Der Spiegel 11 (1996), S. 108.

19 Vgl. zuletzt Jean Baudrillard: Das perfekte Verbrechen, München 1996, S. 18. Bereits in «Der symbolische Tausch und der Tod» (München 1982), seiner breit angelegten Untersuchung der industriell produzierten Simulakra, bei denen statt Imitation oder Reproduktion eine allgemeine Äquivalenz und Indifferenz vorherrschen, hat Baudrillard seine «ironische» Gegenstrategie entworfen. «Man muß die Dinge bis zum Äußersten treiben, bis zu jenem Punkt, an dem sie sich von selbst in ihr Gegenteil verkehren und in sich zusammenstürzen.» (Ebd., S. 12f) Diese Figur der katastrophischen Übersteigerung, die er weder als «kritisch» noch als «zynisch» versteht, sondern als ironisch oder «pataphysisch», durchzieht sein gesamtes Werk. Vgl. vor allem Die fatalen Strategien, München 1985; Amerika, München 1987; Cool memories, München 1989; Von der Verführung, München 1992; Transparenz des Bösen, Berlin 1992; Die Illusion des Endes, Berlin 1994. Zur «Pataphysik» als Gegenstrategie vgl. meine Arbeit Dr. Ubu und ich. Pataphysische Begegnungen, Rheinbach/Merzbach 1983.

20 Vgl. Gundolf S. Freyermuth: Cyberland. Eine Führung durch den High-Tech-Underground, Berlin 1996, S. 15–71.

21 Vgl. ebd., S. 193–257; Hans Moravec: Mind Children, Hamburg 1990. Eine der besten und gründlichsten Darstellungen der computergenerierten Künstlichen Welten bietet Howard Rheingold: Virtual Reality, New York 1991.

22 Iwan A. Gontscharow: Oblomow, München 1980, S. 240f. Gontscharow begann seinen Roman 1847 zu schreiben. Im Sommer 1857 entstanden drei weitere Teile und der Epilog. 1859 erschien der Roman im Druck, und die «Oblomowerei» wurde zu einer zentralen Metapher in der Auseinandersetzung um die Chancen und Risiken der Modernisierung.

23 Walther Rehm: Gontscharow und Jacobsen oder Langeweile und Schwermut, Göttingen 1963, S. 35.

24 Peter Sloterdijk: Eurotaoismus. Zur Kritik der politischen Kinetik, Frankfurt 1989, S. 28.
25 Gerhard Schulze: Erlebnisgesellschaft, Frankfurt/New York 1996, 6. Aufl., S. 65.
26 David Riesman: Die einsame Masse, Reinbek bei Hamburg 1958, S. 180. Die amerikanische Originalausgabe «The Lonely Crowd» erschien 1950 in New Haven.
27 Vgl. U. Sarcinelli: Symbolische Politik, Opladen 1987; M. Edelman: Politik als Ritual, Frankfurt 1990; Thomas Meyer: Die Inszenierung des Scheins, Frankfurt 1992.
28 Thomas Meyer: Die Transformation des Politischen, Frankfurt 1994, S. 137. Vgl. Ulrich Beck: Gegengifte. Die organisierte Unverantwortlichkeit, Frankfurt 1988, S. 96ff.
29 Zygmunt Bauman: Moderne und Ambivalenz, Frankfurt 1995, S. 296.
30 Seit Karl Popper den «Fallibilismus», d. h. die Anerkennung der Fehlbarkeit wissenschaftlicher Hypothesen und Theorien, ins Zentrum der wissenschaftstheoretischen Diskussion gestellt hat, war die Aufweichungstendenz, auch gegen Poppers Willen, nicht mehr aufzuhalten. Vgl. Thomas S. Kuhn: Die Struktur wissenschaftlicher Revolutionen, Frankfurt 1967; Paul Feyerabend: Wider den Methodenzwang, Frankfurt 1976; Paul Feyerabend: Erkenntnis für freie Menschen, Frankfurt 1980.
31 Ulrich Beck: Risikogesellschaft. Auf dem Weg in eine andere Moderne, Frankfurt 1986, S. 270.
32 Günther Anders: Die Antiquiertheit des Menschen, a. a. O., S. 265.
33 Hans Jonas: Das Prinzip Verantwortung. Versuch einer Ethik für die technologische Zivilisation, Frankfurt 1979.
34 Vgl. Cora Stephan: Der Betroffenheitskult, Reinbek bei Hamburg 1994.
35 Gregory Fuller: Das Ende. Von der heiteren Hoffnungslosigkeit im Angesicht der ökologischen Katastrophe, Frankfurt 1996, S. 98f.
36 Vgl. Douglas Coupland: Generation X, München o. J. Die Originalausgabe erschien 1991 in New York.
37 Gerhard Schulze: Die Erlebnisgesellschaft, a. a. O., S. 543. Da Erlebnisorientierung normal geworden ist, kann man sie als eine besondere Handlungsmotivation nur im historischen Vergleich erkennen. Deshalb entwirft Schulze drei verschiedene Bilder der kulturellen Entwicklung in der Bundesrepublik Deutschland. Der «Restauration der Industriegesellschaft» in den 50er Jahren folgte die Phase des «Kulturkonflikts» in den 60er und 70er Jahren. Heute dominiert die «Erlebnisgesellschaft».
38 Helmut Heißenbüttel: Textbücher 1–6, Stuttgart 1980, S. 62.
39 Jean Baudrillard im Gespräch mit François Ewald: Der Haß. Eine äußerste Reaktion des Lebens. In: Lettre 26 (1994), S. 16–18, S. 16. Vgl. J. Baudrillard: Das perfekte Verbrechen, a. a. O., S. 215–223.

40 Oliver Stones Film ist bereits eine filmische Reflexion der Zusammenhänge zwischen Indifferenz und Gewalt in einer zunehmend medialisierten Welt. Die Täter entspringen einer Fernsehserie und werden durch die mediale Aufmerksamkeit zu ihren Taten angespornt. Auch der Journalist, der das Killerpaar mit seiner Kamera verfolgt und selbst zum Mörder wird, fühlt sich dabei «zum erstenmal richtig lebendig». Dafür zahlt er am Ende mit seinem Leben, wobei er durch das Kameraauge beobachtet und zum Objekt seines eigenen Werkzeugs wird. – Das Verhältnis zwischen Mord und Indifferenz wird selbst Oberinspektor Derrick zunehmend zum Problem. Während er früher meist zufrieden war, wenn er einen Fall gelöst hatte, fängt er in den letzten Serienfolgen immer mehr zu philosophieren an über die «Gleichgültigkeit der Mörder», die zu seinem wirklichen Gegner geworden ist. – Bemerkenswert in dieser Hinsicht ist der Schwarzweißfilm «Sexy Sadie» von Matthias Glasner, koproduziert vom NDR-Redakteur Eberhard Scharfenberg. Verwirrend ist die Hauptfigur Edgar, weil nicht mehr zu entscheiden ist, ob sie ihre Morde aus Gleichgültigkeit oder Haß begeht. Nachdenklich kann sich der Zuschauer amüsieren.

41 Andreas Zielcke: Das Ende der Apokalypse. In: Der Spiegel 7 (1995), S. 176.

42 Bret Easton Ellis: American Psycho, Köln 1991.

43 Die Dialektik des kalten, neugierigen Sadismus, der nur durch seine ständige Steigerung die Gleichgültigkeit (der Natur) glaubte überwinden zu können, ohne ihr zu entkommen, hat Monika Treut in ihrer Analyse des Frauenbilds bei de Sade und Sacher-Masoch entschlüsselt: Die grausame Frau, Basel/Frankfurt 1990, 2. Aufl., S. 69ff.

NAMENREGISTER